中 国 社 会 调 查 报 告

CHINA SOCIAL RESEARCH REPORT

中国新社会阶层发展研究报告 No.1

结构化、组织化与实践创新

Report on the Development of China's New Social Strata No.1 : Structured, Organized, and Practical Innovation

主编 — 张海东 王星

副主编 — 丁惠平 庞保庆 姚烨琳

社会科学文献出版社
SOCIAL SCIENCES ACADEMIC PRESS (CHINA)

目　录

第三编　新社会阶层的实践创新

代序：加强对新社会阶层的研究*

李培林**

在改革开放40多年的巨大社会变迁中，我国社会阶级阶层结构发生了深刻变化，党执政的阶级基础和群众基础也发生了深刻变化。对新社会阶层的研究，是我国在新时期、新发展阶段，根据新的发展需要做出的重大探索，既有把握当前政策的现实需要，也有重大而深远的战略意义。

一　研究新社会阶层的重要性

新中国成立后，在我国现代化建设的历史上，对新社会阶层的政策把握，也曾走过一些弯路，有很多深刻的教训。中国社会科学院原院长胡绳同志，在1992年邓小平南方谈话以后，给社会学研究所下达了一个特殊的任务，就是加强对私营企业主群体的研究。当时的背景是，有的党内理论工作者认为新生的私营企业主就是“新的资产阶级”。这大概是他卸任前布置的最后一项重大研究课题，为此还专门成立了中国社会科学院私营企业主群体研究中心。他那一代党的理论家当时已经敏锐地意识到，这是一

* 本文初为2021年5月笔者在上海新的社会阶层研究中心举办的“新时代新的社会阶层发展学术研讨会”上的致辞，后在《中央社会主义学院学报》（2021年第5期）全文发表，收入本书时略做修改。

** 李培林，第十三届全国人民代表大会社会建设委员会副主任委员，中国社会科学院学部委员、社会政法学部主任，中国社会科学院－上海市人民政府上海研究院院长，上海新的社会阶层研究中心学术顾问。

项关乎我国未来发展的重大课题。

改革开放以后，为了促进经济快速发展、尽快改善人民生活，需要调动广大劳动者的生产积极性，大力提高资源配置的效率，我国由此放松了经济管制，开启了经济体制市场化转型的进程，打破了原有的公有制一统天下的局面，非公有制经济获得相当快速的发展，出现了以公有制为主体、多种所有制并存的新格局。这种经济体制的深刻变革，也带来社会结构的深刻变动，原有的“两个阶级一个阶层”（工人阶级、农民阶级、知识分子阶层）（陆学艺，2003）的格局发生分化，在公有制之外，不断涌现“体制外”的新社会阶层和社会群体。新生的个体户和私营企业主，作为新社会阶层首先受到社会的普遍关注，他们的阶级属性、政治态度、社会角色都成为学术讨论的重要议题。当然，社会上也一度存在对他们中的一些人“挖社会主义墙脚”“钻体制空子”“寻租行贿”“败坏社会风气”等非议。

随着民营企业的成长、“三资”企业（中外合资经营企业、中外合作经营企业、外商独资经营企业）的发展和众多民生领域国有企业的改制，一大批在非公有制企业从事知识、技术、管理等智力劳动的中高级管理人员和技术人员发展起来，并拥有了广泛的社会影响力。与此同时，原有的国家事业单位也进行了深刻的改革，原有的统一由国家拨款的事业单位，演变成全额拨款单位、差额拨款单位、自收自支单位、企业化管理事业单位等不同体制的单位，很多“体制内”事业单位的工作人员“下海”，转变为私营企业从业人员、民办非企业单位的经营者、“体制外”中介组织的从业人员和自由职业人员，在经济社会活动中扮演着重要角色。

这些深刻变化，在引起学界广泛关注的同时，也成为统战工作关注的新现象。1991 年 7 月，中央统战部在《关于工商联若干问题的请示》中指出，“对现在的私营企业主等新的社会阶层，不应和过去的工商业者简单类比和等同，更不要像 50 年代那样对他们进行社会主义改造”（参见本书编写组，2013）。这是在中央职能部门文件中首次出现“新的社会阶层”的概念。2001 年 7 月，江泽民在庆祝中国共产党成立八十周年大会上发表讲话指出“改革开放以来，我国的社会阶层构成发生了新的变化，出现了民营科技企业的创业人员和技术人员、受聘于外资企业的管理技术人员、个体户、私营企业主、中介组织的从业人员、自由职业人员等社会阶层”，同时他还指出，“在党的路线方针政策指引下，这些新的社会阶层中的广大人员，通过诚实劳动和工作，通过合法经营，为发展社会主义社会的生产力和其他事业作出了贡献。他们与工人、农民、知识分子、干部和解放军指战员团结在一起，他们也是有中国特色社会主义事业的建设者”（江泽民，2001）。这些思想和论述，随后被写入2002年党的十六大报告（中共中央党校教务部，2008）。

2003年，中共中央文献研究室对新的社会阶层做了一个比较全面的界定，即新的社会阶层是指在中国特色社会主义现代化建设的历史进程中，适应社会生产力和经济发展实际而产生的，以非公有制经济为基础，主要从事民营、私营和个体职业的社会成员，他们因生产要素的拥有量、从事的行业差异、收入分配方式的不同，在社会经济发展中的作用不同而被划分为若干社会阶层（参见李培林，2021）。2004年中华人民共和国第十届全国人民代表大会第二次会议通过的《中华人民共和国宪法修正案（2004年）》，将新的社会阶层作为社会主义事业的建设者写入了宪法。

2016年，经党中央批准，中央统战部专门成立了负责新的社会阶层人士工作的职能部门。2015年通过的《中国共产党统一战线工作条例（试行）》，正式将“新的社会阶层人士”作为统战工作12个对象之一，并根据新的形势的变化，明确“新的社会阶层人士”包括以下四个群体：一是私营企业和外资企业的管理人员和技术人员；二是中介组织和社会组织从业人员；三是自由职业人员；四是新媒体从业人员。这个新界定根据工作需要，删去了原来包括在内的“个体户”和“私营企业主”，后者成为全国工商联的工作对象，但这种工作范围的划分并不影响对“新的社会阶层”整体的研究。

党的十八大以来，习近平总书记多次就新社会阶层工作发表重要指示，他强调要坚持团结、服务、引导、教育的方针，一手抓鼓励支持，一手抓教育引导，关注他们的思想，关注他们的困难，有针对性地进行帮助引导，引导非公有制经济人士特别是年轻一代致富思源、富而思进，做到爱国、敬业、创新、守法、诚信、贡献。①

针对“民营经济离场论”“新公私合营论”“加强企业党建和工会工作是要对民营企业进行控制”等一些否定、怀疑民营经济的言论，2018年，习近平总书记在民营企业座谈会上发表重要讲话，指出：“这些说法是完全错误的，不符合党的大政方针。”“我国经济发展能够创造中国奇迹，民营经济功不可没!”“总之，基本经济制度是我们必须长期坚持的制度。民营经济是我国经济制度的内在要素，民营企业和民营企业家是我们自己人。”（参见蓝蔚青，2018）这个“自己人”的表述，在社会上引起极大反响，也成为我国进入新发展阶段研究新社会阶层的重要课题。当然，我们也要防止出现破坏市场平等竞争、掠夺大众财富的经济寡头。

从这个关于新社会阶层的政策选择的演变过程，我们可以看到，每一次发展变化，都与我国现实发展中主要关头的政策选择有密切关系。所以，加强对新社会阶层的研究：一方面是为了准确把握和揭示我国社会结构发生的极其深刻的变化；另一方面，更重要的是，要正确制定关于新社会阶层的政策，防止在这方面出现重大偏误。

二　新社会阶层的发展趋势和特征

新社会阶层是我国经济体制变革和社会结构转型的产物。这是我国特有的概念，是在既有的社会学阶级阶层理论和社会分层框架中没有的概念，实际上是为了指称我国在新的历史条件下不太容易被归类为传统的阶级阶层中的新社会阶层和新社会群体。

在社会学的原有理论框架中，新社会阶层通常被分为两部分人：一是占有资本和生产资料的“体制外”的“老中产阶层”，主要是指个体户和中小企业主；二是从事知识、技术、管理工作的“体制外”的“新中产阶层”。所以，“体制内”和“体制外”二元划分，成为观察我国社会分层结构的一个特殊的视角。

① 《习近平：巩固发展最广泛的爱国统一战线》，http://jhsjk.people.cn/article/27031759，最后访问日期：2022年10月20日。

新社会阶层的发展有这样几个特点。一是发展迅速，总体规模在不断扩大。随着我国经济的持续增长，人民的收入水平不断提高，中等收入群体也不断扩大，其中有相当一部分属于新社会阶层。从现阶段来看，在新社会阶层中，个体工商户约1亿人，私营企业主约7000万人，其他类别的新社会阶层约1亿人，所以总体的新社会阶层，估计有2.7亿人。二是内部结构仍处于快速变化中，较之一般社会阶层，其分化程度也更高。新社会阶层中有一部分属于富裕人群，但绝大多数属于中间或中上收入群体，但也有一部分艰难经营的个体劳动者，其实际生活水平属于中下收入群体。新社会阶层的内部分化，还体现在以占有资本和生产资料为特征的人群与以占有知识、技术、管理等资源为特征的人群之间，实际上存在着一些根本性的差异。三是在新社会阶层中，与互联网相联系的新的职业群体不断涌现，人数迅速增加，呈现爆发式增长的趋势。目前这个领域由于缺乏规范的统计，还很难准确把握其总体人数规模和发展态势。四是新社会阶层对整体社会结构变化的影响较大，特别是在职业选择、价值取向、生活方式、社会政治态度等方面。从拥有几千万粉丝的“网络大V”到一呼百应的舆论名流，他们具有较大的影响力，经常成为网络舆情的焦点。

在新社会阶层中，应当特别注重对以下两个群体的深入研究。一个是年轻一代的新社会阶层，他们具有全球视野、创新精神，思想开放、个性鲜明，生活方式完全融入互联网，是我们判断未来发展趋势的一个重要窗口。但现在网上也有关于“95后”“00后”的漫画式解读，如“躺平”的一代，厌恶市场竞争、流水线工作和“996”“007”工作方式，具有强烈的民粹主义和民族主义情绪，存在对阶层固化可能的失望和无奈以及对未来预期的悲观等，这也是需要高度关注的。在我国社会学的研究中，有学者曾对“‘上山下乡’的孩子们”“改革开放的孩子们”进行过专门的研究，美国的社会学家也专门研究过“大萧条的孩子们”，现在也需要对新的年轻一代进行深入研究，以便准确把握和理解这一代人的职业选择、价值取向、生活方式和社会政治态度。另一个是新社会阶层中的富裕人群，他们虽然人数较少，但社会影响力巨大。他们在改革开放的过程中把握好机会、艰苦创业、精心经营，在较短的时期内快速积累财富，实现社会地位的跃迁。不过，他们在波折和坎坷中保持创新的企业家精神的同时，也需要深入了解变迁中的社会和法律，才能够正确处理好政商关系，才能够理解和认可承担社会责任的重要性。

三 加强新社会阶层的研究需要注意的几个问题

我国正式提出“新社会阶层”的概念已经有20多年了，这对我们深入理解和准确把握改革开放以后我国经济体制和社会结构发生的巨大变化很有帮助，在实践中也对我们团结各种社会力量进行社会主义现代化建设具有重要的意义。“新社会阶层”这个很有中国特色的概念，在学术界也会成为一个专门的研究领域和研究议题。然而，总的来看，迄今为止，对新社会阶层的研究还很欠缺，难以跟上快速变化的实践发展，也难以满足理解和应对这种变化的理论与政策需求，是亟须加强研究的领域和议题。

第一，在整个社会结构变迁的框架里研究新社会阶层。新社会阶层是我国经济体制变革和社会结构变迁的产物，要在这种巨变的大时代背景下来理解新社会阶层的产生，不能孤立地研究新社会阶层。中国特色社会主义社会结构，决定了新社会阶层的结构位置、社会角色和社会作用，新社会阶层也成为我们观察和分析宏观社会结构变迁的一个重要窗口。

第二，要加强对新社会阶层的调查研究。新社会阶层是一个新事物，目前还缺乏这方面深入细致的调查。在1925年那么艰难的革命时期，毛泽东通过深入的农村调查，写了《中国社会各阶级的分析》一文，有理有据地细致分析、论述了中国革命的对象、动力、性质和前途等一系列重大问题（毛泽东，1991/1925）。所以说，实际调查应该是一切经验研究的基础。在新社会阶层调查方面，比较突出的问题，是缺乏大规模的、规范的、连续的调查和统计数据，这对新社会阶层研究的科学性和规范性有很大的影响。社会学有很好的社会调查传统，要开展这方面的规范的、连续性的全国或重点城市的抽样调查，以便准确地把握新社会阶层的规模、特征、发展趋势、社会态度和政策需求。在这方面，可以借鉴中国私营企业主调查。中国社会科学院私营企业主研究中心受全国工商联委托，从1993年开始进行中国私营企业主调查，每两年进行一次，到2020年已经进行了14次，形成了一个很好的数据库，为这方面的深入研究奠定了基础。

第三，要加强对新社会阶层的发展趋势和内部群体差异的研究。新社会阶层目前仍处于快速成长的阶段，发展和变化很快，要对这个发展的趋势有深刻的理解和把握。另外，新社会阶层与我们理解的传统阶级阶层有很大的不同，它并不是一个经济地位与社会地位相一致的社会阶层，其内部的差异较大，比如，以占有资本和生产资料为特征的新社会阶层和以占有知识、技术和管理资源为特征的新社会阶层，有的时候这种内部差异比阶层之间的差异还大，因此要有针对性地加强这方面的研究。

第四，要把对新社会阶层的学术研究和政策研究有机结合起来。加强学术性研究，就是要注重研究的科学性、规范性、基础性，既关注当前的状况，也关注长远的发展趋势，特别是要把新社会阶层放在整体的阶级阶层结构中去分析研究。加强政策性研究，就是要坚持“问题导向”，把解决国家政治、经济、社会发展中的现实问题作为重要的研究目的，能够产生符合时代发展需要的政策性成果。这两个方面应该是相辅相成的，需要有机结合起来。

经过改革开放40多年的发展，在经济体制深刻变革和社会结构深刻变动中迅速成长起来的新社会阶层，在中国经济社会发展和现代化建设中发挥着重要作用，成为中国特色社会主义建设的重要力量。然而，在政治、经济、社会、文化等各个方面，新社会阶层还是一个没有完全定型的社会阶层，仍然在快速变化过程中，要加强引导和塑造。在政治方面，新社会阶层嵌入在中国特色社会主义的社会结构中，他们自身的利益取向要服从于国家的利益和社会公益，要把自身事业的发展融入中国特色社会主义事业中。正确处理政商关系，增强新社会阶层对中国共产党领导和中国特色社会主义制度的政治认同，这是在新的历史条件下我们要研究的治国理政的现实课题。在经济方面，新社会阶层仍处于快速分化和不断波动中，相当一部分新的社会阶层人士在经济形势的变动中，经济适应能力十分脆弱，经营十分艰难，要毫不动摇地支持新社会阶层的发展，帮助他们解决在发展中遇到的突出问题，不断改善营商环境，促进新社会阶层的经济稳定和快速成长；新社会阶层也要加强自律，自觉服务于社会主义经济建设，坚守爱国、敬业、创新、守法、诚信、贡献的职业操守。在社会层面，新社会阶层要富而思源、富而思进，承担起应有的社会责任，关心社会公益事业，先富带后富，树立起良好的社会形象。在文化方面，要弘扬社会主义核心价值观，遵守社会公德，在增强文化自信等方面发挥重要作用。

总之，加强对新社会阶层的研究，准确把握新社会阶层的经济特征、政治态度和社会作用，是建设中国特色社会主义和治国理政面临的重要课题，也是我们制定一切相关政策的重要基础，必须深入扎实地推进。

上海新的社会阶层研究中心组织的研究团队对新社会阶层相关议题开展了持续且深入的研究，并将其阶段性研究成果呈现在《中国新社会阶层发展研究报告 No. 1》中。本书不仅有对新社会阶层相关问题的理论探讨，而且收录了上海、杭州、沈阳等地的实践创新成果，是深入推进新社会阶层相关问题研究的扎实学术成果之一。

参考文献

本书编写组，2013，《中华全国工商业联合会简史（1953～2013）》，中华工商联合出版社。

江泽民，2001，《在庆祝中国共产党成立八十周年纪念大会上的讲话》，《求是》第11期。

蓝蔚青，2018，《正确看待民营经济的地位和作用》，《人民日报》12月7日，第7版。

李培林，2021，《加强对新的社会阶层的研究》，《中央社会主义学院学报》第5期。

陆学艺，2003，《关于社会主义社会阶级阶层结构是“两个阶级一个阶层”说法的剖析》，《求实》第11期。

毛泽东，1991/1925，《中国社会各阶级的分析》，载《毛泽东选集》第1卷，人民出版社。

中共中央党校教务部编，2008，《十一届三中全会以来党和国家重要文献选编》，中共中央党校出版社。

导言：新社会阶层的社会属性、地位作用及其发展趋势

张海东　杨城晨

一　社会属性：区分社会群体的重要概念

自然属性与社会属性是两个极为重要的概念，对这两种属性的研究贯穿了哲学社会科学诸多学科研究的始终。一般来说，自然属性是自然界的事物所呈现的本质面貌、规律、现象，或者说是人脑对自然界事物的面貌、规律、现象本质属性的反应和认识；而社会属性是一定经济基础上的事物本身固有的、不可缺少的性质与上层建筑的结合体，是随着自然社会的变化而形成的形态。人既有自然属性，又有社会属性，而社会属性是人的根本属性（王孝哲，2006），本质上是社会关系的总和。马克思、恩格斯曾指出社会关系是许多人的合作，至于这种合作是在什么条件下、用什么方式和为了什么目的进行，则是无关紧要的。因此，人的社会属性就表现为与社会、与社会中的其他群体结成多种多样的关系，这些多重关系可被归纳为经济关系、生产关系、政治关系、文化关系等多重人与人之间的关系（《马克思恩格斯全集》第1卷，2016）。这些社会关系的总和又集中表现在人与社会关系的互动性以及人与社会关系的整合性上。一方面，人和群体通过实践活动不断超越不适应生产力发展的旧的社会关系，创造新的社会关系，人既是社会关系的主体，同时又受到社会关系的制约；另一方面，以生产关系为主的社会关系是多样化的，不同的社会关系出现在不

同的领域。不同的人组成的各类群体在各领域中形成了差异化的社会关系，也就形成了不同的社会属性。

从人类社会的发展进程来看，各个群体之间的社会关系也变得更为复杂，私有制逐步成为社会中占支配地位的生产关系。生产以及随之而来的产品交换的经济关系成为最主要的社会关系，在这一关系下产生了剥削阶级和被剥削阶级，也就产生了人类历史上第一个阶级社会。马克思、恩格斯指出，“这些互相斗争的社会阶级在任何时候都是生产关系和交换关系的产物，一句话，都是自己时代的经济关系的产物”（《马克思恩格斯全集》第1卷，2016）。阶级是一种源于经济差别实存的群体，阶级的差别隐藏在一定的社会经济结构中，是一种社会关系，而这种关系源于对生产资料所有权的不同占有。“生产资料决定论”成为马克思主义阶级分析法的出发点。而韦伯的“阶层”强调“市场地位”的概念，他认为阶层地位出现于商品市场或劳动力市场的条件下（韦伯，2007）。个人拥有的财产、知识、劳动等因素在市场中交换，获得不同的经济利益，而这种经济利益体现了人们的市场地位。虽然马克思和韦伯对于阶级阶层划分的方法不同，但是他们都根据群体的差异性特征划分不同的群体和阶层。因此，可以说阶级性是群体和阶层的根本社会属性，阶级/阶层分析法是分析群体社会属性的根本方法。例如，知识分子是工人阶级的一部分，这是对知识分子社会属性的分析。

二 新社会阶层的生成与发展

（一）新社会阶层生成的政策背景

新中国成立以后，原有旧中国的社会结构和阶层结构发生了改变。在经历了农村土地改革和城市社会主义工商业改造之后，工人阶级和农民阶级成为社会的两大阶级，而作为原先社会中一个重要组成部分的民族资产阶级被改造为社会主义劳动者，成为工人阶级的一部分，城市中的小工商业者被作为小资产阶级的一部分保留，但规模很小。知识分子和干部则被当作一个重要阶层。“两个阶级一个阶层”成为社会主义建设时期中国社会结构的长期形态。这一时期，城市中的非公有制经济长期处于被压制的状态，而从职业类别来看，城市中大部分居民都属于体制内人员，属于体制外人员的比例十分小。

1982年宪法进一步对非公有制经济的地位做出了明确表述，强调“国家允许多种经济形式发展”“国家保护个体经济的合法权利和利益”。在法律的保障下，非公有制经济得到了一定程度的发展，与此同时，社会中的个体工商户、小微企业主以及私营企业管理人员等社会中的新职业群体开始萌芽（张莉莉、万曦，2010）。1987年党的十三大将发展非公有制经济纳入“一个中心、两个基本点”的基本路线中，在国家大政方针上进一步肯定了非公有制经济在国家经济发展和社会进步中的重要作用，萌生于非公有制经济的新社会阶层数量也开始稳步增长。1992年以邓小平同志南方谈话和党的十四大召开为契机，社会主义市场经济体制得以正式确立，在多种所有制经济和不同经济成分并存的情况下，一些具有代表性、具备一定经济实力和影响力的新职业群体得以成长壮大，走向社会发展的前台。1997年党的十五大进一步从理论和方针政策上提升了非公有制经济的地位和作用，将“公有制为主体、多种所有制经济共同发展”作为社会主义初级阶段的基本经济制度，民营经济、外资经济等非公有制经济被纳入社会主义市场经济的体制中，成为经济建设的重要力量。可以说，这些新职业群体的生成离不开改革开放这一伟大决策和中国共产党对非公有制经济认识的逐步深化，以及对非公有制经济的政策支持。

（二）新社会阶层发展的时代背景

新社会阶层的发展离不开国际和国内两个市场的深刻变化。就国际市场而言，第三次科技革命带来的技术发展使资本和技术得以在全球范围内快速流动，加快了世界经济全球化的进程。劳动分工、资本和科技等核心生产要素在全球范围内的流动，催生了数量庞大的跨国与外资企业，而中国对外开放使这些企业得以在中国开设并迅速发展（王四炯，2009）。2001年12月中国加入世界贸易组织，主动加入经济全球化的进程，推动了贸易投资便利化的进程，进一步加速了科技、资本和人才在中国的流动和发展。中国主动融入世界经济体系，加之社会化大生产的推进导致行业的扩展和职业的细分，社会分工的精细化使众多新领域、新行业、新职业不断出现，这些都为新职业群体、新社会阶层的成长壮大创造了更为有利的外部条件。

而从国内市场来看，这些新职业群体、新社会阶层的成长壮大是新经济业态、新产业结构生成发展的必然结果。社会主义市场经济体系的确立使中国的产业体系和市场结构不断完善，在这一过程中，劳动力市场、金融市场、技术市场、房地产市场和信息市场等的建立为新社会阶层提供了从业条件。而产业结构升级带来的不仅仅是农民身份向工人身份的转变，同时也催生了大量与现代商业形式相关的职业群体，例如金融、保险、房地产等行业中介组织从业人员，以及自由职业人员等。高新技术产业、高端服务业，以及各类社会组织加速发展。以互联网为标志的信息技术的迅猛发展，与传统的生产、商业、消费模式相融合，出现了"互联网+"、物联网、人工智能等新业态，各种类型的专业技术人才如雨后春笋般涌现，他们的就业方式与传统就业方式形成了鲜明对比。而与市场经济体制改革和产业结构变迁同时伴生的是行政体制改革与城市化进程（陈喜庆，2021）。社会治理方式的变化促使政府部门简政放权，从一些社会性与公共性较强的领域中退出，使各类中介组织和社会组织有了生存和发展的空间；城市化进程的加快使社会分工进一步细化，推动服务业成为经济发展的重要支柱；丰富多彩的城市生活使生产方式、就业方式、生活方式日益多样化，越来越多的人可以脱离原来的单位，转为自由职业人员，成为非体制人（张海东，2021a）。可以说，新经济业态、新产业结构的发展与行政体制改革、城市化进程一道为新社会阶层的发展创造了良好的内部条件。

三　新社会阶层的社会属性

得益于改革开放的伟大决策和中国共产党对非公有制经济认识的逐步深化，以及国际和国内两个市场的深刻变化，中国社会中逐步出现了群体结构新、规模大，多分布在“体制外”，集中在新经济业态、新发展模式领域，大多基于自身专业和才干从事管理技术工作的新社会阶层，其中包括民营企业和外商投资企业管理技术人员、中介组织和社会组织从业人员、自由职业人员和新媒体从业人员。相关研究表明，这一阶层或群体在新时代成为党执政稳固的群众基础、社会变革创新的推动者以及国家发展的见证者、参与者、受益者和奉献者，逐步成为社会中一个重要的群体和经济社会建设的重要力量，发挥重要的作用（张海东，2021b）。社会属性与地位作用在学理上属于不同的概念，尽管在日常生活中人们可能将这两个概念相互替代使用。为了更好地认识新时代下新社会阶层的地位作用，研判其未来的发展趋势，在学理上准确界定、分析新社会阶层的社会属性就显得十分重要。

研究新社会阶层的社会属性，就必然要着眼于现代社会生产力和生产关系的新变化。在现代社会，知识和技术代表着先进生产力的发展方向，新社会阶层掌握现代知识和技术，是先进生产力的代表。从严格意义上来说，作为统战工作对象的新社会阶层在生产过程中既不是生产资料的占有者，也不是传统意义上的被雇佣者，在生产关系中处于一种新型的关系状态，必须予以重新界定。遵循这一逻辑，需要进一步思考和回答的问题是：新社会阶层的社会属性是什么？

（一）社会生产力的发展构建了新社会阶层社会属性的基础

在马克思看来，“至今的全部历史都是阶级斗争的历史”（《马克思恩格斯全集》第 1 卷，2016）。虽然马克思本人并未直接给阶级这一概念下定义，但从马克思的相关著作中可以发现，其始终认为阶级是一种源于经济差别实存的群体，阶级的差别隐藏在一定的社会经济结构中，是一种社会关系，而这种关系源于对生产资料所有权的不同占有。在资本主义工业化时代，由于资本家对工厂、土地等生产资料的占有是明确的，因此马克思所指的阶级是一种“看得见的阶级”。此外，马克思与恩格斯在研究资本主义社会阶级斗争与社会流动时深刻地指出，由于资本主义大工厂生产机制的作用，以往中产阶级的下层，即小工业家、小商人和小食利者、手工业者和农民，都会降落到无产阶级的队伍中（《马克思恩格斯全集》第1卷，2016），而中产阶级的上层则会积累起巨额的财富，从而进入资本家的队伍中。小业主、小自由农和管理者等为数不多的中产阶级将面临分化的处境和消亡的危险。因此，在马克思的阶级观点中，阶级的划分与阶级的地位归属依赖于工厂、土地等有形的生产资料，同时他认为资本主义社会是一种“两极化”的阶级结构，随着社会的发展其阶级关系变得简单，主要表现为资本家与工人两大阶级的对立。

19世纪后半期，资本主义社会的生产组织形式和社会生产体制已经悄然发生了改变，生产关系发生了重大变化，特别是20世纪50年代之后，随着现代企业产权制度的明晰以及股份制的大规模实行、企业经理人的出现导致马克思“资本主义社会趋于两极化”这一论述遭到空前的质疑和挑战，工人阶级发生了巨大分化，资本主义社会中出现了一大批以管理人员、专业技术人员为代表的“中产阶层”。这一新出现的中产阶层就成为资本主义社会“管理革命”与技术革命背景下诞生的“新阶层”（张海东、杨城晨，2018）。在这一时期，基于资本的所有权和控制权分离成立的股份制公司将资本所有者排除出生产领域，那种“完全的资本家”让位于“发挥了重要功能但没有资本的群体”，“专业管理官僚”成为企业家的一部分，在资本分解的过程中拥有了资本家转让的、代表财产的权力（Dahrendorf，1959）。不断扩大的企业生产规模和越来越复杂的企业组织架构形式导致企业的层级和分工不断细化，新的时代开始呼唤“新阶层”的产生。在这一过程中，一部分工人在企业中可以通过管理职业生涯或者获得更高的学历而成为企业的管理者，变成“穿黑外套的工人”（Lockwood，1958），或成为米尔斯笔下在办公室从事非体力劳动、享有一定社会声望的“白领”阶层（米尔斯，2006）。这些新诞生的“管理者阶层”，不仅从一线的体力劳动中解放出来，而且在收入上、思想上乃至生活方式上都与传统的工人阶级形成了巨大的差异与区隔（Bourdieu，1984），成为一个新的、在经典的资产阶级-无产阶级二元对立结构中相对独立的社会群体（李路路，2017）。

与此同时，伴随着科学技术的进步，在第二次科技革命以及信息技术革命中出现的一系列新技术和新成果在生产中的应用，直接导致劳动方面的巨大变化，传统工人阶级开始分化。与马克思所处的时代那种无技术的、贫困的、同质性的群体不同的是，生产机器的复杂化以及科学技术的发展对工人的知识和技能提出了新的要求，技术工人、半技术工人逐步取代无技术工人，成为20世纪后期的主要趋势。高级技工成为快速增长的阶层，他们越来越多地与工程师和白领阶层融合，并演化成独立的技术人员群体（Dahrendorf，1959）。发达工业社会的工人已经无须忍受早期资本主义那种非人的奴役，开始过上富裕的生活。科技革命带来的机械化与自动化大大降低了工人的劳动强度，社会中的白领、技术人员以及非生产型工人的比例大大增加（马尔库塞，2014）。在资本主义社会生产体制变迁的过程中，工人阶级发生了很大的变化，大量的管理人员和专业技术人员从工人阶级的队伍中孕育、抽离与成长，使资本主义社会的阶层结构发生了巨大改变（张海东、杨城晨，2018）。

面对这种阶层结构的历史性巨变，为了了解这些新群体，或是“新社会阶层”，学界进行了深入的研究，乃至激烈的争论。其中具有代表性的观点是新马克思主义学者赖特（Wright）和新韦伯主义学者洛克伍德（Lockwood）的观点。赖特发展了传统马克思主义的资本家剥削工人剩余价值的概念，将其扩充为对物质生产资料、资产劳动力、组织资产和技术资产的剥削。因此，一方面，从工人阶级中分化演变而来的管理人员和专业技术人员，在生产体制中仍然是雇员，他们的管理技能和知识技能受到雇佣者的剥削；另一方面，他们同时也是剥削者，他们利用自身掌握的管理权力和知识技能对所管理的下属或工人进行剥削，这使得这部分人不再属于工人阶级，而站在了工人阶级的对立面（赖特，2006）。而洛克伍德从韦伯的地位视角出发，指出从事管理工作的白领职员虽然与体力工人一样不占有生产资料，但是他们的收入水平、职业保障以及流动机会迥异于一般的体力工人，这种不同的市场地位使白领职员产生了不同的身份认知和意识形态，而办公室的工作环境也和工厂流水线的工作环境完全不同，由此形成了不同的工作地位（Lockwood，1958）。不同的生产生活经历使这些白领职员在生活中总是强调个体主义的生活方式与文化，由此形成了与工人阶级不同的阶层意识，此后不断强化，逐渐形成了一个新的阶层。

因此，无论是新马克思主义者对管理人员和专业技术人员新特征的认可，还是现代学者从不同的理论视角阐述这一群体的阶层属性，我们都必须承认，管理革命与技术革命推动了社会结构的变迁，“两极分化”的社会阶层结构在当前已经不再显现，社会中出现了一个新的“中间阶层”。产业革命的迅速发展和社会生产体制的变迁为以管理人员和专业技术人员为代表的新社会阶层的孕育和发展创造了前提与条件（张海东、杨城晨，2018），同时也构建了新社会阶层社会属性的基础。

（二）社会生产要素的变革形塑了新社会阶层社会属性的特征

随着社会生产力的变革，社会生产要素也悄然发生了巨变。阶级分析论者认为，社会中存在的“结构性不平等”不仅仅决定于个人的教育、财产、劳动或个人禀赋的差异，更是由社会中的一些结构性因素和结构性机制决定的，其中，对生产资料的占有和对生产要素的掌握成为一种极为关键的结构性因素。正如有学者指出的那样，稀缺性的、不可替代的生产要素的性质及其所有权决定了一个社会的性质和社会阶级之间的关系（仇立平，2001）。因此，可以说，新社会阶层的孕育和发展，离不开社会变革过程中社会生产要素的变化所带来的动力。

20世纪四五十年代第三次科技革命的浪潮开启了科学技术飞速发展的新征程，将人类社会推向了“信息化”的时代。在这个时代，高新科技和新兴技术与互联网应用相互结合，众多在科学技术理论指导下完成的新成果被应用于社会生产实践，掌握科学技术的脑力劳动者成为企业生产经营中的关键角色。正如丹尼尔·贝尔（1997）在“后工业社会”理论中所指出的那样，知识成为这一时期经济增长与社会阶层变化的“中轴”，而且这一中轴将越来越处于主导地位。随着现代社会资本社会化的程度不断提高，知识成为推动技术革新、经济发展和社会变革的重要因素，科学技术成为当前社会稀缺的、不可替代的生产要素。反观资本这一要素，在全球范围内，“资本过剩”的现象不断显现，股份制的发展使资本社会化的程度不断提高，资本似乎已经不再是最重要的生产要素。众多科技工作者以及企业管理人员在掌握了新兴技术与管理知识的前提下，在企业生产中的作用不断显现，其规模也不断扩大，成为社会中一支新的重要力量。专业技术人员和运用互联网技术的新媒体从业人员的兴起就是一个明显的例证。知识、技能在现代社会生产中重要性的提升引发了众多学者对社会中阶级阶层结构和关系的探讨。有学者指出，由于管理人员和专业技术人员在企业中有更多的福利与更大的收益，这种基于组织权力和知识、技能的雇佣关系超越了资本主义工业化生产时期那种简单的资本家与工人之间的雇佣关系，掌握科学技术这一生产要素的管理与技术阶层成为社会中新的“服务阶层”（Goldthorpe，1996）。可以说，知识和技能成为稀缺性的生产要素无疑为以管理和专业技术人员为代表的新社会阶层的产生与发展提供了核心动力。

概言之，20 世纪 50 年代以来，随着生产体制的变迁和生产要素的变革，发达工业社会的生产关系发生了变化。对于这种变化，虽然学者们采用的阶级分析法的理论渊源和具体视角有所不同，但是大都认为社会中新出现的管理人员和专业技术人员属于中产阶级（或中间阶级、中间阶层、中产阶层），这是他们共同的社会属性。这里不可回避的一点是：现代工业社会出现了不同于马克思分析的早期工业社会的阶级结构的新特征，基于是否占有生产资料而划分的两极对立的阶级中间出现了新的社会阶层。新社会阶层不是资本的代表，也不是生产资料的所有者，而是受雇和自雇的劳动者。他们拥有知识和技能，是先进生产力的代表，同时呈现了一种新型的生产关系，难以用经典的马克思主义理论进行解释，这对新时代中国特色社会主义建设的实践而言是一个需要在理论上进行回应的重要现象。此外，以往的诸多研究都从职业特征的角度出发，认识到新社会阶层属于中产阶层或中间阶层，但在过去的语境中，中产阶层总是被赋予学术意义以外的一些特殊含义。笔者认为，中产阶层的概念，一方面涵盖了中等收入群体，另一方面也呈现了该群体的职业特征，但并不涉及所有制属性。在全面建设社会主义现代化国家的新征程中，中产阶层这一群体的规模将不断扩大。因此，不论是在学术研究层面还是在社会层面，我们都需要给“中产阶层”赋予更加中性的含义。

四　新时代新社会阶层的地位和作用

对新社会阶层作用的认识，经历了一个较长的发展阶段。改革开放以后，国家坚持社会主义市场经济改革方向，以提高资源配置效率为目标，彻底打破了原有的单一公有制体制，使非公有制经济获得快速发展。在此过程中不断涌现出一些新群体，他们通常具有在“体制外”、从事技术或管理等智力劳动、社会影响力较大等特点，很快成为统战工作新的关注对象。1991 年 7 月中共中央批转中央统战部《关于工商联若干问题的请示》、2001 年江泽民在庆祝中国共产党成立八十周年大会上的讲话，以及 2002 年党的十六大报告，均对这些新群体的地位和作用进行了阐述。此后有关部门对新社会阶层的地位和作用进行了明确的界定，指出新社会阶层是指在中国特色社会主义现代化建设的历史进程中，适应现代科技进步、社会生产力大解放、市场经济大发展的实际而产生的，以非公有制经济为基础，主要从事民营、私营和个体职业的社会成员，他们因生产要素的拥有量、从事的行业差异、收入分配方式的不同，在社会经济发展中的作用不同而被划分为若干社会阶层。这些新的社会阶层成员“与工人、农民、知识分子、干部和解放军指战员团结在一起，他们也是有中国特色社会主义事业的建设者”（江泽民，2006）。2013 年，习近平同志指出，“一切非公有制经济人士和其他新的社会阶层人士，要发扬劳动创造精神和创业精神，回馈社会，造福人民，做合格的中国特色社会主义事业的建设者”（习近平，2013）。2015 年《中国共产党统一战线工作条例（试行）》首次将非公有制经济人士和新的社会阶层人士并列作为统战工作对象，将新的社会阶层人士限定为四类群体，使新社会阶层概念在使用上有了广义（包括非公有制经济人士）和狭义（仅指私营企业和外资企业的管理人员和技术人员、中介组织和社会组织从业人员、自由职业人员和新媒体从业人员四类群体）之分。2020 年 12 月中共中央印发的《中国共产党统一战线工作条例》（以下简称《条例》），将新社会阶层统战工作单独成章，并对新社会阶层的统战工作做出了全面系统部署，将新社会阶层的统战工作推向了前所未有的高度。《条例》第三十二条明确规定“坚持信任尊重、团结引导、组织起来、发挥作用的思路，运用社会化、网络化的方法，通过实践创新基地、联谊组织等形式，分类分众施策，强化思想引领，凝聚政治共识，发挥新社会阶层在建设中国特色社会主义事业中的重要作用”。这充分说明新社会阶层是建设中国特色社会主义的重要力量之一，同时也充分说明新时代加强新社会阶层统战工作意义重大。

那么，应该如何深入具体地理解新时代新社会阶层作为中国特色社会主义事业建设者的重要作用，换言之，新社会阶层在中国特色社会主义事业建设中的重要作用是如何体现的，这是本章要探讨的核心问题。

（一）新社会阶层是党巩固长期执政地位的重要力量

执政基础是执政党执政地位赖以维持和巩固的基本条件。一般来说，一个执政党的执政基础是由多方面的因素构成的，最核心的是人民这个基础。只有人民的认可、授权和支持，党才能执政，也才能执好政。这个基础又可以进一步区分党执政的阶级基础、群众基础和社会基础。在中国，新社会阶层作为新兴知识分子和新兴职业群体的一部分，是党的阶级基础、群众基础和社会基础的重要组成部分，是新时代党巩固长期执政地位的重要力量。

要分析新社会阶层是新时代党巩固执政地位的重要力量，可以从社会结构视角入手。社会阶级结构或社会阶层结构本质上是一种由社会经济基础决定的社会利益关系结构。基于此，可以进一步考虑的问题是：新时代我国的社会结构发生了何种变化？这种变化给党执政的阶级基础和群众基础带来了哪些影响？

40 多年来，我国的社会结构由改革开放前“两个阶级一个阶层”的相对简单形态，逐步演变为多元的、社会经济差异更为明显的复杂形态。“两个阶级一个阶层”结构是指由工人阶级、农民阶级和知识分子阶层构成的社会结构。这是一种比较简单的社会结构。改革开放以来，这一阶级基础并未发生根本性改变，但其内部结构却发生了重大变化。当前我国的农民数量大幅减少，工人队伍壮大，特别是农民工数量大幅增加。《中华人民共和国2020年国民经济和社会发展统计公报》[①] 显示，2020年全国农民工总量有28560万人。此外，中国新时代社会结构变化的最突出的特征是新社会阶层的不断成长和壮大，社会影响力日益增强。

从狭义上讲，新社会阶层包括民营企业和外商投资企业管理技术人员、中介组织和社会组织从业人员、自由职业人员和新媒体从业人员四类群体。中央统战部根据调研统计测算，2016年全国新社会阶层规模约7200万人 。最新数据显示，2021年全国新社会阶层总体数量约为9100万人，比2016年增加了约1900万人，5年增幅达26.4%。[②] 而根据有关大型调查数据测算，一段时期以来全国范围内的新社会阶层比例较为稳定地保持在5%左右，与统战部门的调研数据较为接近（张海东等，2017）。从数量上看，新社会阶层已经成为中国社会结构中一支不可忽视的力量，而且存在明显的规模不断扩大的趋势。如果从广义上将非公有制经济人士包括在内，新社会阶层规模更是庞大。根据国家统计局的统计数据，截至2019年底，全国共有私营企业3516万户、私营企业从业人员2.28亿人，其中城镇1.46亿人，农村8266万人。

在上述四类人群中，专业技术人员是主体。根据群体构成进行职业类别细分可以发现，构成新社会阶层的民营企业和外商投资企业管理技术人员、中介组织和社会组织从业人员、自由职业人员、新媒体从业人员通常具有高学历和脑力劳动为主的职业特征，传统上也被称为知识分子阶层。知识分子被定义为工人阶级的一部分[③]，且当时所说的知识分子基本上是

① 《中华人民共和国2020年国民经济和社会发展统计公报》，http://www.stats.gov.cn/tjsj/tjcbw/202103/t20210331_1815847.html，最后访问日期：2022年12月30日。

② 《光明日报：新的社会阶层人士统战工作实现创新发展呈现崭新局面》，https://m.thepaper.cn/baijiahao_19180669，最后访问日期：2022年12月30日。

③ 相关的权威表述有：1956年1月，周恩来同志在全国知识分子问题会议上宣布，我国知识分子的绝大部分“已经是工人阶级的一部分”（参见《周恩来为知识分子“脱帽加冕”》，http://www.dangjian.cn/djw2016sy/djw2016dsgs/201707/t20170704_4325177.shtml，最后访问日期：2022年12月26日）。1978年3月，邓小平同志在全国科学大会上宣布，知识分子的“绝大多数已经是工人阶级和劳动人民自己的知识分子，因此可以说，已经是工人阶级自己的一部分”（参见《中国科协党组发表文章纪念邓小平同志诞辰110周年》，http://scitech.people.com.cn/n/2014/0825/c131715-25532540.html，最后访问日期：2022年12月25日）。

体制内知识分子。时至今日，专业技术人员广泛分布在各行各业，总人数相较于工人阶级和农民阶级还不算很多，但随着改革开放的不断深入、市场经济体制的确立与高等教育的普及，这一群体的比例在40余年的时间里迅速上升。按照国家统计局就业分类估算，1978年我国专业技术人员约1500万人，约占全社会从业人员的4%；到2015年，这个群体有5000多万人，约占全部从业人员的12.5%（李培林，2018），其中体制外专业技术人员占相当大的比例，相当一部分新的社会阶层人士属于这个群体。

新社会阶层规模不断扩大，推动了中国社会结构的转型。整体而言，我国目前还远未形成橄榄型社会结构，但是从一些调查研究中可以发现，在特大城市，橄榄型社会结构已经初具雏形，而新社会阶层是塑造特大城市橄榄型社会结构的重要力量。就党巩固执政的社会基础方面而言，推动橄榄型社会结构的形成是十分必要的。从这个意义上来说，新社会阶层规模越大越好，“建设者越多越好”（李忠杰，2001）。

正因为社会结构的新特征将对党的执政基础产生深远影响，所以必须看到中国社会结构发生的深刻变化，必须积极主动地统筹兼顾各方面利益关系，最广泛、最充分地调动一切积极因素，团结一切可以团结的力量，进而巩固和壮大党的执政基础。执政党也只有客观、全面地看待和认识社会结构出现的新变化，并处理好各阶级阶层之间的利益关系，才能巩固其执政地位和执政基础。在坚持工人阶级的领导、进一步巩固工农联盟基础的同时，做好新社会阶层统战工作，是巩固和扩大党执政基础的重要举措。

（二）新社会阶层是社会变革与经济创新的推动者①

在新时代市场化改革的进程中，新社会阶层成为推动社会变革与经济创新的重要力量。新社会阶层作为社会变革与经济创新的推动者，需要一

① 本部分和第三部分的内容首发于张海东《转型中国的新力量：新社会阶层何以推动社会变革创新》（《社会政策研究》2021年第1期），为了综合概括新社会阶层的重要作用，在此进行观点重述。

系列保障制度作为前提，即与市场化进程相伴随的各种保障制度是新社会阶层投身社会变革与经济创新的前提条件。一是以产权制度为核心的市场经济制度建设，为新社会阶层的成长壮大打开了广阔的空间；二是不断完善的社会保障制度，为新社会阶层的发展解决了后顾之忧；三是鼓励创新创业的制度和政策，为新社会阶层的成长提供了强大的助推力；四是日趋完善的各种法律制度，为新社会阶层的合法权益提供了坚实保障。

其一，新社会阶层是社会变革与经济创新的推动者、社会活力的源泉。改革开放以来，新社会阶层凭借创新创业精神和巨大的勇气，推动各类中介组织和社会组织发展，满足人民的各种物质生活与精神生活需求，直接促进了社会生活的巨大变革，成为社会创新的驱动力。

习近平总书记指出："一个流动的中国，充满了繁荣发展的活力。"①而新社会阶层正是社会流动大军中的主体，其在地域流动、职业流动和阶层流动方面均很活跃。这个群体也是一个充满了社会活力的群体，成为全面建成小康社会的重要参与力量。新社会阶层是自带流量的群体，他们所在的地方，信息、创意、技术等涌动，随之而来的是资金、产业等的大发展，不断推动社会迸发新活力。目前，我国社会流动有两路大军：一是农民工的社会流动；二是新社会阶层的社会流动。新社会阶层作为改革开放之后出现的新群体，是我国社会结构新的生长点，其主体实现了阶层向上流动，是推动社会阶层结构开放、有活力，促进人才有序流动的重要力量。总之，在改革开放的进程中，新社会阶层充分展示了开拓进取的精神，积极主动参与并推动社会变革，不断成长和壮大。虽然一些社会变革需要制度规范和监管，但整体而言，新社会阶层促进社会变革的贡献可圈可点，作用不容忽视。

其二，新社会阶层是经济创新的重要力量。新社会阶层的创新性实践是市场经济体制确立和不断完善的一股巨大推力。不可否认的是，在我国的改革进程中，市场经济体制的确立和完善在一定程度上是创新性实践倒逼的结果，也就是实践在先，之后才有逐步清晰的制度设计。例如，改革

① 参见《国家主席习近平发表二〇一九年新年贺词》，http://cpc.people.com.cn/n1/2019/0101/c64094-30497657.html，最后访问日期：2022年12月30日。

伊始并没有明确的经济体制改革的目标，在经历了多年的实践探索后才最终提出经济体制改革的路线，目前仍在不断完善。作为体制外的社会群体，新社会阶层尤其是非公有制经济人士和专业技术人员，被称为“智能型”新社会阶层（张卫、后梦婷，2021）。他们掌握先进的科学知识和技术，富有创意，并将其转化为经济创新活动，成为知识经济的主要参与者。作为市场经济的生力军，新社会阶层克服了旧体制的束缚，敢于承担市场发展的不确定性带来的风险，最大限度地投身到各种市场经济活动中，按照市场经济的逻辑和原则合理配置与运用资源，推动生产要素高效组合，建立各种各样的新型经济组织，在推动新产业、新业态、新技术、新型经济模式等的发展方面起到了极大的引领作用。

（三）新社会阶层是社会治理共同体建设的重要参与者

社会治理是国家治理的重要方面。现代化通常会促进传统社会各领域发生不同程度的分化，而国家为了长治久安与永续发展，必须将分化的各社会群体（尤其是不同的利益群体）按照制度化的方式加以有效整合。新社会阶层的崛起为社会治理方式转变提供了契机，这一点可以从两个方面进行分析：一方面是社会治理结构问题，包括社会治理体制变革；另一方面是新社会阶层本身参与社会治理的问题。

新社会阶层崛起后，传统社会治理存在的结构性问题日益突出。新社会阶层有较强的参与能力和参与意愿，但在传统社会治理体制下缺乏有效的制度化参与渠道，整体而言，他们在传统社会治理格局中仍处于边缘化状态。与此同时，传统社会治理体制对新社会阶层有效参与社会治理提出诸多挑战。党的十九届四中全会第一次明确提出创新社会治理，完善党委领导、政府负责、民主协商、社会协同、公众参与、法治保障、科技支撑的社会治理体系，打造共建共享共治的社会治理格局。这在社会治理领域是具有划时代意义的新思路，明确提出以社会治理取代社会管理，突出了多元共治的新思路。党的十九届四中全会强调完善共建共治共享的社会治理制度，建设人人有责、人人尽责、人人享有的社会治理共同体，为党建引领下的多元共治的社会治理勾画了更加清晰的蓝图。

新社会阶层人数众多、分布面广、处理经济社会事务的专业能力强，具有参与政治和公共事务的意愿与热情。近年来，新社会阶层在组织化方面取得了重要进展，组织起来的新社会阶层通过各种形式参与社会治理，为完善共建共治共享的社会治理制度建言献策。有关部门也在积极拓宽新社会阶层的制度化参与渠道，积极促进新社会阶层的多元有序参与。可以说，新社会阶层是社会治理共同体建设中最有活力的重要主体之一，是社会治理共同体建设不可或缺的重要参与者。

（四）新社会阶层是公益慈善事业的践行者和奉献者

新社会阶层所掌握的经济文化资源与公益慈善活动的需求是相匹配的，这使他们更有可能成为公益慈善事业的践行者和奉献者。在全面建成小康社会的过程中，无数热爱公益的新的社会阶层人士通过捐款捐物、购买贫困地区农副产品以及设立各种支教、扶贫和创业基金等形式助力各类公益慈善事业。同时，新社会阶层具有的职业进取精神和强烈的社会责任感、使命感使他们具有较高的公益慈善事业参与意愿。相关调查数据显示，有接近半数的新的社会阶层人士参与过各项公益慈善活动（张海东等，2017）。每当出现地震、洪灾、疫情等重大自然灾害或突发公共卫生事件时，新社会阶层往往能挺身而出，为国家和社会做出贡献。例如，众多新的社会阶层人士在抗击新冠疫情的过程中，通过物资捐赠、医疗救治、志愿服务、舆论宣传等方式参与其中，彰显了他们的社会责任感、公益精神、专业能力、社会号召力与影响力。

共同富裕是中国特色社会主义现代化建设的奋斗目标。新社会阶层在推动共同富裕的进程中将发挥重要作用。新社会阶层通过参与公益慈善事业，成为三次分配和推动共同富裕的重要参与者。三次分配主要由高收入人群在自愿基础上，以募集、捐赠和资助等公益慈善方式对社会资源和社会财富进行分配，是对初次分配和再分配的有益补充，有利于缩小社会差距，实现更合理的收入分配。近年来，三次分配作为调节收入分配、实现共同富裕的有效路径之一，多次出现在中央的重要会议和文件中。2019年，党的十九届四中全会提出，重视发挥第三次分配作用，发展慈善等社会公益事业。2020 年，党的十九届五中全会再次提出，要发挥第三次分配作用，发展慈善事业，改善收入和财富分配格局。2021 年 8 月 17 日，习近平总书记在中央财经委员会第十次会议上强调，要坚持以人民为中心的发展思想，在高质量发展中促进共同富裕，正确处理效率和公平的关系，构建初次分配、再分配、三次分配协调配套的基础性制度安排。[①] 新社会阶层作为践行三次分配的重要参与者，通过捐赠等方式实现对低收入群体的帮扶，使他们实现收入的直接增长，为扩大中等收入群体规模、实现橄榄型社会结构、走向共同富裕起到了良好的示范作用。此外，在三次分配的制度建设上，新社会阶层拥有施展才能的广阔空间。当前，中国的公益慈善活动不断增多，但仍与整体的经济规模不相匹配。三次分配需要建立良好的激励和保障体系，这就需要慈善团体、基金会等各类中介组织和社会组织承担起捐赠物资的收集与分配工作，让新社会阶层进一步弘扬公益慈善文化，发扬优良道德传统，营造浓厚的人文关怀氛围。

（五）新社会阶层是优秀传统文化的弘扬者和时代精神的传播者

新社会阶层文化素养普遍较高，是优秀传统文化的弘扬者和时代精神的传播者。例如，在优秀传统文化弘扬方面，自由职业人员和新媒体从业人员利用发达的现代网络技术，创造出具有传统文化特色的、备受国内外民众欢迎的优秀视频作品，向世界展示中国优秀的传统文化，不仅有助于优秀传统文化的传承，也有助于优秀传统文化走向世界，促进中国传统文化国际影响力的提升。在时代精神传播方面，新社会阶层具有的爱国敬业、努力拼搏等精神与社会主义核心价值观相吻合，成为伟大时代精神的一部分。在改革开放 40 周年、新中国成立 70 周年、中国共产党成立 100 周年等重要历史节点，新社会阶层通过各种渠道和途径，以各种方式和丰富多彩的活动一如既往地大力弘扬伟大的时代精神。

当然，必须指出的是，由于种种原因，新社会阶层中也有一些人成为

① 《习近平主持召开中央财经委员会第十次会议强调　在高质量发展中促进共同富裕　统筹做好重大金融风险防范化解工作》，https://baijiahao.baidu.com/s?id=1708416148974469542&wfr=spider&for=pc，最后访问日期：2022 年 12 月 18 日。

社会发展的“负作用”者。例如，自由职业人员中的个别演艺人员、“网络大V”和“意见领袖”等不择手段的逐利行为，或在错误思想影响下传播有违主流价值观的观点，在社会上造成了恶劣影响，但是这些不是新社会阶层的主流。总体来看，多数新的社会阶层人士思想积极，有一定的社会责任感和时代使命感，能够以其专业服务、职业精神为市场和社会提供产品与服务（张林江，2017）。

五　新社会阶层的发展趋势

鉴于新社会阶层在社会经济发展中的重要地位和作用，准确地把握和预测其未来发展趋势，就具有重要的理论意义和政策价值。综合当前新社会阶层的社会属性，笔者认为新社会阶层有如下发展趋势。

其一是新社会阶层的总体规模仍将不断扩大，自身实力将显著增强（张海东，2019）。新社会阶层孕育于改革开放和市场经济浪潮之中，而当前市场经济持续发展和深化改革的重要举措为新社会阶层规模的不断扩大提供了制度环境。一方面，在供给侧结构性改革和“大众创业、万众创新”的背景下，各类企业数量稳步增加，给民营企业和外商投资企业管理技术人员提供了众多就业和发展机会。党的十八届三中全会后，登记注册流程的简化、政府向社会组织购买服务、促进各地社会组织孵化发展的举措，都促进了各类社会团体和基金会健康发展（张林江，2017）。另一方面，随着中国社会矛盾发生变化，人们对美好生活的需要给各类教育、娱乐、文化领域的自由职业人员和新媒体从业人员创造了更多的市场需求，使他们能够在未来很长一段时间内都能保持数量和规模的稳步增长。

其二是新社会阶层的社会影响力将不断增强。随着市场对社会资源的合理配置和生产要素的高效组合，各类新经济组织、新经济业态、新产业模式不断涌现，给新社会阶层提供了更多的“舞台”。新社会阶层在经济领域取得的成就以及其自身的社会责任感将使他们更多地投身于政治事务和公共事务，参与到社会治理共同体的建设中。一些新的社会阶层人士就一些公共性社会议题集中表达观点，在一定程度上引导舆论，有较大的社会影响。特别是网络社会的发展使舆论传播达到了前所未有的广度和深度，更扩大了他们的社会影响力。

其三是新社会阶层将改变原来“无所属”或“非组织化”的状态，走向适度“组织化”的状态。由于职业性质的影响，新社会阶层往往游离在体制外，大多处于“隐身”和“无所属”的状态。在市场经济的洗礼下，新社会阶层逐渐与其他群体发生分化，他们对自身权利的认识越来越清晰，表达权利诉求、维护既定权益的意愿越来越强烈（廉思等，2016）。从社会学的角度来看，不同利益群体必然会发生利益矛盾与冲突，组织化成为维护群体自身利益的重要途径。因此新社会阶层对实现联合有着迫切的现实需求。而在市场化背景下，使新社会阶层逐步实现以联合为基础的再组织化，实现可控的、低烈度的再组织化，避免无序的再组织化和原子化可能带来的混乱具有重要意义（李路路等，2020）。

第一编

新社会阶层的结构化

第一章
新社会阶层的构成性特征

袁 博 张海东

过去40余年来，我国的经济体制经历了从计划到市场、从封闭到开放、从一元到多元的转型。改革开放不仅从根本上改变了我国贫困落后的面貌，而且充分发挥了我国的人口红利，激发了市场活力，推动我国不断向经济大国与经济强国迈进。然而经济与社会的关系可谓一体两面，经济结构的转型必然引发社会结构的变迁。在市场化改革这一大背景下，我国的社会结构，尤其是阶级阶层结构也发生了巨大的变化。在计划经济时期，我国的阶级阶层结构较为单一，在很长一段时间内延续着“两个阶级一个阶层”的模式。但随着改革的全面铺开，市场经济转型带来了一系列社会影响，包括所有制改革与“单位社会”解体、社会分工精细化与产业结构调整升级、劳动力市场分割与职业流动加速等。在这些结构性因素的综合作用下，我国社会原本稳固的阶层结构在短时间内发生了剧烈的变动、重组，形成了更为丰富多元的阶层样态，有学者通过调查分析将其概括为“十大社会阶层”（陆学艺，2002）。本书所讨论的新社会阶层，虽然并不是一个严格意义上的阶层概念，但无疑也是脱胎于上述历史背景与社会现实之中的。

一　新社会阶层的概念与划分标准

要想对新社会阶层进行经验层面的划分，必须先明晰其概念内涵与外延，才能找出一条合理的操作化路径。一方面，从统一战线的工作视角来看，从以往我国政策文件对新社会阶层的表述可知，这一概念从无到有，大致可分为广义和狭义两种。广义的新社会阶层概念确立于21世纪初，2001年江泽民在庆祝中国共产党成立八十周年大会上的讲话中将该群体概述为“民营科技企业的创业人员和技术人员、受聘于外资企业的管理技术人员、个体户、私营企业主、中介组织的从业人员、自由职业人员等社会阶层”（江泽民，2001）。这一概念在强调体制外劳动者的管理权限与专业技能特征时，并未明确区分其雇主、自雇者或雇员的就业身份，所以涵盖了两类非公有制经济人士（私营企业主和个体户），概念范围更加广泛，因此被称为广义的新社会阶层概念。随着近年来社会经济不断发展，社会分工越发精细化与多元化，我国统一战线工作也随之做出调整，狭义的新社会阶层概念逐步形成。2020年12月，中共中央发布的《中国共产党统一战线工作条例》将新社会阶层概述为“民营企业和外商投资企业管理技术人员、中介组织和社会组织从业人员、自由职业人员、新媒体从业人员”四类职业群体。①

另一方面，从社会分层研究的理论视角来看，学术界对新社会阶层这一概念的分析也存在两个不同的视角。一个是基于体制外“中产阶层”或称“中等收入群体”的视角。这一视角强调，伴随着我国经济体制改革与非公有部门的不断壮大，各社会阶层间的收入差距被不断拉大，尤其是在体制外部门涌现出了大量技术精英，而包括私营企业主和管理技术人员在内的新社会阶层就孕育其中。新社会阶层是具有明显非公有制经济色彩的体制外中等收入群体。因其管理或技术精英的身份特征明显有别于传统意义上的有产阶级（如地主阶级与资产阶级），所以有学者也称其为体制外“新中产阶层”（李春玲，2017）。另一个是基于“阶级分析”的视角，强调不同于传统阶级分析对生产关系与阶级冲突的关注，新社会阶层是立足于“人民内部”的新群体，对其的分析要侧重于阶级内部所衍生出的“新”阶层，而不能将其置于“敌对阶级”的框架中进行分析（李路路、王薇，2017）。当然，不管采用哪个视角，对新社会阶层的研究旨趣都侧

① 参见《中国共产党统一战线工作条例》，人民出版社，2021。

重于如何使该群体对我国由市场转型引发的社会结构变革尽可能产生积极影响，即如何培育与壮大该群体，使我国不断向橄榄型社会迈进，以及如何促使该群体更好地他组织化与自组织化，从而发挥其社会中坚力量的作用，有效参与社会治理，等等。

综上所述，我们至少可以基于两个视角来界定新社会阶层这一概念，并将其结合起来，从而有效地建构出这一概念的操作化路径。一方面，从我国统一战线工作将新社会阶层界定为某几类"职业"从业者的微观视角入手，强调新社会阶层应为"民营企业和外商投资企业管理技术人员、中介组织和社会组织从业人员、自由职业人员、新媒体从业人员"这四类职业群体；另一方面，从社会分层研究对新社会阶层应归属于某一社会"阶层"的宏观视角入手，强调新社会阶层大多处于体制外社会中间阶层，属于具有管理权限或掌握专业技能的"白领"阶层。前者给出具体职业类型，后者划分大致阶层范围，我们将二者结合起来界定新社会阶层，能够有效避免单一视角下具体研究对象分类过于细致而无法全面涵盖，或者过于宽泛而所指模糊的问题。

在具体操作化层面，我们以职业类型作为划分基础，并在此基础上强调新社会阶层是体制外"白领"的阶层概念。具体来说，以我国 2015 年版《职业分类与代码》（GB/T 6565—2015）为基本划分依据，针对四类具体的狭义新社会阶层的概念界定，用单位类型、职业阶层、就业身份、职业特征、行业类型等操作化指标对其予以说明，进而从范围上划分出四类具体的新社会阶层群体（见表 1－1）。

表 1－1　四类具体的新社会阶层群体

新社会阶层	单位类型	职业阶层	就业身份	职业特征	行业类型
民营企业和外商投资企业管理技术人员	私有/民营/三资企业	白领	受雇者	专业技能/管理权	任何行业
中介组织和社会组织从业人员	行会协会等社会组织、民办非企业单位	白领	受雇者	专业技能/管理权	信息咨询业/房地产业/金融、证券、保险业/教育/科研/综合服务业等

续表

新社会阶层	单位类型	职业阶层	就业身份	职业特征	行业类型
自由职业人员	无单位	白领	自雇者	专业技能	任何行业
新媒体从业人员	体制外所有单位类型	白领	受雇者	专业技能/管理权	金融、证券、保险业/计算机服务业/新闻出版业/文化艺术业/广播电影电视业等

在表 1－1 的基础上，我们还需要对“白领”这一概念做进一步的操作化。依据米尔斯（2006）对这一概念的阐述，“白领”阶层大致可以被界定为受雇于各类企业组织，没有资本所有权但具有一定管理权限或运用专业技能进行工作，大多从事非体力或脑力劳动，且收入丰厚稳定的专业技术群体。在操作化层面，我国学者通常会将 2015 年版《职业分类与代码》（GB/T 6565—2015）中的前四类（第一类“党和国家机关、群众团体和社会组织、企事业单位负责人”，第二类“专业技术人员”，第三类“办事人员和有关人员”，第四类“社会生产服务和生活服务人员”）笼统地划分为“白领”阶层（李培林、崔岩，2020）。但随着职业分工越发精细化，在第四类“社会生产服务和生活服务人员”中，已然存在部分非“白领”，从工作内容、工作环境、职业地位等方面来看，他们都难以被视为“白领”，而是更接近“蓝领”工人或体力劳动者。因此，结合我们对新社会阶层的受教育程度与收入、管理权限或专业技能，以及社会地位等多方面的既有印象，我们认为“社会生产服务和生活服务人员”中的部分职业群体不应被划入“白领”阶层，他们包括但不限于再生物资回收人员，交通运输、仓储和邮政业服务人员，住宿和餐饮服务人员，地质勘探人员，等等①。综上，尽管在操

① 剔除的具体职业类型（职业代码）有：再生物资回收人员（40104），交通运输、仓储和邮政业服务人员（40200～40299），住宿和餐饮服务人员（40300～40399），地质勘探人员（40807），水利、环境和公共设施管理服务人员（40900～40905、40907～40909、40999），居民服务人员（41000～41099），电力、燃气及水供应服务人员（41100～41199），修理及制作服务人员（41200～41204、41206～41299）。此外，在界定民营企业和外商投资企业管理技术人员时，还剔除了销售人员（40102）、旅游及公共游览场所服务人员（40704）。

作化层面我们同样选取了 2015 年版《职业分类与代码》（GB/T 6565—2015）中的前四类作为“白领”阶层，但也剔除了上述归类明显不符的具体职业类型。

二　新社会阶层的规模与构成

在厘清了新社会阶层的概念与划分标准后，我们尝试从调查数据中筛选出新社会阶层受访者，然后测算其整体规模。如无特殊说明，全书用于分析的抽样调查数据均源自 2019 年在京津冀城市群、长三角城市群、珠三角城市群、长江中游城市群、成渝城市群中的十个特大城市开展的“新时代特大城市居民生活状况调查”①。这五大城市群是我国经济总量最高、人口最为密集、市场化程度最高、社会发展状况最好的地区，也最有可能成为我国新社会阶层高度聚集的核心城市群。因此，研究五大城市群的社会结构现状及新社会阶层在其中的分布与规模，是具有典型性和代表性的。该调查的具体抽样方法与步骤如下：在京津冀城市群、长三角城市群、珠三角城市群、长江中游城市群、成渝城市群中各抽取两个代表性城市（分别为北京、天津、上海、杭州、广州、深圳、武汉、长沙、重庆、成都）进行问卷调查，调查采用分层多阶段整群 PPS 抽样方法。考虑到所调查的特大城市近些年经历了快速的城市化过程，传统的老城区和新城区在人口特征分布上显著不同。相比老城区，新城区人口规模小，人口密度小，异质性强。为了提高样本的代表性，我们将城市内部分为新城区和老城区两个抽样层，以“区县—街道—居委会”为三级抽样单元，最终从每个城市抽取 40 个居委会，从每个居委会抽取 25 个家庭户，运用 Kish 抽样方法在每个家庭户中随机抽取 1 名 18 ~65 周岁的受访者。根据问卷实际的回收情况，有效样本量为 10026，各城市样本量分别为：北京，1001；天津，1000；上海，1001；杭州，1000；广州，1004；深圳，1001；武汉，1000；

① 本次调查由“新时代特大城市社会结构变动趋势及其治理”课题组组织实施，受中国社会科学院 - 上海市人民政府上海研究院资助，在此对中国社会科学院 - 上海市人民政府上海研究院表示感谢。

长沙，1016；重庆，1000；成都，1003。

（一）新社会阶层的分布比例与测算规模

1. 新社会阶层占特大城市人口的近 1/4

在对抽样数据进行基本的清理后，基于上文确立的新社会阶层划分指标，我们将全体受访者划分为体制内人员、新社会阶层（民营企业和外商投资企业管理技术人员、中介组织和社会组织从业人员、自由职业人员、新媒体从业人员）、私营企业主、个体工商户以及其他人员五类群体。需要注意的是，在现实生活中，新社会阶层中的一些人是存在兼业情况的，也就是说，部分受访者实际上有多重职业身份，可能符合新社会阶层两类及以上职业的特征，例如，一些新媒体从业人员同时也是具有专业技能或管理权限的民营企业雇员。因此，为了保证各类群体间具有统计可比性，我们在做群体间比较分析时，对具有多重新社会阶层职业身份的受访者，在统计层面只计算一次。

表 1－2 给出了特大城市不同群体受访者的比例分布情况。首先，从受访者的平均比例分布情况看，受访者中体制内人员的占比是最高的，达到了40.09%。这表明在我国特大城市中，有超过四成的居民是在体制内单位工作的，但因为我们并未区分体制内人员是否有固定就业身份，所以可能导致部分体制内非正式员工也在其中，致使平均比例偏高。此外，除其他人员（31.44%）外，占比紧随其后的便是新社会阶层受访者（24.49%），也就是说，在我国特大城市中有近1/4 的居民从事新社会阶层所涵盖的四类职业。个体工商户受访者（2.29%）和私营企业主受访者（1.70%）的比例远不及同属于体制外的新社会阶层受访者。所以从整体上看，新社会阶层在我国特大城市中的占比较高，是一个不容忽视的新兴群体。

其次，从各特大城市不同群体受访者的比例分布差异看，杭州的新社会阶层受访者的比例是十个特大城市中最高的，为 33.00%，其比例甚至与该市体制内人员受访者相当（33.90%）。而天津的新社会阶层受访者的比例在十个特大城市中是最低的，仅为 14.20%。天津与重庆（19.40%）一同成为两个新社会阶层受访者占比未达到 20.00% 的特大城市，这也从侧面反映出天津与重庆的新社会阶层发展较慢。其余城市如广州（30.88%）、长沙（28.05%）、北京（25.07%）、深圳（24.58%）的新社会阶层受访者占比均超过了十个特大城市的平均水平（24.49%）。

表 1－2　特大城市不同群体受访者比例分布情况

单位：%

特大城市	北京	天津	上海	杭州	广州	深圳	武汉	长沙	成都	重庆	平均
体制内人员	55.14	58.30	43.56	33.90	35.36	36.36	48.00	28.74	32.90	28.80	40.09
新社会阶层	25.07	14.20	23.28	33.00	30.88	24.58	22.40	28.05	23.93	19.40	24.49
私营企业主	1.20	0.30	1.40	3.60	2.09	1.70	1.30	2.85	1.40	1.10	1.70
个体工商户	0.70	1.70	1.90	2.00	1.59	1.70	2.30	5.71	2.59	2.70	2.29
其他人员	17.88	25.50	29.87	27.50	30.08	35.66	26.00	34.65	39.18	48.00	31.44

2. 新社会阶层在特大城市中具有较强的聚集效应

在了解了特大城市新社会阶层受访者的分布比例之后，我们便可以在此基础上结合人口统计资料测算各特大城市新社会阶层的大致规模。表 1－3 给出了特大城市新社会阶层的规模测算结果。因本章所用抽样数据的样本框年龄限制为 18～65 周岁，所以首先需要收集各特大城市统计局公布的该市第七次全国人口普查的常住人口数据和人口年龄结构分组百分比数据。其次在确定 18～65 周岁人口数量占全市总常住人口 1% 的测算标准上进行粗略估算，得出各特大城市 18～65 周岁人口规模。最后根据表 1－2 给出的各特大城市新社会阶层受访者的比例，即可测算出各特大城市新社会阶层的大致规模。

表 1－3　特大城市新社会阶层的规模测算结果

单位：万人，%

特大城市	北京	天津	上海	杭州	广州	深圳	武汉	长沙	成都	重庆
常住人口	2189	1387	2487	1194	1868	1756	1233	1005	2094	3205
18～65 周岁人口	1594	968	1788	875	1425	1399	902	706	1489	2084
新社会阶层占比	25.07	14.20	23.28	33.00	30.88	24.58	22.40	28.05	23.93	19.40

续表

特大城市	北京	天津	上海	杭州	广州	深圳	武汉	长沙	成都	重庆
新社会阶层测算规模	400	137	416	289	440	344	202	198	356	404

注：表中常住人口数据源于各特大城市统计局公布的该市第七次全国人口普查数据（精确到万人）。

在表 1－3 的基础上我们绘制了图 1－1，更为直观地比较各特大城市新社会阶层的测算规模与受访者的比例。由图 1－1 可知，第一，从各特大城市新社会阶层的测算规模来看，新社会阶层在我国特大城市中具有较强的聚集效应，总体测算规模非常可观，各特大城市新社会阶层测算规模均为百万人级别。第二，具体比较各特大城市新社会阶层的测算规模差异，新社会阶层测算规模最大的是广州（440 万人）；而规模最小的天津虽然也有137 万人，但两城市却相差 303 万人。这与各特大城市在人口基数方面存在巨大差异有关，但也从侧面反映出新社会阶层在全国特大城市间分布不均衡的情况。第三，与新社会阶层受访者的比例分布情况不同的是，杭州因 18～65 周岁常住人口规模在十个特大城市中较小（875 万人），所以即便该市新社会阶层受访者比例非常高（33.00%），但新社会阶层测算规模也仅有289 万人；相反，重庆因18～65 周岁常住人口规模非常大（2084 万人），所以即使该市新社会阶层受访者比例不高（19.40%），但新社会

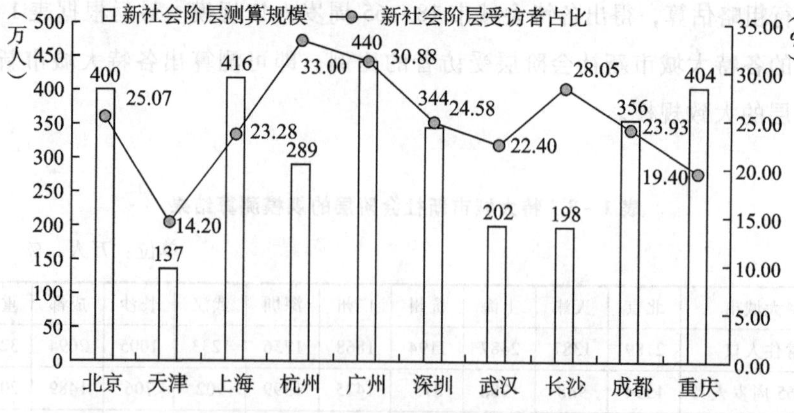

图 1－1 特大城市新社会阶层的测算规模与受访者的比例分布情况

阶层测算规模也达到了404万人，与北京（400万人）、上海（416万人）、广州（440万人）等的新社会阶层测算规模相当，这四个特大城市的新社会阶层测算规模都在400万人及以上。

（二）新社会阶层的构成情况

从整体上把握我国特大城市新社会阶层的测算规模与受访者的比例分布情况后，我们再从四类具体的新社会阶层职业群体（民营企业和外商投资企业管理技术人员、中介组织和社会组织从业人员、自由职业人员、新媒体从业人员）入手，对比分析每一类新社会阶层职业群体的测算规模及其受访者的比例分布情况。需要说明的是，这一部分的各类新社会阶层受访者占比之和可能要大于前文作为整体呈现的新社会阶层受访者的比例，原因在于上文提到的部分受访者实际上从事着不止一种新社会阶层职业，而在这一部分中我们将分类别重复统计这类受访者，以便更真实地反映每一类新社会阶层职业群体的测算规模及其受访者的比例分布情况。

1. 民营企业和外商投资企业管理技术人员

民营企业和外商投资企业管理技术人员，一般是指受聘于民营企业或外商投资企业、掌握企业经营管理知识和专门技术、从事经营管理和技术研发应用工作的人员，该群体普遍具有较高的受教育程度、较高的收入水平以及较高的社会地位等。① 因此在操作化层面，我们主要强调该群体任职于体制外的私营、民营企业或三资企业，界定了其“白领”雇员的身份，指出其大多拥有管理权限或专业技能的职业特征。

图1-2给出了基于上述操作化定义的特大城市民营企业和外商投资企业管理技术人员的测算规模与受访者的比例分布情况。首先，从各特大城市该职业群体的测算规模来看，上海有311万人，位居十个特大城市之首，而天津仅有76万人，处于十个特大城市末位，二者相差235万人，差距非常大。上海（311万人）、北京（285万人）、深圳（239万人）、广州（229万人）、成都（218万人）的民营企业和外商投资企业管理技术人员

① 《新的社会阶层人士都有谁？他们来了！快来围观！》，http://www.zytzb.gov.cn/xdzcjd/84408.jhtml，最后访问日期：2022年12月31日。

均超过了200万人。此外，虽然杭州该职业群体受访者的比例最高，但因其城市人口基数较小，测算规模未能达到200万人。其次，从民营企业和外商投资企业管理技术人员受访者在各特大城市中的比例分布看，该职业群体受访者在四类新社会阶层职业群体受访者中所占的比例最大，在7.20% ~21.10%之间，是新社会阶层最主要的组成部分。最后，从各特大城市民营企业和外商投资企业管理技术人员受访者的比例差异看，杭州比例最高，为21.10%；而重庆比例最低，为7.20%。北京（17.88%）、上海（17.38%）、深圳（17.08%）、广州（16.04%）的该职业群体受访者比例在17%上下浮动，属于较高水平；而天津（7.80%）、武汉（10.30%）则与重庆一样处于较低水平。

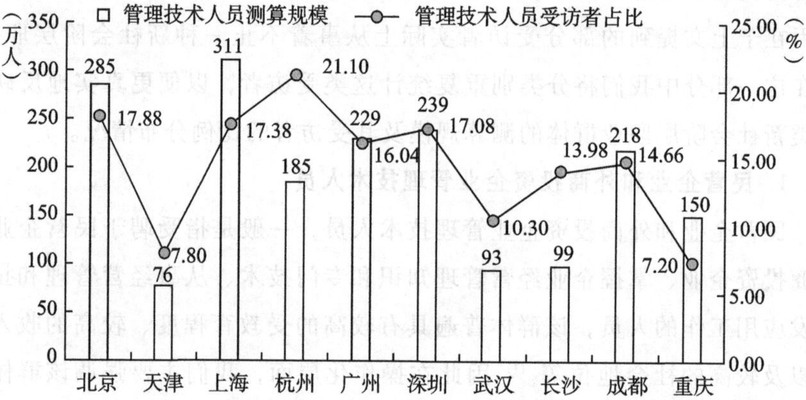

图1-2　特大城市民营企业和外商投资企业管理技术人员的测算规模与受访者的比例分布情况

2. 中介组织和社会组织从业人员

中介组织和社会组织从业人员，指根据市场经济需求，利用专业知识和专门技能接受委托，在鉴证、咨询、服务等组织中提供知识性产品或服务的人员，以及在社会团体、基金会和社会服务机构等非营利组织中从事管理工作或提供专业服务的人员。① 对应于该职业群体具体从事的职业，

① 《中介组织和社会组织从业人员：与我们“亲密接触”的贴心人!》，http://www.zytzb.gov.cn/xdzcjd/84409.jhtml，最后访问日期：2022年12月31日。

一般认为该职业群体包括但不限于律师、会计师、评估师、税务师、专利代理人等提供知识性产品或服务的专业机构从业人员，以及社会团体、基金会、民办非企业单位从业人员等。那么在操作化层面，考虑到该职业群体所处行业大多较为特殊且类型多元化，所以我们主要强调该群体大多在行业协会等社会组织或社会服务机构（民办非企业单位）工作，以及普遍运用专业技能开展工作的职业特征。

图1-3给出了基于上述操作化定义的特大城市中介组织和社会组织从业人员的测算规模与受访者的比例分布情况。首先，从该职业群体在各特大城市的测算规模看，重庆有192万人，位居十个特大城市之首，而天津仅有45万人，处于十个特大城市末位，二者相差147万人，差距很大。从各特大城市中介组织和社会组织从业人员的测算规模看，除了测算规模最大的重庆外，仅有广州（141万人）和成都（111万人）的中介组织和社会组织从业人员超过了100万人。其次，从中介组织和社会组织从业人员受访者在各特大城市的比例分布情况看，各特大城市受访者的比例在3.40%~10.83%之间，总体分布比例相较于民营企业和外商投资企业管理技术人员要低一些。最后，从各特大城市中介组织和社会组织从业人员受访者的比例差异看，长沙比例最高，为10.83%；上海比例最低，仅为3.40%。杭州（10.20%）、武汉（10.00%）、广州（9.86%）、重庆

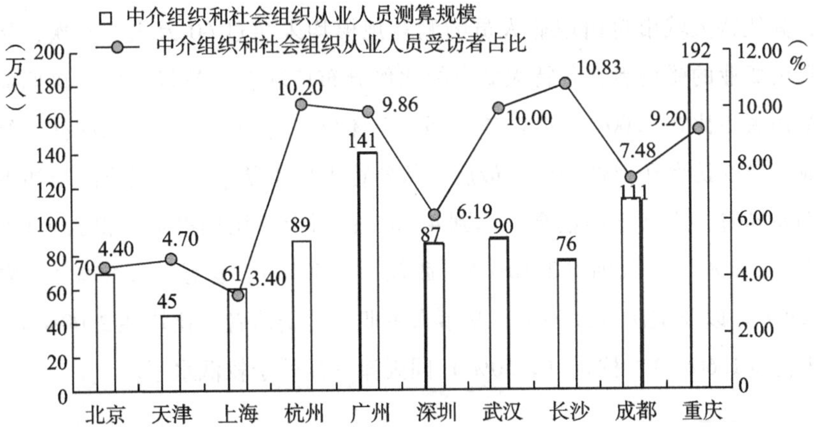

图1-3 特大城市中介组织和社会组织从业人员的测算规模与受访者的比例分布情况

(9.20%)的该职业群体受访者比例在10%上下浮动，属于较高水平；而北京（4.40%）、天津（4.70%）与上海一样处于较低水平。

3. **自由职业人员**

自由职业人员，一般指不供职于任何经济组织、事业单位或政府部门，在国家法律、法规、政策允许的范围内，凭借自己的知识、技能与专长，为社会提供某种服务并获取报酬的灵活就业人员。① 具体来说，我们常见的自由职业人员包括但不限于自由撰稿人、网络作家等自由写作人员，自由画家、书法家、音乐创作人、摄影师等自由文艺创作人员，自由导演、制片人和独立演员、歌手等自由演艺人员，媒体与营销策划师、企业培训师、市场调研咨询师等自由策划咨询人员，自由经纪人、设计师、翻译等知识型市场服务人员，个体工程机械技术人员、电器及电子信息产品维修人员等技能型市场服务人员，等等。那么在操作化层面，我们除了强调自由职业人员大多无固定任职单位的就业灵活性外，还限定了其自雇者的就业身份，以及大多掌握某种专业技能的职业特征。

图1-4给出了特大城市自由职业人员的测算规模与受访者的比例分布情况，首先，从各特大城市该职业群体的测算规模看，自由职业人员测算规模最大的为重庆市（69万人），这是因为其人口基数较大且自由职业人员比例较高；天津的自由职业人员最少，仅有10万人；此外，对比各特大城市自由职业人员的测算规模可知，除了重庆（69万人）和广州（61万人）外，其他特大城市自由职业人员的测算规模均未超过60万人。其次，从从事自由职业的受访者在各特大城市的比例分布情况看，各特大城市该职业群体受访者占比在1.00%~4.28%之间，总体分布比例比中介组织和社会组织从业人员受访者还要低一些。最后，从各特大城市从事自由职业的受访者的比例差异看，广州比例最高，达到4.28%；而天津比例最低，仅为1.00%。北京（2.80%）、深圳（2.10%）、武汉（2.50%）、长沙（2.85%）、成都（2.29%）以及重庆（3.30%）从事自由职业的受访者占比均在2.00%以上，而上海（1.60%）、杭州（1.50%）同天津一样处于较低水平。

① 《自由职业人员：好不容易，终于找到你……》，http://www.zytzb.gov.cn/xdzcjd/84406.jhtml，最后访问日期：2022年12月31日。

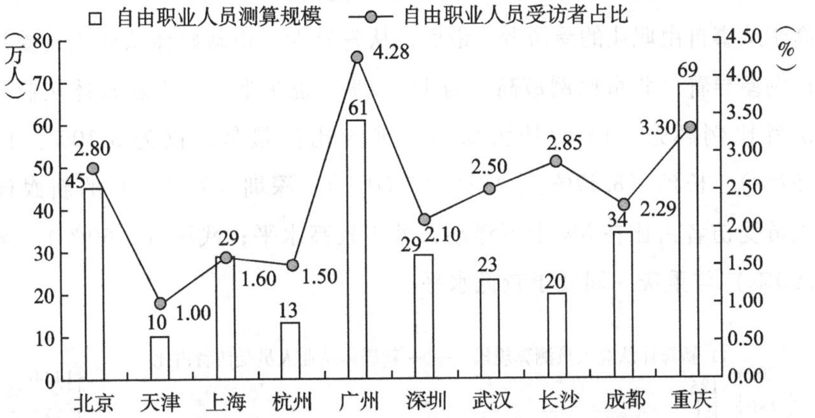

图 1-4 特大城市自由职业人员的测算规模与受访者的比例分布情况

4. 新媒体从业人员

新媒体从业人员，是指以新媒体为平台或对象，从事或代表特定机构从事投融资、技术研发、内容生产发布以及经营管理活动的人员，包括新媒体企业出资人、经营管理人员、采编人员和技术人员等。[①] 从这一定义可知，新媒体作为一种媒介平台，有其特定的服务对象或行业类型。那么在操作化层面，考虑到新媒体从业人员不像前三类新社会阶层职业群体有相对较为明确的单位类型（新媒体作为一种平台可能存在于任何单位类型中），所以我们除了强调其专业技能和管理权限外，还充分考虑了可能较多利用新媒体平台进行生产经营活动的行业，它们包括但不限于金融证券保险业、计算机服务业、新闻出版业、文化艺术业、广播电影电视业等。

图 1-5 给出了特大城市新媒体从业人员的测算规模与受访者的比例分布情况。首先，从各特大城市新媒体从业人员的测算规模看，北京的新媒体从业人员测算规模最大，为 185 万人；而武汉的新媒体从业人员最少，仅有32 万人，二者相差 153 万人，差距十分明显。除此之外，上海（123 万人）、广州（122 万人）、深圳（102 万人）的新媒体从业人员测算规模也都超过百万人。其次，从新媒体从业人员受访者在各特大城市的比例分布情况

① 《再解“新的社会阶层人士”》，http://www.zytzb.gov.cn/xdzcjd/84405.jhtml，最后访问日期：2022 年 12 月 31 日。

看，各特大城市的新媒体从业人员受访者比例在3.10%～11.59%之间，明显高于从事自由职业的受访者。最后，从各特大城市新媒体从业人员受访者的比例差异看，北京比例最高，为11.59%，也是唯一一个新媒体从业人员受访者比例超过10%的特大城市；重庆比例最低，仅为3.10%。广州（8.57%）、长沙（8.17%）、杭州（7.60%）、深圳（7.29%）的新媒体从业人员受访者占比在8%上下浮动，处于较高水平；武汉（3.50%）、天津（3.90%）与重庆一同处于较低水平。

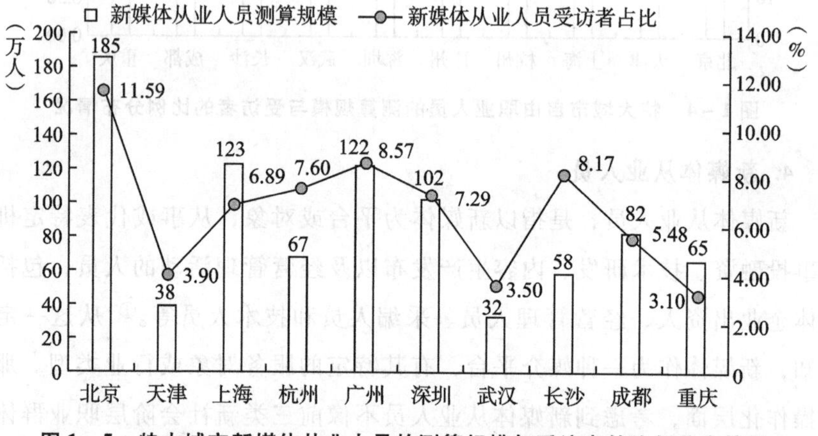

图1－5　特大城市新媒体从业人员的测算规模与受访者的比例分布情况

三　新社会阶层的结构性特征

随着我国市场化改革的不断推进，新社会阶层作为一类重要的新兴群体还在不断发展壮大，这一点从该群体的测算规模便可看出。那么如何把握这一庞大新兴群体的发展动向，引导其朝有利于我国经济社会发展的方向前进，就需要我们重点把握该群体的结构性特征，判断该群体与其他群体相比究竟“新”在哪里，进而有针对性地进行引导与组织。之前已有研究从宏观层面上概括了新社会阶层的一些整体性结构特征，包括在体制外部门就业，属于体制外社会中间阶层，具有较强的社会流动性，等等（张海东等，2017）。本节尝试进一步勾勒该群体相较于其他群体的一些微观层面的结构性特征。具体将从新社会阶层的人口学特征、受教育程度与收人水平、政治面貌与政治参与意愿以及阶层认同与社会态度四个方面展开分析。

（一）人口学特征

1. 新社会阶层受访者的性别比例较为均衡

劳动力市场存在性别偏见的观点已被很多研究反复验证（王美艳，2005；吴愈晓、吴晓刚，2009）。而一个更具性别包容性的就业市场是特大城市吸引更多人力与人才资源的重要因素，这一点在我国特大城市劳动力市场中表现得尤为明显。表1－4给出了我国特大城市不同群体受访者的性别构成情况。首先，观察特大城市受访者的性别构成可知，男性占46.21%，女性占53.79%。这与《第七次全国人口普查公报（第四号）——人口性别构成情况》公布的全国男性占51.24%、女性占48.76%的性别比例分布存在明显差异[①]。这一性别比例的差异说明不同于全国层面男多女少的现状，我国特大城市中女性的比例是略高于男性的。其次，相较于其他四类群体，特大城市新社会阶层受访者的性别比例较为均衡，新社会阶层受访者中男性占46.33%，女性占53.67%，这与全体受访者性别比例非常接近。这一点从侧面反映出新社会阶层的各类职业中可能并不存在明显的性别偏见，即性别因素并不是限制劳动者进入相关劳动力市场的重要因素。最后，两类非公有制经济人士受访者即私营企业主受访者与个体工商户受访者，均呈现男性比例高于女性的现象，尤其是私营企业主受访者中男性比例高达71.76%，远超平均水平，说明女性可能更难以成为私营企业主。

表1－4　特大城市不同群体受访者的性别构成情况

单位：%

	体制内人员	新社会阶层	私营企业主	个体工商户	其他人员	平均
男性	45.63	46.33	71.76	51.74	45.08	46.21

① 国家统计局、国务院第七次全国人口普查领导小组办公室：《第七次全国人口普查公报（第四号）——人口性别构成情况》，http://www.stats.gov.cn/tjsj/tjgb/rkpcgb/qgrkpcgb/202106/t20210628_1818823.html，最后访问日期：2022年12月11日。

续表

	体制内人员	新社会阶层	私营企业主	个体工商户	其他人员	平均
女性	54.37	53.67	28.24	48.26	54.92	53.79

2. 新社会阶层受访者的平均年龄更小

就业人口的年龄结构也是反映劳动力资源是否优质的重要指标之一，尤其是在特大城市劳动力市场中，年富力强的就业人口是城市优质人力资源的重要体现，同时也是推动城市经济快速、可持续发展与应对人口老龄化的重要基础。表1－5给出了特大城市不同群体受访者的平均年龄。首先，以全体受访者43.93周岁的平均年龄为基准，可以对比得出不同群体受访者的总体平均年龄究竟是偏大还是偏小。一方面，新社会阶层受访者的平均年龄是各类群体中最小的（38.27周岁），远低于总体平均年龄，也是唯一一个平均年龄在40周岁以下的群体；另一方面，体制内人员受访者的平均年龄为49.34周岁，是各类群体中平均年龄最大的，不仅比总体平均年龄大5周岁以上，甚至比新社会阶层受访者大10周岁以上，这说明我国特大城市体制内外就业群体的平均年龄差异较大，相比较而言，新社会阶层受访者的平均年龄更小。

表1－5　特大城市不同群体受访者的平均年龄

单位：周岁

	体制内人员	新社会阶层	私营企业主	个体工商户	其他人员	均值
年龄	49.34	38.27	43.16	42.57	41.57	43.93
标准差	12.81	11.06	9.66	10.68	14.65	13.74

（二）受教育程度与收入水平

1. 超六成新社会阶层受访者拥有高等学历

相关研究表明，劳动者的受教育程度与其所能够进入的劳动力市场类型，尤其是与其专业技能掌握或管理权限之间有显著正相关性（吴愈晓，2011）。新社会阶层作为典型的城市专业技术人才，相较于其他群体，其受教育程度从理论上来说应该更具有优势，因为这是其能够具备专业技能或进入组织管理岗位的重要条件之一。表1-6给出了特大城市不同群体受访者的受教育程度情况。我们根据目前城市劳动力市场在招聘员工时通常设置的几个受教育程度门槛，将所有受访者的受教育程度分为五个组别，分别是无学历组、专科以下组、专科组、本科组以及研究生组。首先，从所有受访者的平均受教育程度情况看，目前在我国特大城市劳动力市场中，仍有超过半数（55.48%）的受访者没有高等学历（专科及以下），有15.76%的受访者有专科学历，23.68%的受访者有本科学历，5.07%的受访者有研究生学历。其次，从新社会阶层受访者的受教育程度情况看，仅有0.41%的新社会阶层受访者无学历，专科以下学历的新社会阶层受访者占39.38%，所以共有39.79%的新社会阶层受访者未受过高等教育。也就是说，有60.21%的新社会阶层受访者拥有高等学历。这一比例不仅远高于平均水平（44.51%），而且在五类群体中位列第一。此外，拥有本科学历的新社会阶层受访者比例为31.76%，这一比例也位居各类群体之首。综上，可以认为新社会阶层相较于其他群体受教育程度更高，且有超六成新社会阶层受访者拥有高等学历。

表1-6 特大城市不同群体受访者的受教育程度情况

单位:%

	体制内人员	新社会阶层	私营企业主	个体工商户	其他人员	平均
无学历组	0.75	0.41	0	1.75	3.54	1.55
专科以下组	51.67	39.38	43.79	85.09	66.46	53.93
专科组	15.43	22.58	24.26	8.33	10.92	15.76
本科组	25.42	31.76	27.22	4.82	16.34	23.68
研究生组	6.72	5.87	4.73	0	2.74	5.07

2. 新社会阶层受访者属于典型的中等收入群体

除了受教育程度较高外，中产阶层或称中等收入群体的另一个典型特征就是普遍有较为丰厚的收入。新社会阶层作为体制外“白领”群体，其中大多数人的受教育程度已然处于较高水平，而收入在总体上也应当符合这一特征。表 1－7 给出了特大城市不同群体受访者的平均年收入情况。首先，特大城市所有受访者的平均年收入为 10. 89 万元，是 2019 年全国城镇居民人均可支配收入 4. 24 万元[①]的 2 倍多，说明我国特大城市居民的收入水平明显高于全国城镇居民的平均水平。如果以这一收入水平作为基准，那么平均年收入高于这一收入水平的群体有私营企业主（34. 97 万元）、新社会阶层（14. 11 万元）、体制内人员（12. 19 万元），这些群体的平均年收入属于典型的中等及以上收入水平。其次，横向对比不同群体受访者的平均年收入可知，新社会阶层受访者的平均年收入（14. 11 万元）虽然远低于私营企业主受访者（34. 97 万元），但明显高于体制内人员受访者（12. 19 万元）与体制外个体工商户受访者（10. 10 万元），属于典型的中等收入群体。

表 1－7　特大城市不同群体受访者的平均年收入情况

单位：万元

	体制内人员	新社会阶层	私营企业主	个体工商户	其他人员	均值
平均年收入	12. 19	14. 11	34. 97	10. 10	5. 46	10. 89
标准差	134. 93	80. 91	88. 89	12. 75	24. 29	96. 27

（三）政治面貌与政治参与意愿

1. 新社会阶层受访者的政治面貌较为多元

政治面貌是政治立场的外在表现形式，是个体政治身份或政治归属的重要标志，也是间接反映个体政治参与情况或参与意愿的重要指标。新社会阶层作为典型的体制外“白领”群体，其结构性特征自然也会体现体制外中产阶层的特点，即相较于体制内人员，其政治面貌更为多元，这不仅仅是新社会阶层的重要特点，更是体制外中产阶层的普遍特征。表 1－8 给出了特大城市不同群体中各种政治面貌受访者的比例分布情况。为了便于

① 《2019 年居民收入和消费支出情况》，http://www.stats.gov.cn/tjsj/zxfb/202001/t20200117_1723396.html，最后访问日期：2022 年 12 月 17 日。

比较分析，我们将政治面貌简化为五类，即包括中共预备党员在内的中共党员、民主党派人士、共青团员、无党派人士以及群众。

从表1-8可以看出，首先，在新社会阶层受访者中，有13.26%的人是中共党员，0.20%的人是民主党派人士，9.66%的人是共青团员，0.29%的人是无党派人士，76.60%的人是群众。新社会阶层受访者的政治面貌相较于体制外的两类非公有制经济人士更为多元。其次，从具体比例分布来看，新社会阶层受访者中的中共党员占比（13.26%）要明显高于体制外私营企业主受访者、个体工商户受访者以及其他人员受访者。

表1-8 特大城市不同群体受访者的政治面貌情况

单位:%

	体制内人员	新社会阶层	私营企业主	个体工商户	其他人员
中共党员	27.66	13.26	9.52	3.04	7.42
民主党派人士	0.68	0.20	0	0	0.29
共青团员	3.48	9.66	3.57	4.35	11.83
无党派人士	0.13	0.29	0	0	0.10
群众	68.06	76.60	86.90	92.61	80.37

2. 相较于体制内人员受访者，新社会阶层受访者的政治参与意愿更强

政治参与是指公民个人或团体通过特定的方式参与政治过程，以表达利益诉求、对政策过程施加影响的努力和活动（张海东等，2017）。在现实生活中，受制于多种因素，个体的政治参与行为及其参与意愿往往存在差异，但在某种程度上，政治参与意愿相比实际政治参与行为更能反映个体的政治态度。根据政治参与的不同方式和激烈程度，笔者列出了七种政治参与形式，分别是“与周围人讨论政治问题”、“在互联网上讨论政治问题”、“向新闻媒体反映意见”、“向政府部门反映意见”、“参加村/居民委员会选举”、“参加基层人大代表选举”和“采用较为激烈的方式表达意见”，以尝试反映特大城市不同群体受访者的政治参与意愿。

表1-9给出了特大城市不同群体受访者的政治参与意愿。首先，从平均水平来看，有超过三成的特大城市受访者表示愿意采取“向政府部门反

映意见”（32.39%）、“参加村/居民委员会选举”（32.92%）和“参加基层人大代表选举”（35.50%）这些相对正式的形式参与政治活动；有14.95%的受访者愿意“与周围人讨论政治问题”；有11.50%的受访者愿意“在互联网上讨论政治问题”。其次，从新社会阶层受访者的政治参与意愿来看，有超过三成的新社会阶层受访者表示愿意采取“向新闻媒体反映意见”（30.23%）、“向政府部门反映意见”（34.87%）、“参加村/居民委员会选举”（33.26%）和“参加基层人大代表选举”（36.04%）等形式参与政治活动，而且在所有政治参与形式上，新社会阶层受访者的比例都高于平均水平。最后，对比新社会阶层受访者与体制内人员受访者的政治参与意愿可知，新社会阶层受访者仅在“参加基层人大代表选举”（36.04%）这一项上比例略微低于体制内人员受访者（36.65%），而在其他形式上的政治参与意愿均高于体制内人员受访者。上述数据反映出新社会阶层相较于体制内人员具有更为强烈的政治参与意愿。

表 1-9　特大城市不同群体受访者的政治参与意愿

单位：%

	体制内人员	新社会阶层	私营企业主	个体工商户	其他人员	平均
与周围人讨论政治问题	12.33	17.54	15.38	15.58	16.22	14.95
在互联网上讨论政治问题	9.90	13.55	12.00	13.86	11.82	11.50
向新闻媒体反映意见	25.83	30.23	36.14	31.00	25.83	27.18
向政府部门反映意见	30.84	34.87	38.57	32.29	32.14	32.39
参加村/居民委员会选举	32.66	33.26	30.88	39.29	32.57	32.92
参加基层人大代表选举	36.65	36.04	32.89	43.30	33.41	35.50
采用较为激烈的方式表达意见	4.92	7.24	5.88	9.62	5.88	5.91

（四）阶层认同与社会态度

1. 新社会阶层受访者的主观阶层认同较强

主观阶层认同反映的是人们对于自身在社会阶层结构中所处位置的主

观感知，它与个体实际所处的客观阶层地位可能存在差异（Jackman and Jackman，1973）。前文已经论述过新社会阶层的客观阶层地位大致处于中间阶层，是典型的体制外“白领”群体，有较高的受教育程度与收入水平，而且表现出较强的政治参与意愿。但新社会阶层如何看待自身所处的中间阶层这一客观阶层地位，即他们的主观阶层认同是否与客观阶层地位一致，还需要进一步研究。我们通过主观自评的方式，将特大城市受访者的主观阶层地位分为十级，从低到高进行赋值，即基础阶层为1，顶层为10，数值越大表示受访者的主观阶层认同越强。

表1－10给出了特大城市不同群体受访者的主观阶层认同情况。首先，从总体均值来看，特大城市受访者五年前的主观阶层认同均值为4.40，现在为4.90，五年后为5.81，总体呈现上升趋势。其次，从新社会阶层受访者的主观阶层认同来看，五年前均值为4.41，现在为5.07，五年后为6.16。这一方面反映出新社会阶层受访者的主观阶层认同随着时间的推移总体上呈现上升趋势；另一方面，与总体均值比较可知，新社会阶层受访者在各阶段的主观阶层认同均值都大于总体均值，反映出新社会阶层受访者的主观阶层认同较强，即较为认同自身的客观阶层地位。最后，对比新社会阶层受访者与体制内人员受访者的主观阶层认同可知，虽然新社会阶层受访者在五年前与现在的主观阶层认同均值小于体制内人员受访者，但其五年后的主观阶层认同均值却大于体制内人员受访者，说明相较于体制内人员受访者，新社会阶层受访者对未来地位的提升持更加积极乐观的态度。

表1－10　特大城市不同群体受访者的主观阶层认同情况

	体制内人员	新社会阶层	私营企业主	个体工商户	其他人员	均值
五年前	4.67	4.41	5.16	4.14	4.01	4.40
现在	5.11	5.07	5.74	4.68	4.47	4.90
五年后	5.75	6.16	6.91	5.82	5.55	5.81

2. 新社会阶层受访者的社会态度相对保守

社会态度指个体在社会化过程中对特定的人、观念或事物的一种稳定的心理认知倾向，是社会成员对其所生活的社会环境和所处生活状态的主观感知，在一定程度上会影响个体的社会行为（张海东等，2017）。在本节中，我们从社会态度入手，对比分析新社会阶层受访者与其他群体受访者在社会公平感、社会信任感、主观幸福感以及国家认同感这四个方面社会态度的差异。与主观阶层认同的自评方法一样，我们对社会态度做1~5的赋值处理，数值越大代表受访者在这一方面的社会态度越积极、正向。

表1-11给出了特大城市不同群体受访者的社会态度。首先，从总体均值来看，社会公平感为3.36，社会信任感为3.45，主观幸福感为3.86，国家认同感为3.86，总体均值均高于3，可认为特大城市受访者的社会态度总体较为积极、正向。其次，从新社会阶层受访者在四个方面的社会态度均值看，社会公平感为3.30，社会信任感为3.41，主观幸福感为3.83，国家认同感为3.83，也都高于3，说明新社会阶层受访者的社会态度总体上也是较为积极、正向的。最后，如果将新社会阶层受访者各方面的社会态度均值与体制内人员受访者，以及与总体均值相比，则会发现新社会阶层受访者各方面的社会态度相对保守。

表1-11　特大城市不同群体受访者的社会态度

	体制内人员	新社会阶层	私营企业主	个体工商户	其他人员	均值
社会公平感	3.41	3.30	3.37	3.20	3.37	3.36
社会信任感	3.50	3.41	3.44	3.44	3.41	3.45
主观幸福感	3.94	3.83	3.95	3.82	3.79	3.86
国家认同感	3.94	3.83	3.95	3.82	3.79	3.86

四　小结

在本章中，我们基于我国新社会阶层产生的社会背景，首先梳理了学术界与统一战线工作话语体系中有关新社会阶层的理论内涵与概念辨析，并在此基础上结合社会分层理论与职业分类视角，提出了一个能够操作化的新社会阶层划分标准。该标准既考虑了新社会阶层属于体制外“白领”

群体的社会地位属性，也涵盖了统战工作划分的新社会阶层职业类型（将该群体具体分为民营企业和外商投资企业管理技术人员、中介组织和社会组织从业人员、自由职业人员和新媒体从业人员四类职业群体），是一个较为全面、稳妥的新社会阶层划分标准。在对这一概念进行操作化的基础上，我们使用十个特大城市的抽样调查数据，估算新社会阶层在各城市中的规模，并结合第七次全国人口普查数据，测算出新社会阶层在各特大城市中的大致规模，从总体上呈现新社会阶层在我国特大城市中的分布规模与总体构成特征。

其次，我们还从新社会阶层的结构性特征出发，分别从该群体的人口学特征、受教育程度与收入水平、政治面貌与政治参与意愿以及阶层认同与社会态度四个方面入手，勾勒出特大城市新社会阶层的“群体画像”：新社会阶层是男女性别比例较为均衡、平均年龄更小的社会新兴群体；该群体中的大多数人有较高的受教育程度和收入水平，是典型的体制外中等收入群体与城市“白领”阶层。此外，该群体也具备了一定的中产阶层的社会政治态度，即政治面貌较为多元、政治参与意愿较强、主观阶层认同较强，但社会态度相对保守。

上述结论不仅从总体上把握了我国特大城市新社会阶层的规模与结构，也呈现了该群体不同于其他群体的新特点。这有利于我们进一步了解随着市场化改革不断深入，我国社会尤其是城市社会结构正在经历的深刻转型与所要面临的各类问题，并在不断推进我国社会结构向“橄榄型”发展的过程中提升政府对城市中产阶层的治理能力。

第二章
新社会阶层的职业流动特征与模式*

张海东　袁　博

新社会阶层是伴随着我国经济社会转型而形成的群体，在40余年的经济社会高速发展期，该群体不仅仅作为经济建设者直接参与其中，更是成为推动我国社会结构变迁的重要力量。一方面，只有在社会结构变迁的背景下研究新社会阶层，才能更深入地理解该群体在中国特色社会主义社会结构中的位置与作用（李培林，2021）；另一方面，社会流动是社会分层的过程，是从动态视角观察社会结构变迁的主要方式。可将社会流动分为代际流动与代内流动两个维度，其中代内流动也称职业流动，主要关注人们在其初职与现职间的职业变动过程，以及由此引发的社会经济地位升降情况。因此，从职业流动视角出发观察新社会阶层，无疑能够更加深入地了解该群体的结构性特征，及其对我国当前社会结构变迁所起到的重要作用。

本章对新社会阶层的操作化定义与第一章相同：一方面，从我国统一战线工作将新社会阶层界定为某几类“职业”从业人员的微观视角入手，强调新社会阶层应为“民营企业和外商投资企业管理技术人员、中介组织和社会组织从业人员、自由职业人员、新媒体从业人员”这四类具体的职业群体；[①] 另一方面，从社会分层研究对新社会阶层应归属于某一社会“阶层”的宏观视角入手，强调新的社会阶层人士大多处于体制外社会中间阶层，属于拥有管理权限或掌握专业技能的“白领”阶层（张海东等，

---

* 本文首发于《上海社会主义学院学报》2022年第3期；收入本书时有所修改。

① 参见《中国共产党统一战线工作条例》，人民出版社，2021。

2017；李春玲，2017）。根据上述概念界定，笔者对我国特大城市抽样调查数据进行群体划分。基于这一划分基础可知，当前我国特大城市的新社会阶层比例已达24.49%（见表2-1）。换言之，1/4的特大城市居民都可以被划为新社会阶层，这一比例所对应的人口规模无疑是庞大的。

表2-1 特大城市不同群体受访者的比例分布情况

单位：%

	北京	天津	上海	杭州	广州	深圳	武汉	长沙	成都	重庆	平均
体制内人员	55.14	58.30	43.56	33.90	35.36	36.36	48.00	28.74	32.90	28.80	40.09
新社会阶层	25.07	14.20	23.28	33.00	30.88	24.58	22.40	28.05	23.93	19.40	24.49
私营企业主	1.20	0.30	1.40	3.60	2.09	1.70	1.30	2.85	1.40	1.10	1.70
个体工商户	0.70	1.70	1.90	2.00	1.59	1.70	2.30	5.71	2.59	2.70	2.29
其他人员	17.88	25.50	29.87	27.50	30.08	35.66	26.00	34.65	39.18	48.00	31.44

一 新社会阶层的职业流动特征

习近平总书记指出，“一个流动的中国，充满了繁荣发展的活力”①。高水平的社会流动是现代社会的重要特征之一，也是特大城市聚集人力资本、促进社会和谐的重要渠道（李友梅，2019）。职业流动作为社会流动中最为关键的形式之一，关注的是个体劳动者或某一社会阶层在其职业出身与职业获得之间的职业变化过程。观察这一变化过程的基本指标包括职业流动频次、职业流动原因，以及职业流动途径等。

（一）新社会阶层受访者的职业流动频次

职业流动频次是描述人们职业流动最直观的指标之一。本章将职业流动频次这一概念操作化为受访者从初职到现职（或退休前最后一份工作）过程中更换工作的总次数。需要说明的是，这里的“换工作”主要是指

① 《国家主席习近平发表二〇一九年新年贺词》，http://cpc.people.com.cn/n1/2019/0101/c64094-30497657.html，最后访问日期：2022年12月30日。

一般意义上的"跳槽"，即更换工作单位，而工作单位内的职位调动不被视为换工作。在这一定义下，我们考察了新社会阶层受访者与其他群体受访者的职业流动频次差异，以及新社会阶层受访者职业流动的世代差异与城市群差异。

1. 新社会阶层受访者的职业流动频次较高

表 2-2 给出了特大城市不同群体受访者的职业流动频次。首先，从平均比例看，在特大城市中有过职业流动经历的受访者与没有职业流动经历的受访者比例基本各占一半。在有过职业流动经历的受访者中，近三成（28.31%）受访者换过 1~2 次工作，15.78% 的受访者换过 3~4 次工作，而仅有 6.28% 的受访者换过 5 次及以上工作。其次，有近六成（57.67%）新社会阶层受访者换过工作，这一比例高于平均比例（50.37%），且无论是换过1~2次工作（32.32%）、换过 3~4 次工作（17.93%），还是换过 5 次及以上工作（7.42%）的新社会阶层受访者比例均高于相对应的平均比例。

表 2-2　特大城市不同群体受访者的职业流动频次

单位：%

	体制内人员	新社会阶层	私营企业主	个体工商户	其他人员	平均
从未换过工作	62.10	42.33	34.48	46.81	43.06	49.63
换过 1~2 次工作	23.53	32.32	33.10	28.19	29.31	28.31
换过 3~4 次工作	10.96	17.93	22.07	16.49	19.30	15.78
换过 5 次及以上工作	3.40	7.42	10.34	8.51	8.33	6.28

2. "70"后与"80 后"新社会阶层受访者是职业流动的主力军

根据我们对职业流动频次的操作化定义，不难发现一个问题，即随着年龄或工龄的增长，人们更换工作的机会或次数可能更多，所以这里可能存在职业流动频次与个体年龄的共线性效应。基于此，我们将特大城市全体受访者划分为四个出生世代，包括"50/60 后"（1954[①] ~1969 年生）、

① 因本调查在 2019 年实施，抽样方案将受访者年龄范围设定为 18~65 周岁，即出生年的范围为 1954~2001 年，受此限制，受访者中"50 后"的出生年最早为 1954 年，"00 后"的出生年最晚为 2001 年。

“70后”（1970～1979年生）、“80后”（1980～1989年生）、“90/00后”（1990～2001年生），通过对不同世代出生的新社会阶层受访者进行群体划分，能够从一定程度上抵消这种共线性特征，从而更清晰地反映新社会阶层的职业流动频次。

表2－3给出了特大城市新社会阶层受访者职业流动频次的世代差异情况。首先，新社会阶层受访者职业流动频次的总体均值为1.49次，其中“50/60后”新社会阶层受访者职业流动频次的总体均值最大（1.79次），“90/00后”新社会阶层受访者职业流动频次的总体均值最小（1.04次），四个世代新社会阶层受访者的职业流动频次的总体均值呈现依次递减的趋势，这一点印证了职业流动频次与年龄之间存在共线性效应的假设。其次，从各个出生世代的新社会阶层受访者职业流动频次的比例差异来看，在换过1～2次工作的新社会阶层受访者中，占比最高的是“80后”，为37.50%；在换过3～4次工作的新社会阶层受访者中，占比最高的也是“80后”，为39.44%；在换过5次及以上工作的新社会阶层受访者中，占比最高的是“70后”，为38.26%，这说明在新社会阶层受访者中，职业流动的主力军是“70后”与“80后”这些中青年群体，而非“50/60后”和“90/00后”。

表2－3　特大城市新社会阶层受访者职业流动频次的世代差异

单位：%，次

	“50/60后”	“70后”	“80后”	“90/00后”	合计
从未换过工作	10.35	23.41	31.88	34.35	100.00
换过1～2次工作	12.81	22.07	37.50	27.62	100.00
换过3～4次工作	12.50	28.06	39.44	20.00	100.00
换过5次及以上工作	15.44	38.26	34.23	12.08	100.00
均值	1.79	1.77	1.56	1.04	1.49

3. 长三角城市群新社会阶层受访者的职业流动频次明显更高

职业流动除了存在年龄上的世代差异之外，也存在地域上的城市群差异。我国地大物博，东、中、西部城市在经济与社会发展方面存在一定差距，而改革开放初期在沿海地区设立的一些经济特区，在某种程度上更是拉大了这种地区差距。表2－4给出了特大城市新社会阶层受访者职业流动频次的城市群差异情况。首先，从各城市群新社会阶层受访者的平均职业流动频次来看，长三角城市群新社会阶层受访者的平均职业流动频次最高（1.73次），紧随其后的是长江中游城市群的新社会阶层受访者（1.67次）、成渝城市群的新社会阶层受访者（1.61次），且上述三个城市群的新社会阶层受访者的平均职业流动频次均高于总体均值（1.49次）。其次，从各城市群的新社会阶层受访者职业流动频次的比例差异来看，在换过工作的新社会阶层受访者中，无论是换过1～2次、3～4次工作的，还是换过5次及以上工作的，均为长三角城市群新社会阶层受访者占比最高，分别为25.27%、29.17%、26.85%，说明相较于其他城市群的新社会阶层受访者，长三角城市群新社会阶层受访者的职业流动频次明显更高。

表2－4　特大城市新社会阶层受访者职业流动频次的城市群差异

单位：%，次

	京津冀城市群	长三角城市群	珠三角城市群	长江中游城市群	成渝城市群	合计
从未换过工作	17.53	18.47	26.71	18.94	18.35	100.00
换过1～2次工作	14.64	25.27	22.80	20.80	16.49	100.00
换过3～4次工作	15.00	29.17	16.39	22.78	16.67	100.00
换过5次及以上工作	16.78	26.85	12.08	23.49	20.81	100.00
均值	1.38	1.73	1.08	1.67	1.61	1.49

（二）新社会阶层受访者的职业流动原因

1. 提高收入水平是受访者流入新社会阶层的最主要的原因

在分析了新社会阶层的职业流动频次后，我们需要进一步追问："他们为什么会换工作?"如前文所述，因为受访者在被划为新社会阶层或其他群体时，主要依据的是其目前的职业类型或退休前最后一份工作的职业类型，所以上述问题就转化为"他们为什么会辞掉原来的工作而选择现在这份有新社会阶层属性的工作?”如果从职业流动的动机看，我们可以把人们换工作的原因归为两大类：一类是主动“跳槽”，以谋求更高的收入、更优的工作环境、更好的晋升平台、更高的职业地位等；另一类则是被动“离职”，出于组织调动、单位倒闭、被解雇等原因。表2－5给出了特大城市不同群体受访者最近一次换工作的主要原因的比例分布情况。第一，不考虑“其他”原因，从平均比例看，特大城市不同群体受访者最近一次换工作的最主要的原因是上一份工作挣钱少（31.11%）；其次是家庭相关（如孩子上学、照顾老人）的原因（17.41%）；位列第三的原因是自己创业，占比为9.99%。上述三类原因占比接近六成（58.51%），说明特大城市不同群体受访者换工作的主要原因是主动“跳槽”，而非被动“离职”。第二，不考虑“其他人员”，从新社会阶层受访者最近一次换工作的主要原因的比例分布来看，相较于体制内人员受访者、私营企业主受访者和个体工商户受访者，新社会阶层受访者认为上一份工作挣钱少的比例更高，达到了34.16%，位列四类群体之首。第三，对比不同群体受访者选择被解雇这一原因的比例分布情况可知，新社会阶层受访者被解雇的比例仅为0.98%，在各类群体受访者中占比最低，这一点也从侧面说明流入新社会阶层的受访者是具备较强的市场能力的。

表2－5　特大城市不同群体受访者最近一次换工作的主要原因的比例分布情况

单位：%

	体制内人员	新社会阶层	私营企业主	个体工商户	其他人员	平均
组织调动	17.94	4.70	1.06	3.06	2.76	7.60
挣钱少	21.42	34.16	19.15	31.63	37.89	31.11
工作太苦太累	8.26	5.77	3.19	4.08	8.55	7.04
原单位倒闭	6.97	7.45	1.06	7.14	9.47	7.64
自己创业	2.45	12.07	58.51	34.69	5.39	9.99
原单位人际环境不佳	3.87	4.26	1.06	1.02	2.89	3.57
家庭相关（如孩子上学、照顾老人）	22.58	15.08	3.19	12.24	18.03	17.41
被解雇	1.03	0.98	1.06	1.02	1.84	1.23
其他	15.48	15.33	11.70	5.10	13.16	14.40

2. “80后”新社会阶层受访者更倾向于主动“跳槽”

考虑到不同出生世代的受访者职业流动的原因可能会受到其所处时代大环境与经济、文化等因素的干扰，所以我们也需要具体考察一下新社会阶层受访者职业流动原因的世代差异。如表2-6所示，一方面，从主动“跳槽”的原因看，如挣钱少、工作太苦太累、自己创业、原单位人际环境不佳、家庭相关（如孩子上学、照顾老人）等，均为“80后”新社会阶层受访者的比例最高，其中挣钱少（40.87%）、原单位人际环境不佳（45.83%）、家庭相关（如孩子上学、照顾老人）（48.82%）的“80后”新社会阶层受访者占比更是超过了四成；另一方面，从被动“离职”的原因来看，“50/60后”（被解雇）与“70后”（原单位倒闭）新社会阶层受访者的比例最高。上述新社会阶层受访者职业流动原因的世代差异表明，不同世代的新社会阶层受访者，其职业流动原因是具有明显的时代特征的。“80后”新社会阶层受访者出生于改革开放后，该群体进入劳动力市场时单位制已开始解体，相对自由的职业流动与市场对就业岗位的大量需求刺激着这一群体更多地主动做出职业流动选择。

表2-6 特大城市新社会阶层受访者职业流动原因的世代差异

单位：%

	“50/60后”	“70后”	“80后”	“90/00后”
组织调动	18.87	24.53	35.85	20.75
挣钱少	9.25	23.39	40.87	26.48
工作太苦太累	13.64	22.73	33.33	30.30
原单位倒闭	22.35	34.12	23.53	20.00
自己创业	15.44	31.62	33.09	19.85
原单位人际环境不佳	6.25	29.17	45.83	18.75
家庭相关（如孩子上学、照顾老人）	7.06	27.06	48.82	17.06
被解雇	36.36	27.27	18.18	18.18
其他	18.86	23.43	33.71	24.00

（三）新社会阶层受访者的职业流动途径

职业流动途径也称职业流动渠道，一般是指劳动者获取现职或退休前最后一份工作的途径或渠道。职业流动途径能够在职业流动频次与职业流动原因的基础上，进一步反映劳动者职业流动的同期群效应，即所处时代大背景或称社会结构性因素对其职业流动所产生的影响。在本章中，我们将“顶替父母/亲属”“国家招录/分配、组织调动”这两种职业流动途径归为“计划分配途径”；将“个人直接申请/应聘方式”界定为“市场途径”；将“他人推荐”“继承家族企业/公司”这两种职业流动途径归为“社会网络途径”（边燕杰、张文宏，2001）。此外，将无法被准确归为上述类型或多种类型混合的职业流动途径定义为“其他途径”。在上述分类的基础上，我们将重点讨论特大城市新社会阶层受访者与其他群体受访者的职业流动途径差异，以及新社会阶层受访者职业流动途径的世代差异与城市群差异。

1. 新社会阶层受访者主要通过市场途径实现职业流动

从表 2－7 看，首先，从平均比例来看，在特大城市不同群体受访者中，有超过半数的受访者（52.61%）是通过市场途径获取现职或退休前最后一份工作的，接下来依次是计划分配途径（25.37%）和社会网络途径（12.04%）。这说明自改革开放以来，发生在我国特大城市中的职业流动，主要是通过市场途径实现的。其次，不考虑“其他人员”，从新社会阶层受访者与体制内人员受访者、私营企业主受访者和个体工商户受访者在各种职业流动途径上的差异来看，新社会阶层受访者中有 66.73% 的人是通过市场途径获取现职或退休前最后一份工作的，这一比例远高于其他三类群体受访者。上述数据表明，在改革开放大背景下，我国城市劳动者职业流动的途径变得多元化，其中市场化程度越来越高，且新社会阶层在其中扮演着重要角色，这从侧面反映出要进入新社会阶层需要具备较高的市场能力。

表 2-7 特大城市不同群体受访者的职业流动途径

单位：%

	体制内人员	新社会阶层	私营企业主	个体工商户	其他人员	平均
计划分配途径	49.40	4.77	1.76	3.04	8.90	25.37
市场途径	41.41	66.73	28.24	24.35	61.99	52.61
社会网络途径	8.19	12.88	25.88	6.52	17.53	12.04
其他途径	1.00	15.61	44.12	66.09	11.58	9.98

2. 越年轻的新社会阶层受访者职业流动途径的市场化程度越高

如上文所述，职业流动途径与人们所处的时代大背景有密不可分的关系。在计划经济时期，劳动力市场发育尚不充分，单位制与户籍制度限制着劳动者自由流动；而在市场经济时期，充分的市场竞争使得具备市场能力的劳动者更多地通过市场途径实现职业流动。所以，我们有必要对新社会阶层受访者职业流动途径的世代差异进行考察，以探索影响该群体职业流动的社会结构性因素。首先，从平均比例来看，有66.75%的新社会阶层受访者是通过市场途径获取现职或退休前最后一份工作的；在不考虑“其他途径”的情况下，接下来依次是社会网络途径（12.89%）、计划分配途径（4.73%）（见表2-8）。其次，从各个出生世代的新社会阶层受访者职业流动途径的比例分布情况看，“90/00后”新社会阶层受访者通过市场途径获取现职或退休前最后一份工作的比例高达79.46%，接下来依次是“80后”（73.61%）、“70后”（58.05%）、“50/60后”（45.86%）；且“90/00后”新社会阶层受访者通过计划分配途径（3.00%）和社会网络途径（10.74%）获取现职或退休前最后一份工作的比例最低。上述情况说明，职业流动途径的确和劳动者的出生世代密切相关，且就新社会阶层而言，这种关联表现为越年轻的新社会阶层受访者，其通过市场途径实现职业流动的概率就越大，相应地，其通过计划分配途径和社会网络途径实现职业流动的概率也就越小。整体看，新社会阶层职业流动途径的市场化程度较高。

表 2-8　特大城市新社会阶层受访者职业流动途径的世代差异

单位：%

	"50/60 后"	"70 后"	"80 后"	"90/00 后"	平均
计划分配途径	9.22	5.31	3.37	3.00	4.73
市场途径	45.86	58.05	73.61	79.46	66.75
社会网络途径	16.55	15.58	10.84	10.74	12.89
其他途径	28.37	21.06	12.17	6.79	15.63

3. 东部沿海地区的新社会阶层受访者职业流动途径的市场化程度更高

职业流动途径除了存在世代差异外，还可能存在地区差异。一种常见的观点是：经济与社会发展越快的地区，人们职业流动途径的市场化程度越高。这一观点在被用于分析新社会阶层的职业流动途径时是否也成立，还有待验证。首先，从市场途径来看，珠三角城市群的新社会阶层受访者通过市场途径获取现职或退休前最后一份工作的比例为 73.38%，位列五大城市群之首；接下来依次是京津冀城市群的新社会阶层受访者（69.39%）、长三角城市群的新社会阶层受访者（67.14%）、成渝城市群的新社会阶层受访者（63.51%）、长江中游城市群的新社会阶层受访者（59.72%），其中处于东部沿海地区的京津冀城市群、长三角城市群、珠三角城市群的新社会阶层受访者的比例均超过平均水平（66.73%），而处于中部地区的长江中游城市群的新社会阶层受访者和处于西部地区的成渝城市群的新社会阶层受访者的比例未能达到平均水平（见表 2-9）。其次，从计划分配途径来看，处于东部沿海地区的京津冀城市群的新社会阶层受访者比例（6.38%）、长三角城市群的新社会阶层受访者比例（5.86%）、珠三角城市群的新社会阶层受访者比例（5.04%）均高于平均水平（4.77%），而处于中部地区的长江中游城市群的新社会阶层受访者比例（3.34%）和处于西部地区的成渝城市群的新社会阶层受访者比例（3.23%）则明显低于平均水平。最后，社会网络途径的城市群差异则刚好与前两条途径相反。长江中游城市群的新社会阶层受访者通过社会网络途径实现职业流动的比例最高，达到了 16.11%；其次是成渝城市群的新社会阶层受访者，占比达到了14.09%。相比之下，处于东部沿海地区的京津冀城市群的新社会阶层受访者比例（9.95%）、长三角城市群的新社会阶层受访者比例（10.83%）、珠三角城市群的新社会阶层受访者比例（13.13%）则排在后三位。上述数据印证了新社会阶层的职业流动途径与其所处的城市群有明显的相关性，即东部沿海地区的新社会阶层更倾向于通过市场途径和计划分配途径实现职业流动，而中西部地区的新社会阶层则更倾向于借助社会网络途径实现职业流动，这也从侧面反映出地区经济发展差异对新社会阶层职业流动途径的显著影响。

表2-9　特大城市新社会阶层受访者职业流动途径的城市群差异

单位：%

	京津冀城市群	长三角城市群	珠三角城市群	长江中游城市群	成渝城市群	平均
计划分配途径	6.38	5.86	5.04	3.34	3.23	4.77
市场途径	69.39	67.14	73.38	59.72	63.51	66.73
社会网络途径	9.95	10.83	13.13	16.11	14.09	12.88
其他途径	14.29	16.16	8.45	20.83	19.17	15.61

二　新社会阶层受访者的职业流动模式

在勾勒出特大城市新社会阶层的职业流动特征后，我们尝试运用流动表来分析新社会阶层的职业流动模式。流动表分析技术主要依据人们在两个时间点上所从事的职业来构建列联表，并以此分析相同行变量与列变量交互分类后的频次分布情况，进而探索人们实现职业流动背后所隐藏的社会地位升降逻辑。

（一）新社会阶层受访者的代内职业流动

1. 新社会阶层受访者的代内职业流出具有“黏性效应”

表2-10给出了特大城市不同群体受访者代内职业流动的流出百分比。

首先，观察列联表从左上方至右下方的这条对角线，该对角线穿过的单元格中的数据是受访者初职与现职保持一致的比例，这一比例能够从侧面反映出人们要流出该职业是否存在“黏性效应”。对比对角线上不同群体受访者初职与现职一致的比例可知，新社会阶层受访者代内职业流出的“黏性效应”是最高的，达到了63.84%。换句话说，即初职就从事新社会阶层相关职业的受访者，其现职流动到其他职业的比例是最低的。对这一数据结果的可能解释是，如果人们初职的收入水平、工作环境、职业晋升等各方面条件较其他职业更为优越，那么人们就没有更多的理由主动流出该职业而选择其他职业。所以这也说明了新社会阶层相较于其他群体可能有更优越的职业地位与条件，使得一旦进入新社会阶层相关职业，劳动者就没有必要再流出该职业。新社会阶层受访者在代内职业流出的“黏性效应”这一点上甚至超越了体制内人员受访者，尽管体制内人员受访者的初职与现职一致的比例达到了56.98%，远高于除了新社会阶层受访者之外的其他群体受访者。其次，专门考察初职为新社会阶层的受访者流动到其他职业类型的情况可知，有15.55%的新社会阶层受访者流动到体制内就业，实现了跨体制流动；有2.79%的新社会阶层受访者成了私营企业主；有1.75%的新社会阶层受访者成了个体工商户，即合计有4.54%的新社会阶层受访者变成了非公有制经济人士。此外，还有16.07%的新社会阶层

表2－10 特大城市不同群体受访者的代内职业流动：流出百分比

单位：%

初职	现职					合计
	体制内人员	新社会阶层	私营企业主	个体工商户	其他人员	
体制内人员	56.98	19.70	2.28	1.91	19.12	100.00
新社会阶层	15.55	63.84	2.79	1.75	16.07	100.00
私营企业主	14.00	24.00	26.00	4.00	32.00	100.00
个体工商户	9.09	18.18	0	36.36	36.36	100.00
其他人员	39.93	19.31	1.19	2.26	37.31	100.00

受访者流动到“其他人员”类型。如果说职业类型暗含着社会地位的差异，那么对比其他几类群体受访者由初职向现职流动的比例可知，上述数据从侧面反映出新社会阶层受访者相较于其他几类群体受访者更容易实现向上的社会流动，即初职为新社会阶层的受访者，现职为体制内人员的比例和私营企业主的比例均高于其他群体受访者（不考虑其他人员受访者），且初职为新社会阶层的受访者现职为个体工商户的比例是最低的。

2. 新社会阶层受访者的代内职业流入具有“壁垒效应”

表2－11给出了特大城市不同群体受访者代内职业流动的流入百分比。首先，左上方至右下方的对角线上的百分比，反映了特大城市不同群体受访者初职与现职保持一致的比例情况，它从侧面反映了人们要流入该职业是否存在“壁垒效应”。从数据结果来看，在不考虑“其他人员”受访者的情况下，特大城市受访者中初职与现职保持一致的比例最高的为新社会阶层受访者（29.78%），接下来依次是体制内人员受访者（26.70%）、私营企业主受访者（7.65%）、个体工商户受访者（6.96%），由此可知，在不考虑“其他人员”受访者的情况下，新社会阶层受访者的代内职业流入比例是所有受访者中最低的（70.22%），其次是体制内人员受访者（73.30%），其他两类非公有制经济人士受访者的这一比例则明显较高。这一结果从趋势上反映出新社会阶层受访者的代内职业流入与体制内人员受访者类似，具有一定的“壁垒效应”。对此的可能解释是，不同于其他职业类型，虽然进入新社会阶层并不需要像成为公务员或事业单位人员那样通过激烈的考核竞争，但大多数新社会阶层工作都需要专业技术类人才，对劳动者自身的受教育程度，以及专业技能或管理能力有较高要求，因而会形成从次级劳动力市场向初级劳动力市场流动的市场能力上的壁垒。但需要说明的是，从数据层面来看，在不考虑“其他人员”受访者的情况下，即便是现职流入比例最低的新社会阶层受访者，也有超过七成是来源于其他类型初职群体，这从侧面说明我国特大城市的代内职业流入总体上还是比较活跃的，其职业流动通道是相对畅通的。

表 2-11 特大城市不同群体受访者的代内职业流动：流入百分比

单位：%

初职	现职				
	体制内人员	新社会阶层	私营企业主	个体工商户	其他人员
体制内人员	26.70	15.11	25.29	15.65	11.42
新社会阶层	4.43	29.78	18.82	8.70	5.84
私营企业主	0.17	0.49	7.65	0.87	0.51
个体工商户	0.10	0.33	0	6.96	0.51
其他人员	68.60	54.30	48.24	67.83	81.73
合计	100.00	100.00	100.00	100.00	100.00

（二）新社会阶层受访者的代际职业流动

如果说代内职业流动更多地考察人们在其职业生涯中所处劳动力市场地位的升迁模式，那么代际职业流动则更能反映出人们社会地位的代际传递与循环模式。

1. 新社会阶层受访者代际职业流出的“继承效应”不明显

表 2-12 给出了特大城市不同群体受访者代际职业流动的流出百分比。与考察代内职业流动的流出百分比的方式一样，首先我们来看列联表的对角线分布情况。从表 2-12 的左上方至右下方的对角线所穿过的单元格中的数据，依次代表特大城市体制内人员受访者、新社会阶层受访者、私营企业主受访者、个体工商户受访者，以及其他人员受访者的父职①与其初职保持一致的比例。在不考虑其他人员受访者的情况下，体制内人员受访者初职与其父职保持一致的比例是四类群体中最高的，为 27.14%，新社会阶层受访者次之（19.26%），接下来依次是私营企业主受访者（4.51%）和个体工商户受访者（1.08%）。从这一点可以看出，新社会阶层受访者代际职业流出的“继承效应”虽然高于两类非公有制经济人士受访者，但并没有比体制内人员受访者高，处于中间水平，这也从侧面说明新社会阶

① 父职在本章中的操作化定义为：受访者本人 14 岁时其父亲的职业类型，也称职业出身。

层所涉及的具体职业还未形成相对固化的职业市场，仍有大量职业出身（父职）不是这一类型的人不断涌入这一劳动力市场。其次，仅关注父职为新社会阶层的受访者的流向可知，除了19.26%的新社会阶层受访者保持不变外，有80.74%的新社会阶层受访者经历了代际职业流出。不考虑部分流入其他人员类型或还未进入劳动力市场的受访者（68.68%），这些实现了代际职业流动的受访者主要还是流动到了体制内，这一比例达到了11.17%，而流出并成为私营企业主的受访者仅占0.39%，流出并成为个体工商户的受访者占0.51%。这从侧面反映了新社会阶层出身的人，如果发生了代际流动的话，大概率还是向体制内流动。

表2-12　特大城市不同群体受访者的代际职业流动：流出百分比

单位：%

父职	初职					合计
	体制内人员	新社会阶层	私营企业主	个体工商户	其他人员	
体制内人员	27.14	10.15	0.26	0.26	62.19	100.00
新社会阶层	11.17	19.26	0.39	0.51	68.68	100.00
私营企业主	10.53	18.05	4.51	0.75	66.17	100.00
个体工商户	13.98	15.05	0	1.08	69.89	100.00
其他人员	13.06	10.93	0.63	0.55	74.83	100.00

2. 新社会阶层受访者代际职业流入的“循环效应”较明显

表2-13给出了特大城市不同群体受访者代际职业流动的流入百分比。与代际职业流出百分比不同的是，代际职业流入百分比呈现的是特大城市不同群体受访者初职的职业出身，即其父职都属于哪些职业类型。一方面，对比不同群体受访者初职与其父职保持一致的比例分布情况可知，初职为体制内人员的受访者，其父职也是体制内人员的比例非常高，达到了60.38%；而初职为新社会阶层的受访者，其父职也是新社会阶层的比例为13.10%；相应地，私营企业主受访者的初职与其父职保持一致的比例为12.00%，个体工商户受访者的初职与其父职保持一致的比例为4.55%。从这一组数据可以看出，虽然新社会阶层受访者中实现了职业代际继承的

比例要高于两类非公有制经济人士受访者，但还是远低于体制内人员受访者。换句话说，新社会阶层受访者实现了代际职业循环的比例达到了86.90%，这一比例反映出新社会阶层的代际职业流入具有较为明显的“循环效应”。另一方面，仅就初职为新社会阶层的受访者的父职情况看，初职为新社会阶层的受访者，其父职为体制内人员的比例是比较高的，达到了37.12%，而父职为私营企业主的比例为2.10%，父职为个体工商户的比例为2.45%。这一组数据说明，特大城市父职为体制内人员的受访者，相较于父职为体制外非公有制经济人士受访者而言，有更多的机会成为新社会阶层。

表2-13　特大城市不同群体受访者的代际职业流动：流入百分比

单位：%

父职	初职				
	体制内人员	新社会阶层	私营企业主	个体工商户	其他人员
体制内人员	60.38	37.12	22.00	25.00	37.73
新社会阶层	4.62	13.10	6.00	9.09	7.75
私营企业主	0.74	2.10	12.00	2.27	1.27
个体工商户	1.38	2.45	0	4.55	1.88
其他人员	32.87	45.24	60.00	59.09	51.36
合计	100.00	100.00	100.00	100.00	100.00

三　小结

本章在对特大城市新社会阶层进行划分的基础上，分析了该群体的职业流动情况。如前文所述，新社会阶层作为一个不断涌现且具有较强市场能力的新兴群体，需要我们关注并把握其职业流动的总体特征，以及在此基础上对比分析该群体不同于其他群体的代内与代际职业流动模式，进而把握新社会阶层的动态变化趋势。总体而言，在职业流动特征方面，新社会阶层呈现流动频次较高、以提升收入水平为主要目的，以及主要通过市场途径实现流动的特点。而在职业流动模式方面，新社会阶层的代内职业流动呈现流出的“黏性效应”与流入的“壁垒效应”，代际职业流动则呈现流入的“循环效应”。上述发现有助于我们深入理解新社会阶层的生成逻辑及其变动规律。但需要说明的是，有关新社会阶层的职业流动模式，尤其是新社会阶层的代内与代际流动效应，本章并未进一步检验其显著性，所以对于这部分结论，在很大程度上是一种趋势性理解。

第三章
新社会阶层的金融素养、家庭资产与住房状况

杨城晨

20世纪80年代以来，随着信息技术的发展，西方社会在社会生产领域发生了结构性的转变，制造业、建筑业等实体经济衰落的“去工业化”现象和虚拟经济与金融业蓬勃发展的“金融化”现象相伴而生。各种通过发行股票、基金、债券等金融品的投资行业急剧膨胀，金融衍生产品在市场中以难以想象的速度快速扩张。计算机和信息网络的发展使人们可以在家中、电脑前交易金融产品。任何产品都可以演变成“金融产品”，每个人都成为金融市场的行动者、参与者和共生者。这一现象扩展到经济生产之外的领域，导致政府、企业、家庭和个人无不受到金融化的影响，出现了“社会生活金融化”的趋势（杨典、欧阳璇宇，2018）。居民开始广泛参与金融市场，运用各种金融产品进行资产配置、信贷投资的行为成为一种普遍现象，家庭资产特别是金融资产的规模也在不断扩大。面对金融产品的多样化和金融技术的复杂化，居民的金融决策和金融行为很大程度上取决于其金融知识和金融素养，而金融知识和金融素养的储备对于居民的投资行为与家庭资产的变动有重要影响。

与此同时，肇始于20世纪90年代的住房市场化改革打破了计划经济时期福利分房的模式，大多数城市居民需要用货币从市场渠道购房。住房价格的上涨和房地产市场的繁荣导致住房成为城市居民重要的家庭资产。特别是2008年以来，为了应对经济下行的风险，全国各地继续放宽土地抵押融资限制，增加房地产开发投资和基础设施建设投资，房地产市场步入

“住房金融化”时期（吴开泽，2019）。在这一时期，住房价格不断攀升使城市居民从房价上涨中获得的收益超过了工资性收入带来的收益，金融机构对住房信贷的宽松政策，使越来越多的城市居民将购买住房作为一种投资和家庭财富保值增值的手段，“炒房”投机现象反映了住房的投资属性越来越被居民重视，住房作为一种重要的投资品和金融产品被赋予了特定的财富属性，越发成为家庭资产的重要组成部分。《2018 中国城市家庭财富健康报告》显示，城市家庭住房资产占家庭总资产的比例已达 77.7%①。

新社会阶层作为改革开放和市场经济体制的伴生群体，其发展壮大离不开社会主义市场经济所形成的产业体系和市场结构。在这一过程中，劳动力市场体系、金融市场体系、技术市场体系、房地产市场体系和信息市场体系等的建立为新社会阶层提供了从业和创业条件，同时也为新社会阶层的财富积累提供了良好的市场环境。产业升级所孕育的各类专业技术人才，特别是金融、保险、房地产等行业的中介组织从业人员，以及新媒体从业人员、自由职业人员，往往集聚在“互联网+”、物联网、人工智能等新经济业态中，他们有较好的金融素养和较多的金融知识。此外，受经济发展水平和市场开放程度影响，新社会阶层呈现向发达地区、城镇聚集的趋势，这使他们的就业地点多集中在特大城市和沿海发达地区，其收入和家庭资产一般高于普通居民。因此，本章在新时代背景下对特大城市新社会阶层的金融素养、家庭资产与住房状况进行全面的梳理和呈现，真实反映新社会阶层的金融状况和经济需求，是研究新社会阶层发展状况的题中之义，同时也为提升包括新社会阶层在内的城市居民的获得感提供经验支持。

一　新社会阶层的金融素养

随着经济社会的发展，城市居民的收入和生活水平不断提高，有效管理个人资金、处理个人金融事务的能力变得越来越重要。随着金融深入普

---

① 《解读〈2018 中国城市家庭财富健康报告〉》，https://www.sohu.com/a/291481211_100160443，最后访问日期：2023 年 1 月 25 日。

通居民的日常生活，这种能力对每个人来说都很重要，我们将这种能力称为“金融素养”（刘国强，2018）。当前，学界尚未针对金融素养给出统一的定义，但相关研究均从各个层面对金融素养进行了操作化定义和维度构建。例如，有学者指出金融素养研究需要从了解金融知识和掌握金融概念的角度出发，考察消费者对于利率计算、通货膨胀等金融基本知识的掌握情况（Lusardi and Mitchell，2007）；另有学者对金融素养的概念做了进一步拓展，指出金融素养不仅包括消费者基于亲身经历将金融知识内化于心而做出的行为和获得的技能，还应该包括面对复杂的金融环境时在评估、选择和使用金融工具上做出明智决策的能力，这种能力体现在消费者获取金融产品和服务的机会上，并最终提升个人和家庭的金融福祉（Moore，2003）。经济合作与发展组织（OECD）自2010年起在全球范围内对多个国家的居民进行了有关金融素养的问卷调查，并基于多年实践将金融素养定义为“与金融事务相关的意识、知识、技能、态度和行为，并将其用于金融决策以改善个人金融福祉”（Atkinson and Messy，2011）。上述这些定义着重强调居民在日常生活中对金融知识的应用以及做出相应的金融行为。对于特大城市的新社会阶层来说，他们的职业特点和资产状况使其金融活动和行为较为多元化，因此在本节中，笔者在兼顾现有研究的定义和新社会阶层的特点的基础上，从家庭资产、家庭负债、网络金融行为和对家庭收支情况的熟悉程度4个方面对新社会阶层的金融素养进行全面呈现。

（一）新社会阶层受访者的家庭资产中财产性收入的占比较大，城市间差异明显

金融素养对居民家庭资产配置和家庭资产选择有重要影响。党的十七大报告首次提出要“创造条件让更多群众拥有财产性收入”，党的十八大报告和党的十九大报告均强调“多渠道增加居民财产性收入”，重视金融服务的普惠性和公平性。财产性收入是提高居民家庭生活水平的重要途径。对于新社会阶层来说，他们中的部分成员收入较高，有进行投资和资产配置的资金存量与意愿，因此研究新社会阶层家庭资产中财产性收入的分布情况和数量，比较各特大城市新社会阶层之间的区别，有助于我们了解他们

的金融素养情况。

本节将财产性收入界定为出租房屋、土地等的收入，以及进行股票投资、储蓄以及投资理财产品、债券等获得的收入。数据显示，特大城市新社会阶层受访者中有 42. 32% 的人表示拥有财产性收入。其中 26. 00% 的受访者的财产性收入在 0 ~ 10000 元，8. 14% 的受访者的财产性收入在 10000 ~ 50000 元，4. 33% 的受访者的财产性收入在 100000 元以上（见表 3 – 1）。新社会阶层受访者家庭资产中的财产性收入的均值为 22374. 43 元，表明新社会阶层受访者的财产性收入分布极不均衡，少数新社会阶层受访者可以获得十分可观的收入，在一定程度上拉大了这一群体的收入和财富差距。

表 3 – 1　特大城市新社会阶层受访者家庭资产中的财产性收入分布情况

单位：%，元

分布区间	比例
没有财产性收入	57. 68
0 ~ 10000 元	26. 00
10000 ~ 50000 元	8. 14
50000 ~ 100000 元	3. 85
100000 元以上	4. 33
均值	22374. 43

而从具体的城市差异来看，各特大城市新社会阶层受访者在拥有财产性收入的比例上存在较为明显的差异。从表 3 – 2 可以看出，武汉的新社会阶层受访者中有 86. 96% 的人拥有财产性收入，位居十个特大城市之首；重庆、天津与成都均有超过六成的新社会阶层受访者拥有财产性收入，比例分别为 69. 10%、64. 34% 和 61. 09%；上海的新社会阶层受访者中也有接近六成的人表示拥有财产性收入；而北京、杭州和广州的新社会阶层受访者拥有财产性收入的比例较低，分别为 13. 71%、22. 91% 与 25. 09%。新社会阶层受访者财产性收入的均值也存在较大的差异，广州、长沙与北京新社会阶层受访者的财产性收入均值较大，分别为 49222. 47 元、46741. 59 元与 30697. 58 元；而上海、天津与成都新社会阶层受访者的财

产性收入均值较小，分别为10854.49元、13928.63元和14478.42元。这表明由于各特大城市经济发展程度以及新社会阶层的金融素养、生活方式不同，新社会阶层在拥有财产性收入的比例和均值上也会呈现一定的差异，而这种差异将给家庭资产带来一定的影响。

表3-2　特大城市新社会阶层受访者拥有财产性收入的比例及财产性收入均值

单位：%，元

城市	比例	均值
北京	13.71	30697.58
天津	64.34	13928.63
上海	59.09	10854.49
杭州	22.91	24145.67
广州	25.09	49222.47
深圳	29.65	29487.44
武汉	86.96	19179.14
长沙	28.21	46741.59
成都	61.09	14478.42
重庆	69.10	23006.14

（二）新社会阶层受访者的家庭负债以住房负债为主

除了家庭市场参与、资产选择和投资组合配置外，家庭负债决策也是重要的家庭金融行为（吴卫星等，2018）。特别是随着近年来金融市场的快速发展和居民消费观念的转变，家庭的金融实践和金融活动越来越丰富，传统的“量入为出”的消费观被逐步打破，家庭借贷和负债成为社会中较为常见的现象。而居民对于住房、汽车等商品的需求以及商业银行放宽对住房贷款、汽车贷款等大宗商品贷款发放的条件，客观上促进了家庭借贷需求的增加，进而加速了中国家庭负债水平的上升（吴卫星等，2019）。例如，《2018年第三季度中国货币政策执行报告》显示，截至2018年9月末，全国住户贷款余额为46.2万亿元，同比增长 18.2% 。[①] 适度合理的家庭借贷和负债可以平滑一生的消费、缓解暂时性的巨额支出给家庭带来的风险，从而增进家庭的福利，并能够在宏观上促进社会消费水平的提升；但是过度的负债显然会增加家庭的债务压力，甚至存在引发金融危机和社会动荡的风险。相关研究表明，家庭的金融素养与家庭负债之间有明显的关联。金融素养高的家庭，其投资组合的分散化程度更高，更善于利用金融市场规避风险（曾志耕等，2015）；而金融素养欠缺的家庭往往由于金融知识匮乏而形成不合理的金融决策、持有成本过高的抵押贷款，从而产生过度负债的问题（吴卫星等，2018）。特别是当普惠金融战略实施以后，金融服务的门槛降低，更多的家庭有接受金融服务的机会。一旦家庭由于金融素养缺乏而做出不合理的金融决策，则可能陷入过度负债的困境，从而降低家庭的获得感。

本节主要用2018 年是否有“房贷支出”和“车贷支出”以及两项贷款的支出额度来反映新社会阶层受访者的家庭负债情况。调查结果显示，在房贷支出上，新社会阶层中有 44.07% 的受访者表示有房贷支出，这一比例略高于体制内人员受访者（43.99%），略低于私营企业主受访者(46.75%)。新社会阶层中有 30.33% 的受访者有车贷支出，这一比例与个体工商户受访者十分接近（30.70%），略高于私营企业主受访者(28.76%)（见表 3－3）。数据表明，当前住房贷款和汽车贷款作为城市居民家庭负债的主要形式，已成为一种较为常见的家庭负债。

表 3－3　特大城市不同群体受访者的家庭负债情况

单位：%

	有房贷支出	有车贷支出
体制内人员	43.99	34.23
新社会阶层	44.07	30.33
私营企业主	46.75	28.76
个体工商户	41.40	30.70
其他人员	40.03	31.94

① 《2018 年第三季度中国货币政策执行报告》，http://www.pbc.gov.cn/zhengcehuobisi/125207/125227/125957/3537682/3661118/index.html，最后访问日期：2022 年 10 月 20 日。

在本节中，笔者计算了2018年特大城市新社会阶层受访者的住房贷款和汽车贷款的支出情况。从图3－1中可以看出，新社会阶层受访者的住房贷款与该城市的房价有明显的正相关关系。例如，在房价较高的北京、上海、杭州、广州和深圳，受访者2018年全年的平均住房贷款数额分别为11836元、9801元、13135元、12127元和9926元，明显高于其余5个特大城市。在汽车贷款上，深圳受访者最高，达到3462元；杭州次之，为2312元；天津受访者的汽车贷款支出在十个特大城市中最少，为915元。相较于住房贷款支出的差异来看，十个特大城市新社会阶层受访者在汽车贷款上的极差较小。这表明在住房金融化时代，住房成为包括新社会阶层在内的城市居民家庭资产的重要组成部分，相应地，由于房价上涨以及各地住房价格存在差异，住房贷款成为家庭负债最主要的部分。由于家庭金融素养以及资产积累不同，这种较为普遍的金融行为很可能会带来差异性的影响。对于经济状况较好的新社会阶层受访者家庭来说，住房价格上涨带来的住房财富增值会抵消家庭负债的影响；而部分经济状况欠佳的新社会阶层受访者家庭由于住房贷款支出较大，往往需要节衣缩食，严格控制各类消费支出，对日常生活造成了一定的影响。

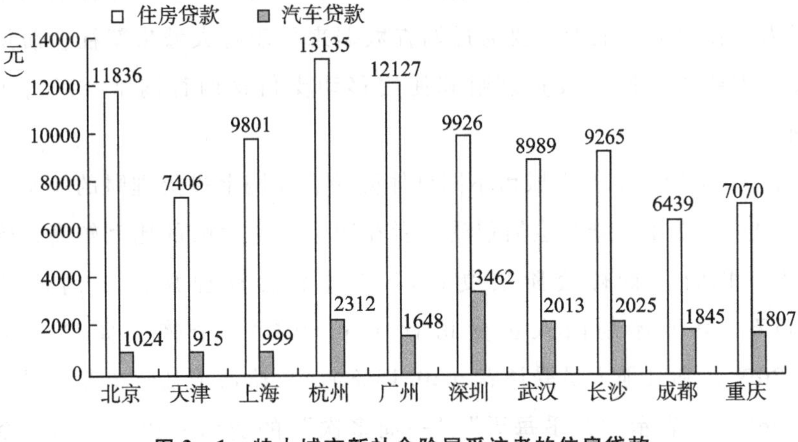

图3－1　特大城市新社会阶层受访者的住房贷款与汽车贷款的支出情况

（三）新社会阶层受访者的网络金融参与度较高，呈现明显的特点

随着互联网技术和移动平台的迅速发展，各种金融服务和金融产品与信息技术相结合，走进了人们的日常生活。2016 年 8 月的“2016 中国杭州 G20 峰会”提出“数字普惠金融”概念，倡导各国将互联网、云计算、大数据等数字信息技术运用到普惠金融领域，为社会各个阶层和群体提供适当的、有效的金融服务（董晓林、石晓磊，2018）。进入新时代以来，相关企业和管理部门面对网络环境不断改善这一向好因素，积极利用信息和通信技术进行金融产品与金融服务的创新，同时建立和完善网络金融法规，使金融理财、信息中介、保险保障以及网上贷款等金融产品与金融服务不断推陈出新，不仅为消费者提供了便利的融资和消费渠道，还在一定程度上缓解了传统金融领域存在的信息不对称、交易成本过高等痼疾。然而，由于不同群体在互联网可及性和使用上的差异，“数字鸿沟”成为社会不平等的一种新的表现形式（邱泽奇等，2016）。特别是在金融素养领域，不同年龄段群体、不同地域群体、不同阶层在互联网使用和多媒体基础设施、设备占有上存在差异，导致他们在金融理财、金融服务等方面接收到不同的信息和知识，进而型构了差异化的网络金融行为。在本节中笔者主要通过调查数据来呈现特大城市新社会阶层与其他四类群体在网上投资理财和使用移动支付这两种网络金融行为的异同。

表 3 - 4 给出了特大城市不同群体受访者在网上投资理财的频率。从表 3 - 4可以看出，新社会阶层受访者在网上投资理财的比例较高，除了“从不”以外，新社会阶层受访者在网上投资理财的比例达到了 36.85%，高于体制内人员受访者（26.69%）、个体工商户受访者（25.20%）和其他人员受访者（20.15%），仅略低于私营企业主受访者（38.66%），表示“几乎每天”“一周多次”的受访者比例与私营企业主受访者大体相当。

表 3 - 4 特大城市不同群体受访者在网上投资理财的频率

单位：%

	几乎每天	一周多次	一月几次	一年几次	从不
体制内人员	3.86	4.31	6.49	12.03	73.32
新社会阶层	6.63	4.96	8.71	16.55	63.15
私营企业主	6.67	5.33	13.33	13.33	61.33
个体工商户	8.40	4.20	2.52	10.08	74.79
其他人员	4.33	2.89	3.58	9.35	79.85

表 3 - 5 呈现了特大城市不同群体受访者使用移动支付的频率。与在网上投资理财不同的是，包括新社会阶层在内的各群体受访者选择“从不”的比例明显较低，表明移动支付已经成为大多数城市居民的消费习惯之一。而在“几乎每天”这一选项上，新社会阶层受访者的比例达到了68.50%，虽略低于私营企业主受访者，但明显高于体制内人员和其他人员受访者。新社会阶层受访者使用移动支付的比例达到了 92.50%，远远高于体制内人员、个体工商户和其他人员受访者。表 3 - 4 和表 3 - 5 的数据共同反映出作为市场经济体制和产业、职业结构变迁背景下孕育的新社会阶层，其较高的金融素养能够使其保持较高的网络金融参与度。

表 3 - 5 特大城市不同群体受访者使用移动支付的频率

单位：%

	几乎每天	一周多次	一月几次	一年几次	从不
体制内人员	47.28	19.50	7.67	2.13	23.42
新社会阶层	68.50	17.62	4.94	1.44	7.50
私营企业主	72.37	15.79	2.63	3.95	5.26
个体工商户	64.71	15.13	2.52	2.52	15.13
其他人员	46.00	19.56	8.56	1.56	24.31

此外，笔者分别计算了特大城市新社会阶层受访者在网上投资理财和使用移动支付的比例。结果发现，新社会阶层受访者的网络金融行为与其所在城市的互联网行业活跃度以及金融业发展程度密切相关。例如，深圳

新社会阶层受访者在网上投资理财的比例为 71.67%（远远高于其余 9 个特大城市的新社会阶层受访者），使用移动支付的比例为 99.17%，同样位居十个特大城市之首。坐拥“淘宝”“阿里巴巴”等巨型互联网企业、被誉为一座“刻着互联网基因的城市”的杭州，其新社会阶层受访者在网络金融上有很高的参与度，在网上投资理财和使用移动支付的受访者比例分别达到了 44.83%和 98.28%。在一些中西部特大城市，其新社会阶层受访者的网络金融参与比例尤其是在网上投资理财的参与比例较低，例如地处成渝城市群的重庆的新社会阶层受访者的这一比例仅为 20.39%，成都为 22.76%（见图 3－2）。

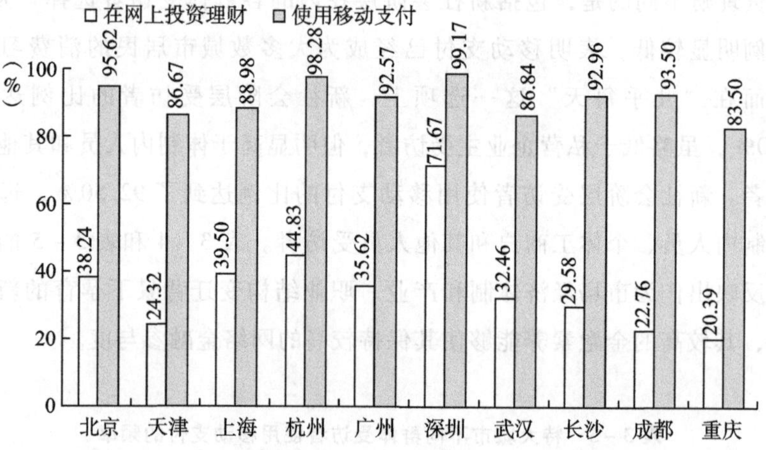

图 3－2　特大城市新社会阶层受访者的网络金融参与情况

（四）新社会阶层受访者对家庭收支情况的熟悉程度较高

家庭金融安全不仅仅反映在家庭风险大小上，更体现在家庭应对风险的能力上（刘佩、孙立娟，2021）。在金融素养领域，金融健康成为一个不可忽视的新维度。金融健康由美国金融服务创新中心等三家国际智库最先联合提出，用以衡量金融消费者的收支状况是否有了长期改善，是否达到了更好的财务状态。国内的相关研究将金融健康定义为个人或家庭利用金融工具做出适当的金融行为，做好收支、债务、应急、风险、资产等方面的管理，以满足家庭日常和长期的抗风险需求，进而提升家庭的福祉。[①] 相关研究均指出，金融健康的测量可以分为客观和主观两个维度，客观维度主要包含个人的收支、资产、借贷、保险四个方面，主观维度则包含消费者对家庭收支、资产和借贷的熟悉程度与总体信心（刘佩、孙立娟，2021）。因此，个人对家庭收支情况的熟悉程度可以反映居民对家庭当期财务状况的规划和未来信心，在一定程度上体现了居民的金融素养。

在本节中笔者用“刚才我们询问过您的收入情况，您回答的各类收入总数与真实情况相比怎样?”和“您刚才回答的各类支出总数与真实情况相比怎样?”两个问题来测量受访者对家庭收支情况的熟悉程度。上述两个问题均是在询问了家庭收支情况之后再进行询问，尽可能减少受访者基于瞬时回答记忆而形成的误差。研究结果显示，在回答了家庭具体的收入和支出项目一段时间后，仍有接近九成的新社会阶层受访者表示自己回答的家庭收入与真实情况“差不多”（占比为88.55%），表示“偏高”和“偏低”的比例分别仅为2.03%与9.43%；同样在支出方面，有87.35%的新社会阶层受访者表示自己回答的家庭支出与真实情况基本一致，这表明新社会阶层受访者对于家庭收支情况的熟悉程度较高。

表3－6　特大城市新社会阶层受访者对家庭收支情况的熟悉程度

单位：%

	收入	支出
偏高	2.03	4.67
差不多	88.55	87.35
偏低	9.43	7.98

二　新社会阶层的家庭资产

作为金融系统的有机组成部分，家庭金融近年来越来越受到学界的重

① 《2019年中国普惠金融发展报告》，http://n.sinaimg.cn/finance/18ffe221/20190929/123.pdf，最后访问日期：2023年1月25日。

视。在这里，家庭金融资产的选择和持有数量以及金融市场参与成为家庭金融研究的核心议题之一（Campbell，2006）。随着我国金融市场不断发展，金融产品日益多样化和复杂化，家庭也越来越积极地参与到金融市场中，基于个体理性做出投资决策，自担风险、自享收益（尹志超等，2014）。而投资决策的基点和结果正是家庭的资产与负债的数量。相关研究表明，研究城市居民的家庭金融资产具有十分重要的学理和现实意义。它不仅能揭示错误配置给居民家庭收入带来的负面影响，探讨家庭金融行为可能面临的各种风险，而且能够从微观视角进一步解释信贷约束对家庭金融行为的影响（甘犁等，2013）。另外，由于住房金融化导致特大城市住房价格居高不下，住房资产对家庭的金融参与和资产组合的影响也不容忽略，住房资产与家庭金融资产一起作用于社会的财富分配，成为影响社会分层的关键因素。接下来，笔者将主要通过新社会阶层受访者的家庭金融资产、家庭负债以及住房资产三个维度全方位展示新社会阶层受访者的家庭资产状况。

（一）新社会阶层受访者在家庭金融资产总额上呈“金字塔”形特征

根据中国家庭金融调查以及其他相关研究的界定，本章将家庭金融资产界定为除了房产以外的资金和有价证券，包括储蓄存款、银行理财、股票、债券和基金等。表3－7给出了特大城市不同群体受访者的家庭金融资产总额的分布情况。从家庭金融资产总额的分布看，各群体受访者在家庭金融资产总额上均呈现“金字塔”形特征，即家庭金融资产总额较少的受访者占多数，位于“金字塔尖”的少数群体拥有较多家庭金融资产。以新社会阶层受访者为例，39.89%的受访者表示其家庭不持有任何金融资产，15.53%的受访者表示家庭金融资产总额在0～1万元，家庭金融资产总额在1万～10万元和10万～100万元的人数占比分别为18.11%和22.92%，另有3.55%的新社会阶层受访者表示家庭金融资产总额在100万元以上，整体差距较为悬殊。从不同群体受访者的家庭金融资产的均值来看，私营企业主受访者的平均家庭金融资产为87.00万元，显著高于其余4个群体，这表明作为家庭资产的重要组成部分，家庭金融资产与各个群体的职业特征和阶层地位有较为明显的关联。

表 3-7　特大城市不同群体受访者的家庭金融资产总额分布情况

单位：%，万元

	体制内人员	新社会阶层	私营企业主	个体工商户	其他人员
0	39.04	39.89	37.27	39.82	42.51
0~1 万元	17.73	15.53	16.15	17.19	18.06
1 万~10 万元	19.27	18.11	9.94	18.10	17.60
10 万~100 万元	21.02	22.92	27.33	20.81	17.90
100 万元以上	2.94	3.55	9.32	4.07	3.93
均值	28.37	33.37	87.00	20.26	33.98

不同特大城市的新社会阶层受访者在平均家庭金融资产上也存在较为明显的差别。通过计算可知，在 10 个特大城市中，深圳新社会阶层受访者的平均家庭金融资产最多，达到了 88.03 万元；广州、北京与杭州的受访者的平均家庭金融资产依次减少，分别为 61.16 万元、53.42 万元和 34.98 万元；成都、长沙、上海和天津的新社会阶层受访者的平均家庭金融资产处于 10 万~20 万元这一区间，分别为 15.51 万元、15.15 万元、13.69 万元和 11.15 万元；武汉与重庆新社会阶层受访者的平均家庭金融资产较少，分别为 8.18 万元和 6.60 万元。珠三角城市群、长三角城市群的新社会阶层受访者的平均家庭金融资产较多，这反映出家庭金融资产与城市经济发展和金融业发展程度高度相关。

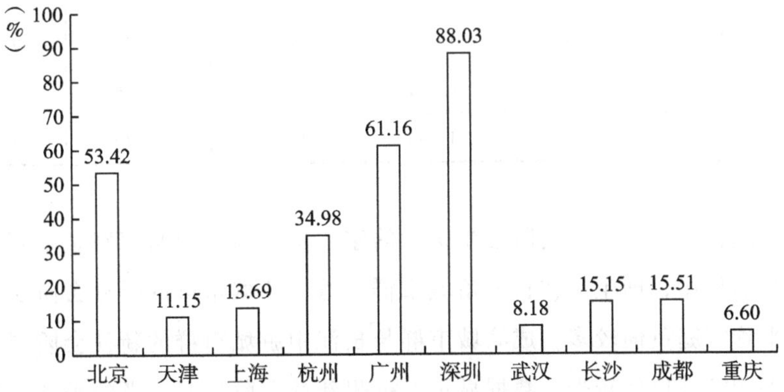

图 3-3　特大城市新社会阶层受访者的平均家庭金融资产情况

（二）新社会阶层受访者的家庭负债总额较大

在本节中，笔者将家庭负债界定为当前家庭所有的欠款，包括银行和金融机构贷款、个人借贷等。调查结果显示，相比于体制内人员受访者中有71.97%的人没有负债，新社会阶层受访者有家庭负债的比例略高，其中家庭负债总额在10万～100万元以及100万元以上的比例分别为12.14%和3.41%。这在一定程度上反映了新社会阶层受访者的经济活动和金融行为较为活跃，有相当一部分新社会阶层受访者通过金融贷款等方式进行创新创业和生产性投资，从而存在负债现象。从特大城市不同群体受访者的平均家庭负债来看，新社会阶层受访者的平均家庭负债为14.44万元，低于私营企业主受访者，但高于体制内人员、个体工商户和其他人员受访者（见表3-8）。这提示我们，在鼓励新社会阶层积极从事金融活动的同时，要高度关注他们的风险意识，提升其家庭的抗风险能力。

表3-8 特大城市不同群体受访者的家庭负债总额分布情况

单位：%，万元

	体制内人员	新社会阶层	私营企业主	个体工商户	其他人员
0	71.97	66.05	60.00	59.36	70.09
0～1万元	13.95	13.22	11.88	16.44	14.23
1万～10万元	3.35	5.18	2.50	7.31	5.35
10万～100万元	9.12	12.14	18.75	16.44	9.04
100万元以上	1.61	3.41	6.88	0.46	1.29
均值	13.60	14.44	28.43	7.80	6.40

不同特大城市新社会阶层受访者的家庭负债表现出与家庭金融资产较为相似的规律，即生活在长三角城市群、珠三角城市群的新社会阶层受访者的平均家庭负债较多，成渝城市群与长江中游城市群的新社会阶层受访者的平均家庭负债较少。数据显示，杭州新社会阶层受访者的平均家庭负债达到了46.82万元，为十个特大城市中最多，深圳、广州、上海与北京

的新社会阶层受访者的平均家庭负债均超过了10万元，分别为16.00万元、14.07万元、10.76万元和10.72万元。长沙、武汉、天津、成都和重庆的新社会阶层受访者的平均家庭负债都低于10万元，分别为8.58万元、6.41万元、5.04万元、4.60万元和2.86万元。

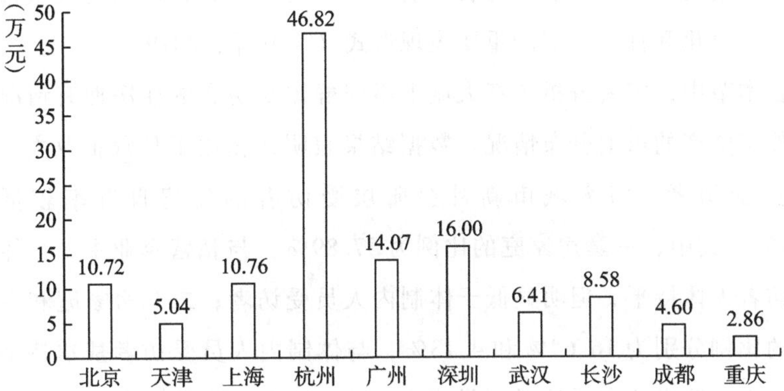

图3-4 特大城市新社会阶层受访者的平均家庭负债

（三）新社会阶层受访者的家庭住房以一套房为主，特大城市间的住房资产差异较大

在中国的传统文化中，“安家置业”一直是个人生命历程的必经阶段，因此，“家”的重要性对社会中的每个人来说都不言而喻，而住房是家的物质载体。住房市场化改革以来，城市居民的自有住房比例得到了大幅提升，住房成为城市家庭一种重要的家庭财产。2008年以后，由于房价持续攀升，尤其是特大城市房价居高不下，购买一套住房可能需要居民花费数年甚至数十年的积蓄，导致部分城市居民特别是特大城市居民出现了“住房焦虑”。在这一过程中，住房逐步由只具有居住属性的必需品转变为具有居住和投资属性的复杂商品（吴开泽，2016）。具有财富保值增值意义的住房投资成为部分特大城市居民投资的重要方式，拥有多套自有住房的城市居民比例不断攀升。此外，财政刺激政策和宽松的土地抵押融资使中国特大城市步入了“住房金融化”时代，在这一时期，房价上涨幅度远远超过居民收入的增长幅度，有房的居民家庭从房价上涨中获得的收益超过

了工资性收入带来的收益，因此住房市值所代表的房地产财富成为城市居民重要的财富来源（黄静、屠梅曾，2009）。在这种背景下，特大城市有房家庭与无房家庭之间、一套房家庭与多套房家庭之间的财富鸿沟进一步显现，房地产成为社会增量财富的分配机制，助推了收入、财产与社会的分化，社会财富由无房、少房者向有房、多房者转移，成为特大城市居民家庭资产分化和社会分层的重要表现形式（吴开泽，2019）。

在本节中，笔者分析了特大城市不同群体受访者的住房拥有情况以及自有住房资产的市值分布情况。数据结果表明，相比于私营企业主、体制内人员受访者，特大城市新社会阶层受访者的住房自有率较低，为78.65%。其中，一套房家庭的比例为57.89%，与私营企业主、个体工商户受访者大体持平，但明显低于体制内人员受访者；二套房家庭和多套房家庭的比例分别为16.64%和4.13%，与体制内人员受访者基本持平，但明显低于私营企业主受访者（见表3－9）。这在一定程度上反映了住房市场化改革具有二元性特征。由于新社会阶层的职业属于体制外，因此他们无法享受到改革前的住房福利和住房补贴；而改革后的住房获取则体现了人们的市场能力，购买商品房成为新社会阶层获取住房的主要途径，而在收入和财富积累上，新社会阶层显然无法与私营企业主相提并论。因此，我们需要关注特大城市新社会阶层的住房需求，为其“住有所居”提供相应的政策保障。

表3－9　特大城市不同群体受访者的住房拥有情况

单位：%

	体制内人员	新社会阶层	私营企业主	个体工商户	其他人员
没有自有住房	12.36	21.35	6.55	18.86	18.40
一套房家庭	65.78	57.89	57.14	57.02	64.08
二套房家庭	18.32	16.64	27.38	21.05	14.40
多套房家庭	3.53	4.13	8.93	3.07	3.13
住房自有率	87.64	78.65	93.45	81.14	81.60

在自有住房资产的市值分布上，46.64%的特大城市新社会阶层受访者的自有住房资产市值在100万元以下，自有住房资产的市值在100万~300万元的比例为25.17%，12.59%的新社会阶层受访者的自有住房资产市值在300万~600万元，分别有3.91%和11.69%的新社会阶层受访者表示其自有住房资产市值在600万~1000万元和1000万元及以上（见表3-10）。从结果中可以明显看出，相较于体制内人员和私营企业主受访者，新社会阶层受访者内部在住房资产方面的差异更大，尤其是拥有高额住房资产者和无房者、住房资产较少者之间的差异很大。住房资产呈现较为明显的“金字塔”形特征。

表3-10 特大城市不同群体受访者自有住房资产的市值分布

单位：%

	体制内人员	新社会阶层	私营企业主	个体工商户	其他人员
100万元以下	39.84	46.64	24.71	53.91	55.71
100万~300万元	29.41	25.17	28.24	25.22	22.18
300万~600万元	16.40	12.59	22.35	6.09	8.15
600万~1000万元	6.22	3.91	10.00	0.87	2.54
1000万元及以上	8.14	11.69	14.71	13.91	11.42

从不同特大城市新社会阶层受访者家庭的住房拥有情况来看，特大城市之间的差异也较为明显。首先，从住房自有率来看，重庆新社会阶层受访者的住房自有率最高，达到了87.11%；长沙的新社会阶层受访者次之，为85.61%；而深圳新社会阶层受访者的住房自有率最低，仅为46.50%；北京次低，为71.31%；其余特大城市受访者的住房自有率均在80%以上。这反映出相比于东部沿海城市或北京等特大城市来说，中西部城市的住房价格相对较低，这些城市新社会阶层受访者的住房自有率明显较高。另外，从二套房家庭和多套房家庭的比例来看，居住在杭州、成都和武汉的新社会阶层受访者家庭拥有二套房的比例分别为23.78%、23.50%和22.52%，明显高于其余特大城市；成都和杭州的新社会阶层受访者家庭拥

有多套房的比例分别为7.26%和7.01%，反映出这两个城市的新社会阶层受访者家庭对于居住条件改善和房产投资的热情较高；而深圳的新社会阶层受访者家庭拥有二套房的比例仅为3.29%，显著低于其他城市，这从侧面反映出深圳的房价较高。

表3-11　不同特大城市新社会阶层受访者的住房拥有情况

单位：%

	一套房家庭	二套房家庭	多套房家庭	住房自有率
北京	56.97	12.35	1.99	71.31
天津	70.92	9.22	1.42	81.56
上海	64.71	14.48	4.07	83.26
杭州	54.57	23.78	7.01	85.37
广州	61.72	15.84	3.30	80.86
深圳	43.21	3.29	0	46.50
武汉	56.31	22.52	5.41	84.23
长沙	62.81	18.25	4.56	85.61
成都	50.00	23.50	7.26	80.77
重庆	63.92	18.56	4.64	87.11

从住房资产的城市差异看，特大城市之间由于经济发展程度以及房价存在差异，其新社会阶层受访者的住房资产均值差异也较为明显。图3-5的数据反映出，上海、广州和杭州作为常住人口数量庞大、住房价格较高的特大城市，新社会阶层受访者住房资产的均值均超过了1000万元，分别为1677万元、1589万元和1375万元，位居十个特大城市的前三。居住在北京的新社会阶层受访者的住房资产均值为987万元，长沙、成都、重庆和武汉的新社会阶层受访者的住房资产均值较为接近，在570万~700万元这一区间。

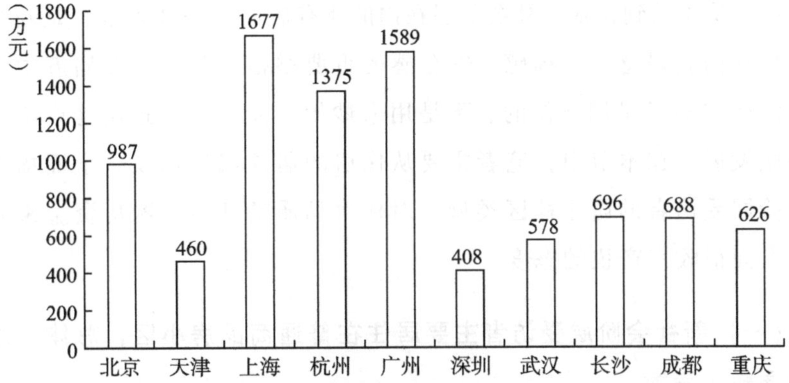

图 3－5　特大城市新社会阶层受访者的住房资产情况

三　新社会阶层的住房状况

千百年来，衣食住行是贯穿人们基本生活的一条主线，而住房又是其中的重中之重。住房起源于人们躲避灾难、开垦农业、驯化动物等顺应自然及与自然斗争的过程中，反映了人们希望有个安身立命的场所的归属感。然而在漫长的历史进程中，住房自身所具有的居住和财富的双重属性，使人们之间的住房差异逐渐凸显，住房与社会分层的关系逐步密切。恩格斯描述了19世纪英国产业工人恶劣的住房条件和居住状况，深刻揭露了资本家对工人阶级的残酷剥削，揭示了住房以及居住空间具有阶级性的特点（参见杨城晨、张海东，2021）。当代中国，城市居民的住房供给体系经历了计划经济时期的福利分房体系到住房市场化改革后的商品房体系的巨大转变，而这一转变也对城市居民尤其是特大城市居民的居住空间和住房资源产生了深远的影响。住房与房价成为社会关注的热点，也成为学界极为关注的议题。

作为对传统中国人理想生活形态的描绘，“安居乐业”一词体现了住房对于个体及家庭社会化生活的重要意义。习近平总书记指出，住房问题既是民生问题也是发展问题，关系千家万户切身利益，关系人民安居乐业，关系经济社会发展全局，关系社会和谐稳定。[①] 因此，让住房回归居住属性，是关系到包括新社会阶层在内的所有居民的一件大事，是新时代增强群众的获得感、幸福感、安全感的重要举措。党的十九届五中全会继续强调“房子是用来住的、不是用来炒的”定位，促进房地产市场平稳健康发展。在本节中，笔者主要从住房的居住属性出发，全面描述新社会阶层受访者的居住社区类型、对住房品质的评价、购房资金来源以及对全面征收房产税的态度。

（一）新社会阶层受访者主要居住在普通商品房小区，总体上对住房品质较为满意

国内的诸多研究都指出，居住空间上的阶层分化并不仅仅是社会分层现象，同时也是一种导致社会阶层化、社会封闭趋势显性化的重要机制。居住空间上的阶层分化不仅体现在一些生活质量和居住质量十分类似的社区中集中居住着一些在生活条件和生活机会上大致相似的人，还体现在生活在这样的封闭式社区中，人们逐渐形成了大致相似的生活方式和地位认同，从而在更宽泛的意义上形成了相对封闭的社会阶层群体（刘精明，李路路，2005）。随着住房市场化进程的推进，迎合中产阶层和上层品味与美学观的别墅区与高档商品房小区在住房市场化改革之后应运而生，部分城市居民不再满足于“我要买房子”“我住多大的房子”，而是追求“我要买什么样的房子”“我要住哪个小区的房子”，住房成为一种象征身份的“地位商品”。城市居民在现有的城市住房消费市场，基于其住房消费的偏好以及支付能力，对社区及其周围的公共服务和居住空间质量进行选择，形成了不同品质的社区类型（张传勇等，2020）。因此，考察特大城市新社会阶层受访者在居住社区类型上的差异，对于了解他们的住房状况具有重要的启示意义。

从表 3 - 12 中可以看出，当前特大城市大部分（62.94%）新社会阶

① 《习近平在中共中央政治局第十次集体学习时强调：加快推进住房保障和供应体系建设 不断实现全体人住有所居的目标》，http://politics.people.com.cn/n/2013/1031/c1024 - 23381211.html，最后访问日期：2023 年 1 月 25 日。

层受访者居住在普通商品房小区中，另有11.09%的受访者居住于未经改造的老城区，8.49%的受访者居住于新近由农村社区转变过来的城市社区。此外，居住在单一或混合的单位社区、保障性住房小区、高级住宅区或别墅区的受访者占比较低，分别为6.51%、4.91%和3.26%。与以往研究结论相比较可知，当前中国特大城市中新社会阶层的居住社区类型与其他群体并无大的差异，普通商品房仍然是新社会阶层在住房选择上的第一偏好。

表3－12　特大城市新社会阶层受访者的居住社区类型

单位：%

	比例
未经改造的老城区	11.09
单一或混合的单位社区	6.51
保障性住房小区	4.91
普通商品房小区	62.94
高级住宅区或别墅区	3.26
新近由农村社区转变过来的城市社区	8.49
其他	2.80

而随着住房条件的改善，住房的功能也由单一提供安全庇护的场所发展为人们起居、休闲和娱乐的私密场所。住房内部空间的功能也开始向实用功能转变，住房面积和功能的分化使住房在社会中产生了品质方面的差异。面对居民对于住房条件和居住环境的要求不断提高，不少地区实施了棚户区改造、老旧小区改造等民生工程，“住有所居”正在向“住有宜居”迈进。居民对于所居住房品质的评价可以总体反映出住房环境以及宜居程度的差别。在这里，笔者使用“您认为您目前居住的住房位于什么位置？1分代表最差的住房，10分代表最好的住房”进行测量。数据显示（见表3－13），特大城市不同群体受访者对所居住房品质的评价大体呈现“中间偏上”的橄榄型特征，即评价为5～6分的占多数，选择7～8分的比例明显高于选择3～4分的比例，而选择1～2分（“极好”）和9～10分（“极差”）的比例均很低。例如，认为所居住房品质为5～6分的新社会阶

层受访者比例为41.21%，选择7~8分与3~4分的受访者比例分别为35.74%和12.28%，分别有7.06%和3.71%的受访者认为所居住房品质为9~10分与1~2分。在均值上，新社会阶层受访者的评分均值为6.08分，低于私营企业主受访者（6.64分），但高于其他三类群体受访者，这表明新社会阶层总体上对自身的住房条件和住房环境较为满意，实现了从“住有所居”到“住有宜居”的转变。

表3-13 特大城市不同群体受访者对住房品质的评价

单位：%，分

	体制内人员	新社会阶层	私营企业主	个体工商户	其他人员
1~2分	5.26	3.71	2.35	6.96	6.01
3~4分	14.03	12.28	8.82	14.78	17.09
5~6分	41.43	41.21	31.76	43.04	39.07
7~8分	32.25	35.74	43.53	29.57	30.77
9~10分	7.03	7.06	13.53	5.65	7.06
均值	5.91	6.08	6.64	5.72	5.80

从住房品质评价的城市差异来看，不同特大城市的新社会阶层受访者对于所居住房品质的评价存在一定差别。从图3-6可以看出，杭州的新社

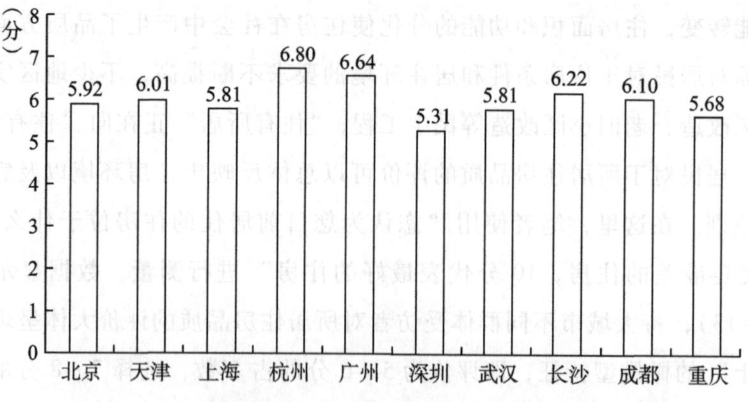

图3-6 特大城市新社会阶层受访者对住房品质的评价

会阶层受访者对所居住房品质的评价最高，其均值为6.80分；长沙、成都和天津的新社会阶层受访者对所居住房品质的评价均值都高于6分，处于中间偏上位置；而深圳的新社会阶层受访者对所居住房品质的评价最低，均值仅为5.31分。

（二）新社会阶层受访者的购房资金来源较为多元

住房市场化改革的直接后果是福利分房不再是城市居民获取住房的主要途径，在住房市场上通过货币方式购买住房成为绝大多数家庭获取住房的方式。购房者的购买力直接取决于其收入和家庭资产的高低，为了获取住房，个人或家庭需要攒下一笔数额可观的存款。另外，对中国人来说，住房被视作安家立业的起点，是组建家庭的一种刚性需求，因此购买住房成为绝大多数城市家庭的家庭行为（吴开泽，2017），而受到传统文化和日益升高的房价的影响，有经济能力的父母在子女成年和结婚时为其置办房产，或提供相当数量的财富支持成为城市社会中较为常见的现象（杨城晨、张海东，2021）。由于特大城市房价较高，许多居民特别是刚步入职场的居民无法仅使用存款或通过家庭资助购房，因此银行商业贷款和公积金贷款成为特大城市居民购买住房的另外两个重要的资金来源。

表3－14反映了特大城市新社会阶层受访者的购房资金来源情况。数据显示，有四成多（44.64%）的受访者在购房时使用了个人或夫妻存款，双方父母资助的比例也达到了40.75%，使用银行商业贷款和公积金贷款的比例分别为24.11%和12.26%。另外，通过亲友借款、房屋置换等方式获取购房资金的受访者比例分别为14.09%和11.36%。在购房资金来源组合上，41.22%的新社会阶层受访者在购房时仅有一种资金来源，27.14%的受访者通过两种方式筹措购房资金，31.64%的受访者通过三种或三种以上的方式获取购房资金。总体来说，当前特大城市新社会阶层受访者的购房资金来源较为多元。

表 3-14 特大城市新社会阶层受访者的购房资金来源情况

单位：%

	比例
个人或夫妻存款	44.64
自己父母资助	24.93
配偶父母资助	15.82
银行商业贷款	24.11
公积金贷款	12.26
亲友借款	14.09
房屋置换	11.36
其他	8.31

注：本题为多选题，因此各部分加总比例可能超过 100%。

（三）新社会阶层受访者对全面征收房产税的态度较为积极

作为一种财产税，房产税可以发挥增加财政收入以及调节收入分配的功能。中国现行的房产税制度始于 1986 年的《房产税暂行条例》，不过直到 2011 年，上海和重庆两地才率先开展了个人住房房产税改革试点。相关研究指出，两地的试点工作对住房供需结构调整的效果明显，在一定程度上平抑了房价，但仍存在征税对象过窄、计税依据不合理、税率过低、税种性质不清等问题（詹鹏、李实，2015）。2008 年之后，在全国范围内，为了刺激经济增长，地方政府大规模放开了城市土地供应，“土地财政”成为地方政府收入的重要来源，这一过程中也出现了居民对住房的投资投机热潮和一些开发商“囤地待涨”的土地浪费现象。这促使国家尝试出台新的政策以减少地方政府对土地财政的依赖。党的十八大以来，中国特色社会主义进入新时代，为扎实推动共同富裕提供了坚实的社会条件和物质基础。在认识到住房资产差异对社会分化的巨大作用后，居民期望房产税能够平抑房价，或通过房产税对目前不断扩大的财产差距所带来的社会财富差距进行有效调节。在这一背景下，2021 年 10 月，全国人大常委会授权国务院在部分地区开展房地产税改革试点工作。因此，本节考察特大城市不同群体受访者对全面征收房产税的态度具有十分重要的现实意义。

表3－15的结果反映了特大城市不同群体受访者对全面征收房产税的态度。从整体上看，包括新社会阶层在内的所有群体的受访者均对全面征收房产税持比较积极的态度，“非常赞同”和“比较赞同”的比例均高于“不太赞同”和“很不赞同”的比例。具体来看，新社会阶层受访者中“非常赞同”全面征收房产税的比例为14.79%，“比较赞同”的比例为36.93%，赞同（包括非常赞同和比较赞同）的比例与私营企业主受访者大体持平，略高于个体工商户受访者，但低于体制内人员和其他人员受访者。

表3－15　特大城市不同群体受访者对全面征收房产税的态度

单位：%

	体制内人员	新社会阶层	私营企业主	个体工商户	其他人员
非常赞同	16.77	14.79	22.49	13.66	17.76
比较赞同	40.14	36.93	28.99	34.80	35.93
说不清	22.46	22.02	23.67	22.47	26.17
不太赞同	14.56	19.83	14.79	21.15	14.19
很不赞同	6.07	6.44	10.06	7.93	5.94

从房产税改革试点城市的情况以及之后的政策导向看，家庭存量住房是房产税征收的重点领域。因此房产数量很可能会影响各个群体对这一政策的态度。数据分析结果显示，新社会阶层中的无房家庭受访者和一套房家庭受访者对于全面征收房产税的态度较为接近，其赞同比例均超过不赞同的比例，特别是一套房家庭的受访者表示“非常赞同”和“比较赞同”的比例接近六成（56.91%）。在二套房家庭受访者中，表示“非常赞同”的比例仅为7.46%，明显低于无房家庭受访者和一套房家庭受访者。而多套房家庭的受访者表示不赞同（包括不太赞同和很不赞同）的比例为48.00%，明显高于无房家庭、一套房家庭和二套房家庭受访者（见表3－16）。结果表明，新社会阶层受访者拥有的房产数量与其对全面征收房产税的态度之间有明显的负向关系。

表 3-16 不同房产数量的新社会阶层受访者对全面征收房产税的态度

单位：%

	无房家庭	一套房家庭	二套房家庭	多套房家庭
非常赞同	16.16	17.23	7.46	7.00
比较赞同	33.74	39.68	34.33	20.00
说不清	24.04	20.93	21.39	25.00
不太赞同	22.83	17.31	23.63	30.00
很不赞同	3.23	4.85	13.18	18.00

在本节中，笔者还计算了各特大城市新社会阶层受访者“非常赞同”和“比较赞同”全面征收房产税的比例。研究结果表明（见图 3-7），各特大城市新社会阶层受访者对全面征收房产税的态度与政策导向和当地房价有密切关系。上海和重庆作为房产税改革试点城市，其政策已施行 10 余年，大部分居民对房产税实行的范围、征收的作用有一定的了解，因此赞同这一政策的比例也较高，分别达到了 61.94% 和 56.25%。另外，居住在房价较低的天津以及中西部的武汉、长沙、成都的新社会阶层受访者赞同全面征收房产税的比例均较高，其中天津的赞同比例最高，达到了 70.07%；而北京、深圳的新社会阶层受访者持赞同态度的比例较低，分别为 40.46% 和 44.11%。这可能与上述两地住房市值较高，若全面征收房产税将使房产持有者缴纳更多的税款有关。

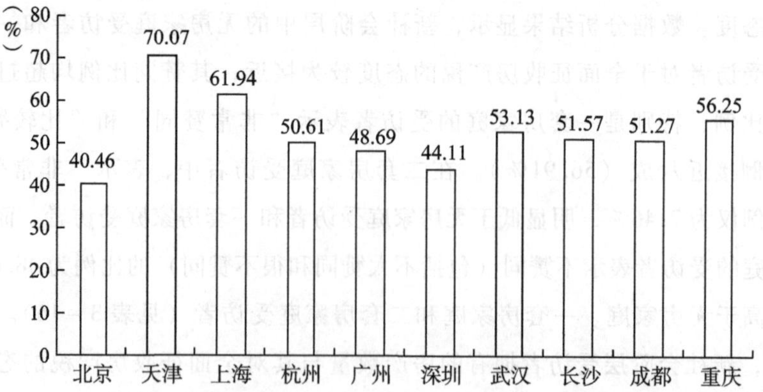

图 3-7 特大城市新社会阶层受访者赞同全面征收房产税的比例

四　小结

社会生活的金融化使得金融知识储备和金融素养成为影响家庭投资行为与资产配置的重要因素，与此同时“住房金融化”导致住房资产成为特大城市居民家庭资产的重要组成部分。新社会阶层作为市场化进程中不断壮大、最有活力的群体之一，在金融市场上更为活跃，其对住房的需求和住房状况也具有自身明显的特点。本章在全面梳理新社会阶层的金融素养、家庭资产和住房状况的基础上发现，新社会阶层受访者的家庭资产中财产性收入的占比较大，受访者对家庭收支情况较为熟悉，表现出较高的金融素养；新社会阶层受访者的家庭金融资产较多，其中包含了较多的住房资产；同时，新社会阶层受访者总体上对住房品质较为满意，对全面征收房产税的态度较为积极。上述发现有助于我们掌握新社会阶层的金融状况和金融需求，从而为更好地提升他们的获得感、幸福感和安全感提供经验支持。

第四章
新社会阶层的生活方式、休闲方式与消费

刘　琳

在一定的社会结构中，社会成员会呈现特定的生活方式及行为模式，从而，生活方式成为划分社会地位群体的主要维度（韦伯，1997）。换言之，通过观察社会群体在生活方式方面的差异，可以看出社会群体的社会阶层地位。符号消费论认为，消费是消费者进行意义建构、趣味区分和阶层区隔的再生产过程，是操纵符号、表现符号价值的过程。因此，生活方式和消费模式逐渐成为建构身份、区分社会阶层的重要标志（李路路、李升，2007）。那么，新社会阶层的消费行为与消费方式呈现怎样的特征呢？

“体制外白领”的概念大致勾勒出新社会阶层的群体地位，但是针对这一群体消费特征的研究仍然有待进一步深入。新社会阶层普遍以受教育程度较高的青壮年为主，有较强的经济活动能力，一般从事知识型、脑力型劳动，具有较高的素质和职业水平，其经济地位属于中等收入阶层[①]（严飞，2021）。因此，新社会阶层的消费特征很可能与中产阶层一致。但是，朱迪（2018b）指出，白领群体内部分化较为明显，一部分白领虽然职业地位较高，但因受到收入水平的限制而无法跻身中产阶层。中产家庭的生活质量更高，对于文化娱乐和耐用品消费的欲望也较高，消费升级的趋势最先出现于中产阶层，之后逐渐向中低阶层扩散。那么，作为体制外白领，新社会阶层的消费特征也很有可能与中产阶层存在一定的差异。

---

① 本章引用文献中所提及的“中等收入阶层”“新中间阶层”“中等收入群体”等概念与“中产阶层”同义。

回顾已有的研究，学界对于中产阶层的消费特征形成了一些基本的结论：中产阶层是最具消费激情的社会阶层（托克维尔，2013），表现出消费“前卫”的特征（周晓虹，2002）。作为消费观念上的享乐主义者、社会阶梯上的地位追求者、生活方式上的品位制造者，中产阶层总是以其独有的消费激情和令人瞩目的前卫角色，在社会发展与时尚兴替中执着地寻求自我表现与社会认同的空间，他们是地地道道的竞赛者和表演者（西美尔，2001）。在社会大众和传媒的眼中，中产阶层是一群有钱、有闲、有情调的优雅人士，是时尚与格调的代名词。中产阶层成为物质享受与幸福生活的表征，成为消费社会的英雄和大众的梦想（王建平，2008）。我国中产阶层有较大的消费潜力，他们的消费行为与消费理念呈现个性化与理性化特征，消费结构逐渐从生存必需型转向享受型、发展型，消费具有不断增多的投资成分，购房购车、教育培训、出国旅游、娱乐健身的支出越来越多（王建平，2008；张翼，2016）。新兴中产阶层的生活方式是“舒适但不奢华”，懂得享受生活及追求自我，追求生活品质及格调，注重时尚消费、品牌消费、文化消费、品味消费、休闲消费及享受型消费，看重物质条件及健康保健，关注环境保护及食品安全，休闲活动趋向多元化（代丹丹等，2016；刘佳玉、杨瑞，2020）。

新社会阶层的消费是否也会呈现上述特征呢？本章将从生活方式、休闲方式和消费三个方面，对新社会阶层的消费行为与消费特征进行分析，并与已有的中产阶层研究结果进行比较。

一　新社会阶层的生活方式

福塞尔（1998）认为，不同的阶层有不同的生活方式，生活品味与格调已经成为美国社会阶层最好的标识，这种阶层的区隔表现得如此鲜明，以至于一个人的阶层可以通过生活中的每个细节，尤其是消费（如去哪里吃饭、喝什么酒、参加什么派对、如何度过周末、如何旅游等）表现出来，真正的格调超然于等级之外。布迪厄的代表作《区分：鉴赏判断的社会批判》的中心观点就是：人们在日常消费中的文化实践，从饮食、服饰、身体，直至音乐、绘画、文学等的鉴赏趣味，都表现和证明了行动者在社会中所处的位置和等级（参见罗钢，2003：39）。人们在日常生活中的思想、行为所带有的特定倾向即惯习，可以将一个人的客观社会地位和其生活风格（life style）联系起来，惯习的产生过程也就是阶层形成的过程。经济资本和文化资本决定了人们的生活方式，而特定生活方式又塑造了阶层（周长城、王妙，2021）。陆学艺（2004）指出，新中间阶层强调生活格调和生活品位，上层社会的生活方式和行为方式是其追求的目标。本部分将通过饮食、健康和出行三个方面来探究新社会阶层的生活方式特征。

（一）注重食材购买渠道和食品的营养成分

新社会阶层受访者对饮食的注重程度处于中间水平，低于体制内人员受访者和私营企业主受访者，但高于个体工商户受访者和其他人员受访者。体制内人员受访者经常去大型超市购买食材的比例最高（65.73%），其后依次为私营企业主受访者（64.47%）、新社会阶层受访者（63.64%）、个体工商户受访者（58.82%），其他人员受访者（55.20%）最低。卡方检验结果显示，不同群体受访者间存在显著的差异［Pearson chi2（4）=45.27，$p<0.001$］。对于食品的营养成分，76.32%的私营企业主受访者表示会留意，体制内人员受访者（62.16%）、新社会阶层受访者（61.43%）和个体工商户受访者（61.34%）表示会留意的比例较为接近，而其他人员受访者表示会留意的比例最低，仅为50.66%。不同群体受访者留意食品营养成分的比例存在显著的差异［Pearson chi2（4）=66.63，$p<0.001$］。

新社会阶层受访者内部的四类职业群体在饮食习惯方面也表现出了一定的差异性。民营企业和外商投资企业管理技术人员受访者经常去大型超市购买食材的比例较高（68.07%），其留意食品的营养成分的比例在四类职业群体中是最高的（63.65%）。中介组织和社会组织从业人员受访者在经常去大型超市购买食材（54.10%）、留意食品的营养成分（58.74%）两方面的比例都是四类职业群体中最低的。自由职业人员受访者经常去大型超市购买食材的比例在四类职业群体中是最高的（68.91%），其留意食品的营养成分的比例处于中间水平（61.34%）。新媒体从业人员受访者在经常去大型超市购买食材（65.67%）和留意食品的营养成分（61.61%）两个方面的比例皆处于中间水平。

受教育程度是影响新社会阶层受访者饮食习惯的重要因素。从表4-1中可以看出，受教育程度越高的新社会阶层受访者经常去大型超市采购食材的比例越高，大学本科学历和研究生学历的新社会阶层受访者留意食品的营养成分的比例高于大专以下学历和大学专科学历的新社会阶层受访者。根据卡方检验结果可知，受教育程度对新社会阶层受访者是否经常去大型超市购买食材和是否留意食品的营养成分都有显著的影响。

表4-1　不同受教育程度的特大城市新社会阶层受访者在购买食材和留意食品的营养成分方面的习惯

单位：%

受教育程度	经常去大型超市购买食材	*N*	留意食品的营养成分	*N*
大专以下	56.97	495	53.63	496
大学专科	67.73	282	63.12	282
大学本科	67.97	409	69.44	409
研究生	69.70	66	65.15	66
平均	63.66	1252	61.53	1253
卡方检验	Pearson chi2 (3) = 15.92 $p = 0.001$		Pearson chi2 (3) = 24.55 $p = 0.000$	

（二）定期进行体检，关注健康方面的信息

新社会阶层受访者定期进行体检的比例（62.10%）仅低于体制内人员受访者（74.36%），高于私营企业主受访者（60.53%）、个体工商户受访者（42.86%）和其他人员受访者（44.98%）。对于体制内人员而言，单位一般会将每年的体检作为员工的福利项目，因此，体制内人员定期进行体检的比例高很可能是单位性质导致的结果。但是，在很多体制外从业人员没有单位，或者单位不提供体检的情况下，定期进行体检可被视为体

制外从业人员重视健康的表现。卡方检验结果显示，不同群体受访者在定期进行体检方面存在显著的差异［Pearson chi2（4）=342.63，$p<0.001$］。新社会阶层受访者（66.93%）注意收集健康方面的信息的比例低于私营企业主受访者（76.32%）和体制内人员受访者（70.55%），但高于个体工商户受访者（60.50%）和其他人员受访者（56.39%），不同群体受访者间存在显著差异［Pearson chi2（4）=87.21，$p<0.001$］。在经常食用保健品方面，私营企业主受访者的比例最高（30.26%），其后依次为体制内人员受访者（20.70%）、新社会阶层受访者（20.11%）、个体工商户受访者（17.65%）和其他人员受访者（15.61%）。卡方检验结果显示，不同群体受访者在经常食用保健品方面存在显著差异［Pearson chi2（4）=23.20，$p<0.001$］。

在新社会阶层受访者的四类职业群体中，民营企业和外商投资企业管理技术人员受访者定期进行体检的比例是最高的（69.55%），注意收集健康方面的信息的比例也较高（68.12%），但经常食用保健品的比例是最低的（17.98%）。中介组织和社会组织从业人员受访者定期进行体检（48.36%）和注意收集健康方面的信息的比例（63.11%）都是四类职业群体中最低的，但经常食用保健品的比例为22.25%，处于四类职业群体的中间水平。自由职业人员受访者定期进行体检的比例较低（50.00%），但注意收集健康方面的信息（71.43%）和经常食用保健品（28.57%）的比例在四类职业群体中都是最高的。新媒体从业人员受访者定期进行体检的比例较高（69.23%），仅低于民营企业和外商投资企业管理技术人员受访者，注意收集健康方面的信息（65.67%）和经常食用保健品（22.62%）的比例在四类职业群体中都处于中间水平。

受教育程度是影响新社会阶层受访者定期进行体检和注意收集健康方面的信息的重要因素。根据表4-2的结果，受教育程度越高的新社会阶层受访者定期进行体检的比例越高；卡方检验结果也表明，受教育程度对新社会阶层受访者定期进行体检发挥着非常重要的作用。新社会阶层受访者的受教育程度与注意收集健康方面的信息的比例大致呈现正相关，研究生学历的新社会阶层受访者注意收集健康方面的信息的比例最高，大专以下学历的新社会阶层受访者的比例最低，但是大学专科学历的新社会阶层受访者注意收集健康方面的信息的比例高于大学本科学历的新社会阶层受访者，并且卡方检验结果也证明了受教育程度的显著影响。在经常食用保健品方面，新社会阶层受访者的四类职业群体的比例都在20%左右，并未表现出显著的差异。另外，五大城市群的新社会阶层受访者在定期进行体检方面存在显著的差异［Pearson chi2（4）=46.86，$p<0.001$］，但在注意收集健康方面的信息和经常食用保健品方面并未呈现显著差异。长三角城市群的新社会阶层受访者定期进行体检的比例最高（72.70%），其次依次是珠三角城市群（66.67%）的新社会阶层受访者和京津冀城市群的新社会阶层受访者（66.51%），长江中游城市群的新社会阶层受访者（55.64%）和成渝城市群（46.26%）的新社会阶层受访者的比例低于平均水平（62.10%）。

表4－2　不同受教育程度的特大城市新社会阶层受访者的健康习惯

单位：%

受教育程度	定期进行体检	*N*	注意收集健康方面的信息	*N*	经常食用保健品	*N*
大专以下	48.99	496	62.10	496	21.66	494
大学专科	65.72	283	73.21	280	21.28	282
大学本科	73.11	409	66.91	408	17.60	409
研究生	75.76	66	75.76	66	19.70	66
平均	62.04	1254	66.88	1，250	20.14	1251
卡方检验	Pearson chi2（3）=64.03 $p=0.000$		Pearson chi2（3）=12.54 $p=0.006$		Pearson chi2（3）=2.58 $p=0.461$	

（三）互联共享，低碳出行

共享单车和共享汽车等低碳、绿色的共享出行方式已经逐渐成为人们的日常出行方式，本次调查中询问了受访者共享出行（如使用共享单车和共享汽车等）的频率。根据表4－3的结果，新社会阶层受访者是共享出行频率最高的群体，“几乎每天”（11.03%）、“一周多次”（16.47%）和“一月几次”（21.10%）“一年几次”（14.95%）的比例都是最高的。卡方检验结果显示，不同群体受访者共享出行的频率存在显著差异。值得注意的是，新社会阶层受访者拥有私家车的比例较高（55.72%），低于私营企业主受访者（81.58%）和个体工商户受访者（61.34%），显著地高于体制内人员受访者（44.50%）和其他人员受访者（44.10%）[Pearson chi2（4）=92.28，$p<0.001$]。该结果说明，新社会阶层受访者并不是因为没有私家车而被动地选择共享出行的方式，共享出行更可能是其主动选择的结果。

表4-3 特大城市不同群体受访者共享出行的频率

单位：%

不同群体	几乎每天	一周多次	一月几次	一年几次	从不	*N*
体制内人员	7.77	11.44	14.16	11.93	54.70	2020
新社会阶层	11.03	16.47	21.10	14.95	36.45	1251
私营企业主	6.58	13.16	19.74	11.84	48.68	76
个体工商户	5.04	7.56	17.65	10.93	58.82	119
其他人员	6.38	10.81	16.19	11.50	55.12	1600
平均	8.05	12.42	16.68	12.51	50.34	5066
Pearson chi2（16）=140.5707				$p=0.000$		

由表4-4可知，在新社会阶层受访者内部，新媒体从业人员受访者是共享出行频率最高的群体，民营企业和外商投资企业管理技术人员受访者次之，自由职业人员受访者再次之，中介组织和社会组织从业人员受访者的使用频率最低。在私家车拥有方面，中介组织和社会组织从业人员受访者（56.99%）以及民营企业和外商投资企业管理技术人员受访者（56.65%）的私家车拥有率较高，新媒体从业人员受访者的私家车拥有率（53.87%）也超过半数，自由职业人员受访者的私家车拥有率最低（41.18%）。由此可知，民营企业和外商投资企业管理技术人员受访者和新

媒体从业人员受访者更可能是主动选择低碳环保的共享出行方式，表现出较强的低碳环保意识。

表 4-4　特大城市新社会阶层受访者共享出行的频率

单位：%

新社会阶层	几乎每天	一周多次	一月几次	一年几次	从不	N
民营企业和外商投资企业管理技术人员	12.75	18.40	22.99	17.61	28.25	761
中介组织和社会组织从业人员	9.34	11.81	16.48	12.64	49.73	364
自由职业人员	7.56	19.33	18.49	5.88	48.74	119
新媒体从业人员	16.12	19.10	21.79	16.12	26.87	335

年龄和受教育程度是影响新社会阶层受访者共享出行频率的重要因素。共享出行要基于网络技术才能实现，“数字鸿沟”是否在以中青年为主体的新社会阶层受访者中依然存在呢？本章将 40 岁以下的受访者划为“青年”，将 40～59 岁的受访者划为“中年”，将 60 岁及以上的受访者划为“老年”，在新社会阶层受访者中，老年群体仅占 5.60%。表 4-5 的结果显示，不同年龄组的新社会阶层受访者确实在共享出行频率方面存在显著差异，新社会阶层受访者中 85.70% 的老年受访者从不共享出行，“数字鸿沟”依然存在；青年群体是共享出行的主要践行者，新社会阶层受访者中的青年受访者“几乎每天”共享出行的比例（14.03%）高于中年受访者（7.49%），新社会阶层受访者中的青年受访者“一周多次”共享出行的比例（18.98%）也高于中年受访者（14.54%）。不同受教育程度的新社会阶层受访者在共享出行的频率上存在显著差异，受教育程度越高的新社会阶层受访者“几乎每天”和“一周多次”共享出行的比例都越高，新社会阶层受访者的受教育程度与其共享出行的频率呈现正相关。新社会阶层以中青年群体为主，但其中的老年群体还是会遇到“数字鸿沟”的问题，新社会阶层中的青年群体和受教育程度较高的群体是共享出行的主要践行者。

表4－5 不同年龄组和不同受教育程度的特大城市新社会阶层受访者共享出行的频率

单位：%

年龄组	几乎每天	一周多次	一月几次	一年几次	从不	N
青年	14.03	18.98	23.66	18.71	24.62	727
中年	7.49	14.54	19.60	10.57	47.80	454
老年	2.86	2.86	4.29	4.29	85.70	70
平均	11.03	16.47	21.10	14.95	36.45	1251
Pearson chi2 (8) = 147.6995 $p = 0.000$						
受教育程度	几乎每天	一周多次	一月几次	一年几次	从不	N
大专以下	7.71	11.56	16.02	9.74	54.97	493
大学专科	11.31	15.90	23.68	18.37	30.74	283
大学本科	13.48	21.32	25.00	18.88	21.32	408
研究生	20.00	24.62	23.08	15.38	16.92	65
平均	11.05	16.41	21.06	14.97	36.51	1249
Pearson chi2 (12) = 134.2209 $p = 0.000$						

二 新社会阶层的休闲方式

一般而言，中产阶层或社会上层能够基于所占有的财产享受闲暇，能够在“有闲”的时候进行娱乐或消费等非生产性活动，“炫耀性有闲”也被视为标识优势社会阶层地位的重要因素（凡勃伦，2007）。卢春天、成功（2014）发现，无论是从主观分层还是从客观分层来看，当代中国城市居民的闲暇活动存在阶层化趋势。胡荣、沈珊（2018）指出，消费观念和生活休闲方式的阶层分化已经成为中产阶层界定自身社会阶层属性的重要因素。朱迪（2013a）的研究发现，中产阶层广泛参与各类休闲活动，并且花费较高、较现代的休闲活动的参与比例基本上也是最高的，22%的人运动健身，20%的人外出旅游，体现了他们拥有较丰裕的经济资源以及充实生活、享受生活的消费欲望。杨城晨等（2020）发现，旅游、健身等符号性消费支出能够增强新社会阶层和体制内中产阶层的地位认同。在市场经济背景下，以旅游、健身为代表的符号消费实践成了包括新社会阶层在内的中产阶层显示自我身份、体现地位区分的重要策略。本部分将从国内外旅游经历、经常参加的运动项目和健身或运动的次数三个方面来分析新社会阶层的休闲方式。

（一）国内外旅游经历较为丰富

王宁（1999）指出，现代性与市场化促进了旅游的蓬勃发展，旅游成了人们对可支配收入和闲暇时间增加的一种“庆祝”，反映了旅游者的享乐性与闲暇性。大城市消费者对多种形式的旅游显示出越来越高的热情，根据在北京的田野调查，去国内外度假基本上是中产阶层在假期中最喜欢的消费方式（朱迪，2013b）。本研究通过考察过去五年中，新社会阶层受访者旅游去过的国内城市数量和国外国家数量来分析其旅游休闲情况。图4-1中的柱状图表示均值，而对应的误差线范围为“均值±标准差”。在过去五年中，新社会阶层受访者平均去过国内（包括港澳台）3.72个城市旅游，平均旅游去过的国内城市数量仅少于私营企业主受访者（均值为6.88个）。方差分析结果显示，特大城市不同群体受访者在旅游去过的国内城市数量方面存在显著的组间差异（$F=29.28$，$p<0.001$）。进一步使用Bonferroni法分析不同群组间的差异发现，过去五年中新社会阶层受访者与体制内人员受访者在国内旅游经历方面并无显著差异（$p=0.150>0.05$），但与私营企业主受访者（$p<0.001$）、个体工商户受访者（$p=0.039<0.05$）和其他人员受访者（$p<0.001$）都存在显著差异。在过去五年中，新社会阶层受访者平均去过国外0.82个国家旅游，旅游去过的国外国家数量也少于私营企业主受访者（均值为1.95个）和体制内人员受访者（均值为0.84个）。方差分析结果显示，不同群体受访者在旅游去过的国外国家数量方面也呈现显著的组间差异（$F=20.38$，$p<0.001$）。进一步使用Bonferroni法分析不同群组间的差异发现，新社会阶层受访者与体制内人员受访者（$p=1.000>0.05$）和个体工商户受访者（$p=0.708>0.05$）在国外旅游经历方面并无显著差异，但与私营企业主受访者（$p<0.001$）和其他人员受访者（$p<0.001$）都存在显著差异。可见，新社会阶层的国内外旅

游经历较为丰富，并且与体制外的部分群体存在显著的差异，旅游休闲可能是导致体制外不同群体间形成区隔的重要因素。

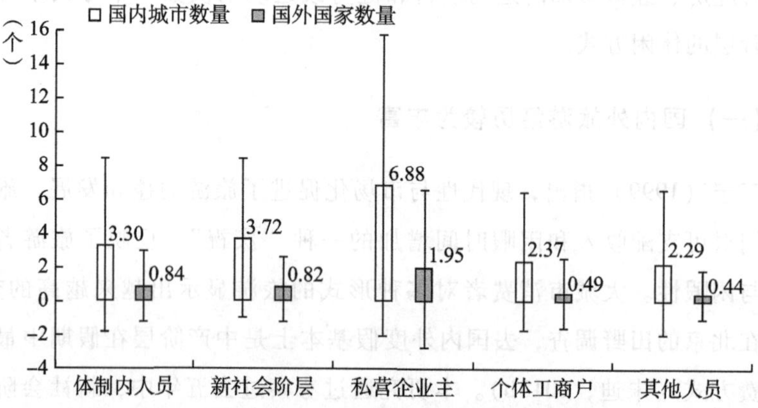

图 4-1　过去五年中特大城市不同群体受访者旅游去过的国内城市数量和国外国家数量

在新社会阶层受访者内部，新媒体从业人员受访者的旅游经历最丰富。在过去五年中，新媒体从业人员受访者平均去过 4.63 个国内城市旅游，民营企业和外商投资企业管理技术人员受访者次之（均值为 4.05 个），中介组织和社会组织从业人员受访者及自由职业人员受访者平均旅游去过的国内城市数量都不足 3 个。在国外旅游经历方面，新媒体从业人员受访者平均旅游去过的国外国家数量最多，为 1.22 个；民营企业和外商投资企业管理技术人员受访者次之，为 0.95 个；而中介组织和社会组织从业人员受访者及自由职业人员受访者平均旅游去过的国外国家数量都不到 0.50 个（见图 4-2）。因此，在新社会阶层的四类职业群体中，新媒体从业人员是最热衷于旅游休闲的群体。

不同城市群的新社会阶层受访者在旅游休闲方面表现出了一定的差异性。在国内旅游经历方面，过去五年中长三角城市群的新社会阶层受访者平均旅游去过的国内城市数量最多（均值为 4.93 个），长江中游城市群的新社会阶层受访者次之（均值为 3.73 个），成渝城市群的新社会阶层受访者平均旅游去过的国内城市数量最少，为 2.55 个。方差分析结果显示，各个城市群的新社会阶层受访者在旅游去过的国内城市数量方面存在显著的

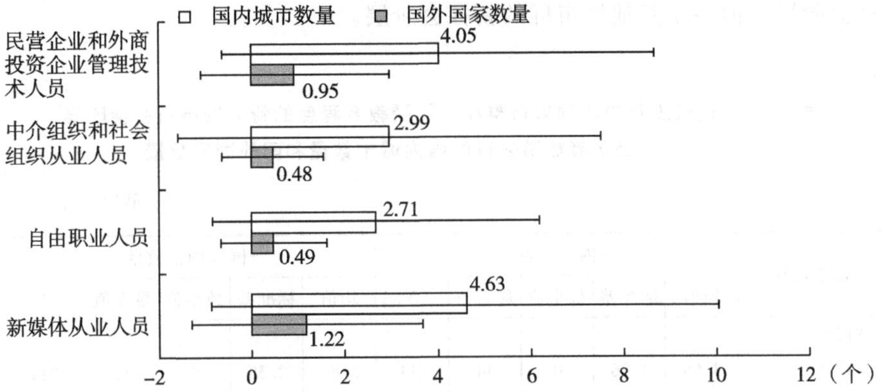

图 4－2　过去五年中特大城市新社会阶层受访者旅游去过的国内城市数量和国外国家数量

组间差异（$F=8.80$，$p<0.001$）。进一步使用 Bonferroni 法分析不同群组间的差异发现，过去五年中仅长三角城市群的新社会阶层受访者与京津冀城市群（$p=0.031<0.05$）、珠三角城市群（$p=0.001<0.05$）、长江中游城市群（$p=0.027<0.05$）和成渝城市群（$p<0.001$）四个城市群的新社会阶层受访者在国内旅游经历方面都存在显著的差异，将其他城市群的新社会阶层受访者进行群组间的两两比较未发现显著的差异。在国外旅游经历方面，过去五年中珠三角城市群、长三角城市群的新社会阶层受访者平均旅游去过的国外国家数量都超过了 1 个，而长江中游城市群和成渝城市群的新社会阶层受访者平均旅游去过的国外国家数量都不到 0.50 个（见表 4－6）。方差分析结果显示，各个城市群的新社会阶层受访者在国外旅游去过的国外国家数量方面存在显著的组间差异（$F=11.25$，$p<0.001$）。进一步使用 Bonferroni 法分析不同群组间的差异发现，长三角城市群的新社会阶层受访者与长江中游城市群（$p<0.001$）和成渝城市群（$p<0.001$）的新社会阶层受访者在国外旅游经历方面存在显著差异，珠三角城市群的新社会阶层受访者与长江中游城市群（$p<0.001$）和成渝城市群（$p<0.001$）的新社会阶层受访者也存在显著差异，将其他城市群的新社会阶层受访者进行群组间的两两比较未发现显著差异。由此可知，在五大城市群中，长三角城市群的新社会阶层在旅游休闲方面的表现最为突出，国内旅游经历显著地多于其他城市群的新社会阶层，国外旅游经历仅略少于珠三角城市群的新

社会阶层，但多于其他城市群的新社会阶层。

表4-6　过去五年中不同城市群和不同受教育程度的特大城市新社会阶层受访者旅游去过的国内城市数量和国外国家数量

单位：个

旅游经历	国内城市数量					国外国家数量				
	均值	标准差	最小值	最大值	*N*	均值	标准差	最小值	最大值	*N*
城市群										
京津冀	3.68	4.86	0	34	211	0.82	2.38	0	22	211
长三角	4.93	5.88	0	34	293	1.16	2.29	0	25	293
珠三角	3.38	3.78	0	25	265	1.18	1.66	0	10	264
长江中游	3.73	4.23	0	30	257	0.44	1.10	0	10	255
成渝	2.55	4.02	0	30	223	0.41	0.98	0	7	223
平均	3.72	4.71	0	34	1249	0.82	1.82	0	25	1246
受教育程度										
大专以下	2.25	3.34	0	30	495	0.36	0.98	0	5	493
大学专科	4.74	6.21	0	34	279	0.96	1.99	0	20	280
大学本科	4.51	4.40	0	34	407	1.06	1.58	0	10	405
研究生	5.53	5.29	0	30	66	2.29	4.40	0	25	66
平均	3.72	4.72	0	34	1247	0.82	1.82	0	25	1244

受教育程度对新社会阶层受访者的旅游休闲行为有显著的影响。受教育程度越高的新社会阶层受访者在过去五年中平均旅游去过的国内城市数量和国外国家数量都越多（见表4-6）。方差分析的结果显示，过去五年中不同受教育程度的新社会阶层受访者在平均旅游去过的国内城市数量（$F=29.34$，$p<0.001$）和国外国家数量（$F=29.50$，$p<0.001$）两个方面都存在显著的组间差异。进一步使用 Bonferroni 法分析不同群组间的差异发现，在国内旅游经历方面，过去五年中大专以下学历的新社会阶层受访者平均旅游去过的国内城市数量显著少于其他三个受教育程度的新社会阶层受访者，且都在1%的水平上显著，其他三个群体间都不存在显著差异。在国外旅游经历方面，大专以下学历的新社会阶层受访者平均旅游去过的国家数量显著少于其他三个受教育程度的新社会阶层受访者，且都在1%的水平上显著；研究生学历的新社会阶层受访者平均旅游去过的国家

数量显著多于其他三个受教育程度的新社会阶层受访者，且都在1%的水平上显著。可见，受教育程度越高的新社会阶层越会选择旅游的休闲方式，大专以下学历的新社会阶层在国内外旅游休闲方面都处于明显的劣势，研究生学历的新社会阶层在国外旅游经历方面的优势较为明显。

（二）平均1~2项经常参加的运动项目

参加各类运动项目也是休闲的重要方式之一。本次调查列举了8个具体的运动项目以及其他选项。从经常参加的运动项目数量看，体制内人员受访者（均值为1.34个）、新社会阶层受访者（均值为1.32个）和私营企业主受访者（均值为1.30个）的均值较为接近，其他人员受访者经常参加的运动项目数量较少（均值为1.22个），个体工商户受访者最少（均值为1.03个）。根据方差分析结果，新社会阶层受访者在经常参加的运动项目数量上与体制内人员受访者、私营企业主受访者和其他人员受访者并无显著的差异，仅显著地多于个体工商户受访者（$p=0.008<0.05$）。新社会阶层受访者没有经常参加的运动项目的比例仅为14.32%，换言之，85.68%的新社会阶层受访者有经常参加的运动项目。

Small（2010）指出，跑步从20世纪开始就作为一种亚文化，经历了从作为少数人的追求到有利可图的产业再到高度流行的运动的转变。由爱燃烧发起，新浪微博、Keep、果动科技联合发布的《2019中国跑者调查报告》指出，跑者平均年龄为34.7岁，学历以大学（含大专）居多（68.3%），研究生占13.9%；主要来自政府/公共管理行业、制造业/仪表设备、IT/互联网、教育培训和房地产/建筑行业，人均收入12万元，远高于2018年全国城镇单位就业人员平均工资（82413元）（爱燃烧等，2019）。李春玲（2016）指出，从事白领职业、拥有大专以上学历和收入高于平均水平是确定国内中产阶层身份的客观标准。根据此标准可知，大多数跑者属于中产阶层范畴。换言之，跑步已成为中产阶层钟爱的运动休闲方式之一。本研究结果显示，不同群体受访者经常参加散步、长跑、慢跑和登山等运动的平均比例最高，平均为74.58%，其中新社会阶层受访者的平均参加比例较高（72.61%），位居第二（见图4-3）。卡方检验结果显示，不同群

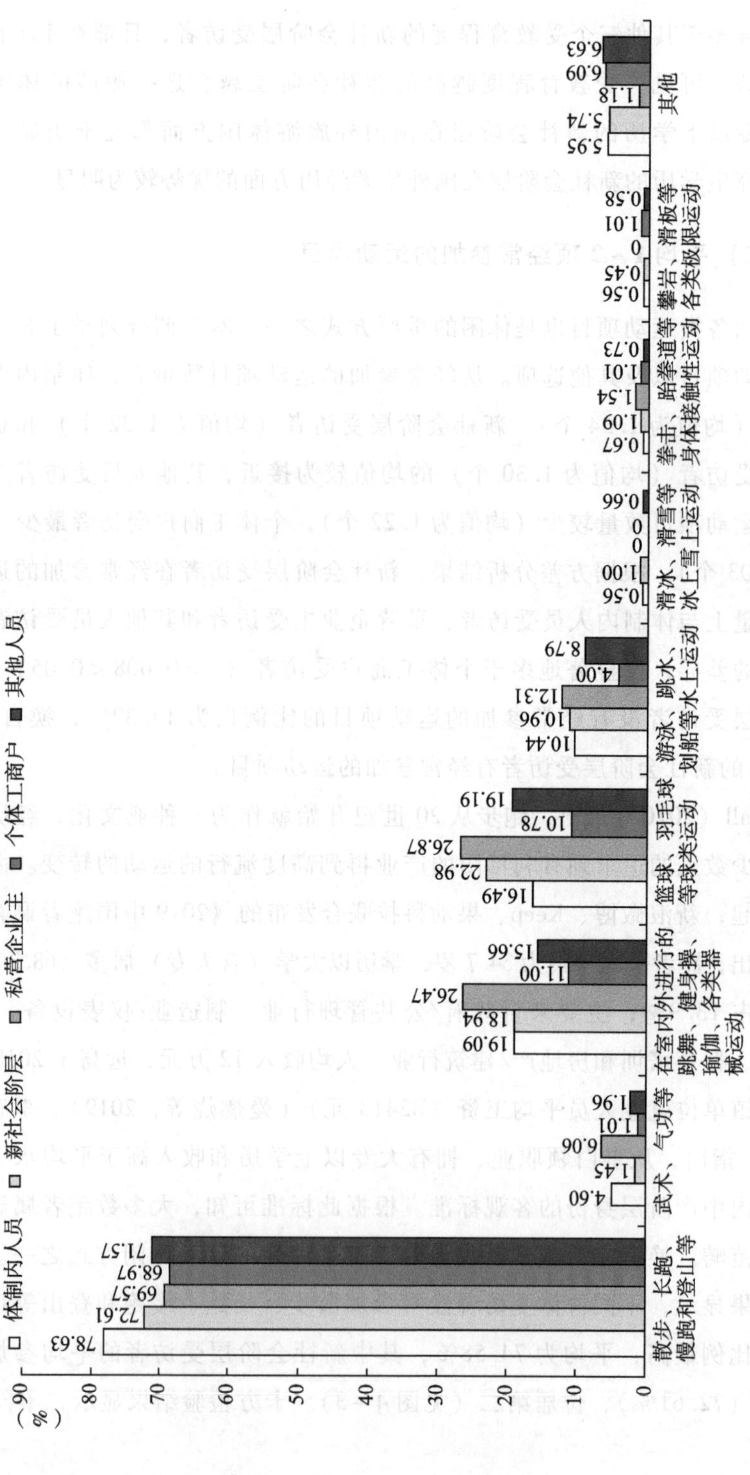

图4-3 特大城市不同群体受访者经常参加的运动项目

体受访者在经常参加散步、长跑、慢跑和登山等运动方面存在显著差异［Pearson chi2（4）=29.76，$p<0.001$］。从这个角度来说，新社会阶层受访者在运动休闲方式上与中产阶层的特征一致。

在其他运动项目上，不同群体受访者经常参加篮球、羽毛球等球类运动的平均比例为18.98%，其中新社会阶层受访者的平均参加比例较高（22.98%），仅低于私营企业主受访者（26.87%）。卡方检验结果显示，不同群体受访者在经常参加篮球、羽毛球等球类运动方面存在显著差异［Pearson chi2（4）=26.24，$p<0.001$］。不同群体受访者经常参加在室内外进行的跳舞、健身操、瑜伽、各类器械运动的平均比例为17.92%，其中新社会阶层受访者的平均参加比例较高（18.94%），仅低于私营企业主受访者（26.47%）和体制内人员受访者（19.09%）。卡方检验结果显示，不同群体受访者在经常参加在室内外进行的跳舞、健身操、瑜伽、各类器械运动方面存在显著差异［Pearson chi2（4）=14.01，$p=0.007<0.01$］。不同群体受访者经常参加游泳、跳水、划船等水上运动的平均比例为9.94%，其中新社会阶层受访者的平均参加比例较高（10.96%），仅低于私营企业主受访者（12.31%）。卡方检验结果显示，不同群体受访者在经常参加游泳、跳水、划船等水上运动方面不存在显著差异［Pearson chi2（4）=8.22，$p=0.084>0.05$］。不同群体受访者经常参加武术、气功等的平均比例为2.94%，其中新社会阶层受访者的平均参加比例较低（1.45%），仅高于个体工商户受访者（1.01%）。卡方检验结果显示，不同群体受访者在经常参加武术、气功等方面存在显著差异［Pearson chi2（4）=34.19，$p<0.001$］。不同群体受访者经常参加其他三类运动项目（滑冰、滑雪等冰上雪上运动，拳击、跆拳道等身体接触性运动，以及攀岩、滑板等各类极限运动）的平均比例都在1%以下，且卡方检验结果显示不同群体受访者间不存在显著差异。在后续的分析中，本研究仅关注受访者平均参加比例较高的四类运动项目。

在新社会阶层受访者内部，新媒体从业人员受访者经常参加的运动项目数量最多（均值为1.40个，标准差为0.89），民营企业和外商投资企业管理技术人员受访者次之（均值为1.38个，标准差为0.90），中介组织和社会组织从业人员受访者再次之（均值为1.25个，标准差为0.96），自由职业人员受访者最少（均值为1.18个，标准差为0.90）。在具体运动项目上，新媒体从业人员受访者经常参加散步、长跑、慢跑和登山等运动的平均比例（67.69%）最低，但经常参加篮球、羽毛球等球类运动（30.36%），在室内外进行的跳舞、健身操、瑜伽、各类器械运动（21.31%）及游泳、跳水、划船等水上运动（15.58%）的平均比例都是四类职业群体中最高的。民营企业和外商投资企业管理技术人员受访者经常参加散步、长跑、慢跑和登山等运动的平均比例（75.00%）最高，经常参加篮球、羽毛球等球类运动（26.49%），在室内外进行的跳舞、健身操、瑜伽、各类器械运动（19.71%）及游泳、跳水、划船等水上运动（12.46%）的平均比例都位列第二（见图4-4）。由此可知，民营企业和外商投资企业管理技术人员受访者和新媒体从业人员受访者是运动休闲的爱好者。

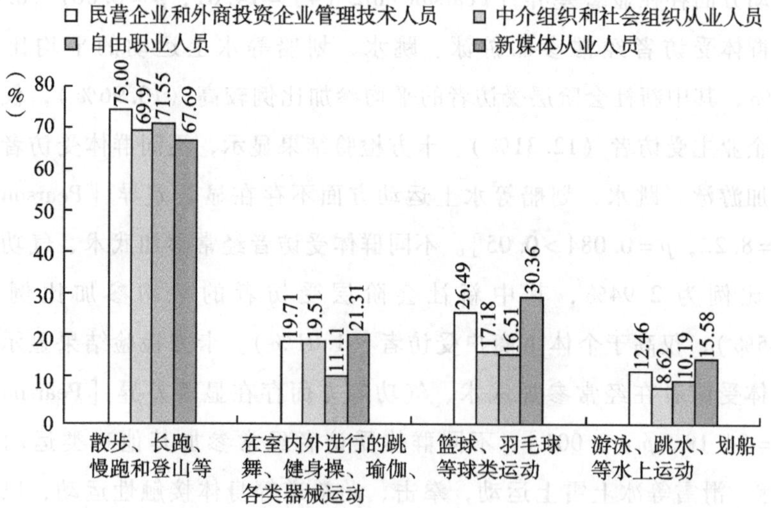

图4-4 特大城市新社会阶层受访者经常参加的运动项目

从受教育程度来看新社会阶层受访者经常参加的运动项目数量，不难发现，受教育程度越高的新社会阶层受访者经常参加的运动项目数量均值越大，大专以下学历的新社会阶层受访者平均经常参加1.14个运动项目（标准差为0.88），大学专科学历的新社会阶层受访者平均经常参加1.35个运动项目（标准差为0.94），大学本科和研究生学历的新社会阶层受访者经常参加的运动项目数量均值相等，都为1.49个，标准差分别为0.91和0.94。方差分析结果显示，不同受教育程度的新社会阶层受访者在经常参加的运动项目数量上存在显著的组间差异（$F=12.35$，$p<0.001$）。进一步使用Bonferroni法分析不同群组间的差异发现，大专以下学历的新社会阶层受访者与大学专科学历的新社会阶层受访者（$p=0.008<0.05$）、大学本科学历的新社会阶层受访者（$p<0.001$）和研究生学历的新社会阶层受访者（$p=0.016<0.05$）在经常参加的运动项目数量方面均存在显著的差异，但其他三类学历的新社会阶层受访者之间都不存在显著的差异。因此，运动休闲的学历群体“区隔线”在大学专科学历处，大专以下学历的新社会阶层受访者平均经常参加的运动项目数量显著少于其他高学历新社会阶层受访者。

关于不同受教育程度的新社会阶层受访者经常参加的运动项目，卡方检验结果显示，受教育程度会显著地影响新社会阶层受访者是否经常参加在室内外进行的跳舞、健身操、瑜伽、各类器械运动［Pearson chi2（3）=12.43，$p=0.006<0.05$］，篮球、羽毛球等球类运动［Pearson chi2（3）=53.58，$p<0.001$］以及游泳、跳水、划船等水上运动［Pearson chi2（3）=19.57，$p<0.001$］，但对于新社会阶层受访者是否经常参加散步、长跑、慢跑和登山等运动并没有显著影响［Pearson chi2（3）=1.10，$p=0.778>0.05$］。如图4-5所示，对于篮球、羽毛球等球类运动，受教育程度越高

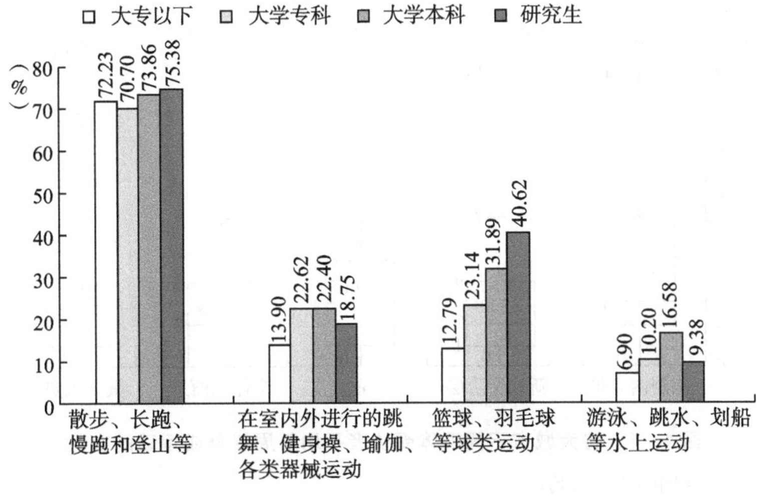

图4-5　不同受教育程度的特大城市新社会阶层受访者经常参加的运动项目

的新社会阶层受访者的平均参加比例也越高。但是，对于在室内外进行的跳舞、健身操、瑜伽、各类器械运动和游泳、跳水、划船等水上运动，新社会阶层受访者的平均参加比例呈“倒 U”形。

（三）健身或运动次数较少

健身作为一种独特的消费实践，促使实践者在追求地位区分的同时，生成了符号操持、时间消费、道德炫耀和自我书写的独特过程（唐军、谢子龙，2019）。图 4-6 是特大城市不同群体受访者每周健身或运动次数的箱形图。从分布情况来看，体制内人员受访者是平均每周健身或运动次数最多的群体（均值为 3.84 次，标准差为 2.68），新社会阶层受访者平均每周健身或运动的次数处于较低水平（均值为 2.88 次，标准差为 2.38），仅多于个体工商户受访者（均值为 2.58 次，标准差为 2.61）。方差分析结果显示，特大城市不同群体受访者在每周健身或运动的次数方面呈现显著的组间差异（$F = 30.32$，$p < 0.001$）。进一步使用 Bonferroni 法分析不同群组间的差异发现，新社会阶层受访者平均每周健身或运动的次数显著少于体制内人员受访者（$p < 0.001$）和其他人员受访者（$p = 0.001 < 0.05$）。综合前文结论可知，新社会阶层受访者经常参加的运动项目较多，平均有 1~2 项经常参加的运动项目，但每周健身或运动的次数却较少，平均每周 3 次左右。

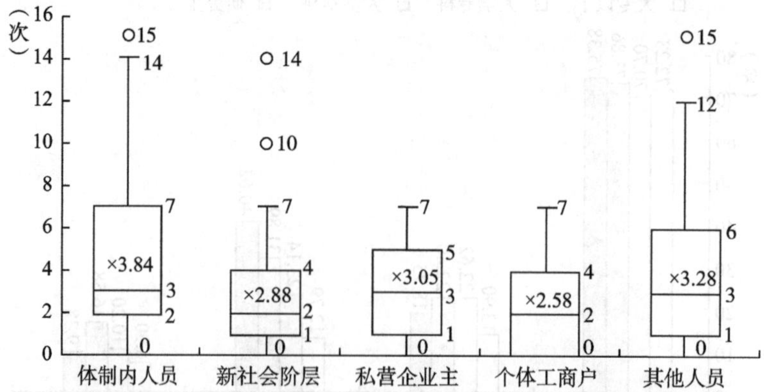

图 4-6　特大城市不同群体受访者平均每周健身或运动的次数

注：图中叉号表示均值。

在新社会阶层的不同职业群体中，民营企业和外商投资企业管理技术人员受访者与中介组织和社会组织从业人员受访者平均每周健身或运动的次数都是2.90次，但民营企业和外商投资企业管理技术人员受访者的标准差（2.27）小于中介组织和社会组织从业人员受访者（标准差为2.56）；自由职业人员受访者平均每周健身或运动的次数（均值为2.85次，标准差为2.54）次之；新媒体从业人员受访者（均值为2.77次，标准差为2.18）最少。可见，民营企业和外商投资企业管理技术人员是新社会阶层中平均每周健身或运动次数最多的群体，而新媒体从业人员是新社会阶层中平均每周健身或运动次数最少的群体。

年龄、婚姻状况和子女情况是影响新社会阶层受访者每周健身或运动次数的重要因素，但受教育程度并未对其发挥显著作用。方差分析结果显示，不同受教育程度的新社会阶层受访者在平均每周健身或运动的次数方面并未呈现显著的组间差异（$F=2.48$，$p=0.059>0.05$）。但是，不同年龄组的新社会阶层受访者间呈现显著的组间差异，新社会阶层受访者中的青年受访者平均每周健身或运动的次数最少，随着年龄的增长，平均每周健身或运动的次数均值也随之增加，新社会阶层受访者中的老年受访者平均每周健身或运动的次数达到了4.03次（见表4－7）。有配偶的新社会阶层受访者平均每周健身或运动的次数（2.97次）显著多于无配偶的新社会阶层受访者（2.62次），有子女的新社会阶层受访者平均每周健身或运动的次数（3.01次）也显著多于无子女的新社会阶层受访者（2.62次）。可见，年龄和子女情况对新社会阶层受访者平均每周健身或运动的次数有显著影响，但受教育程度和职业并未对新社会阶层受访者平均每周健身或运动的次数产生显著影响。

表4－7　不同年龄组、婚姻状况和子女情况的特大城市新社会阶层受访者平均每周健身或运动的次数

单位：次

年龄组	均值	标准差	最小值	最大值	*N*
青年	2.54	2.10	0	14	722

续表

年龄组	均值	标准差	最小值	最大值	N
中年	3.25	2.62	0	10	454
老年	4.03	2.70	0	7	68
平均	2.88	2.38	0	14	1244
方差分析	$F=21.65$　　Prob $>F=0.0000$				
婚姻状况	均值	标准差	最小值	最大值	N
无配偶	2.62	2.19	0	14	333
有配偶	2.97	2.43	0	10	904
平均	2.88	2.37	0	14	1237
t 检验	$t=-2.3248$　　Pr（$\|T\|>\|t\|$）= 0.0202				
子女情况	均值	标准差	最小值	最大值	N
无子女	2.62	2.05	0	14	383
有子女	3.01	2.51	0	10	839
平均	2.89	2.39	0	14	1222
t 检验	$t=-2.6789$　　Pr（$\|T\|>\|t\|$）= 0.0075				

三　新社会阶层的消费

“炫耀性消费”的概念使得凡勃伦被视为消费社会学研究的先驱，该概念是在“炫耀性闲暇”概念的基础上提出的，两者之间存在紧密的联系。凡勃伦曾指出：“关于明显有闲与明显消费发展情况的观察来看，两者同样具有博取荣誉的功用，尤其是两者共有的浪费这个因素。在前一情况下所浪费的是时间和精力，在后一情况下所浪费的是财物。两者都是表明拥有财富的方法，同时两者也习惯地被认为是一体的。”（凡勃伦，2007：98）“在准和平文化阶段，不论作为财富的直接说明还是礼仪标准的因素，有闲曾居于第一位，它所占有的地位都远在浪费性消费之上。从那个时期以后，消费的势力逐渐增进，到现在它无疑已占据首位。”（凡勃伦，2007：102）人们通过可量化的消费方式来衡量休闲生活的质量，对于有一定消费能力的新中间阶层而言，在有限的自由时间内，消费档次的高低和消费产品的多少成为他们衡量休闲生活质量的标准（郭力源、赵玲，2015）。朱迪（2018b）的研究发现，同中低阶层相比，中产阶层在衣着、购房首付及房贷、文化娱乐、旅游、耐用消费品方面的支出比例较高，高档家电、数码产品和汽车的拥有率显著更高。文化娱乐、旅游和耐用品消费属于典型的发展性消费，反映了中产阶层在发展性消费上有更强的消费欲望。本部分将从文化消费、私家车消费和奢侈品消费三个方面，对新社会阶层的消费行为及特征进行分析。

（一）文化消费支出是重要的支出项目

就家庭总支出而言，2018 年，特大城市新社会阶层受访者的平均家庭总支出为 251200.80 元（标准差为 1668084.00），仅低于私营企业主受访者（均值为 349244.20 元，标准差为 462083.10），高于体制内人员受访者（均值为 201210.70 元，标准差为 1635819.00）、个体工商户受访者（均值为 167991.50 元，标准差为 324380.20）和其他人员受访者（均值为 142738.70 元，标准差为 707330.30），并且远高于总体平均水平（均值为 196816.80 元，标准差为 1385260.00）。根据方差分析的结果，新社会阶层受访者仅与其他人员受访者存在显著的差异（$p = 0.036 < 0.05$）。图 4 - 7 显示，在

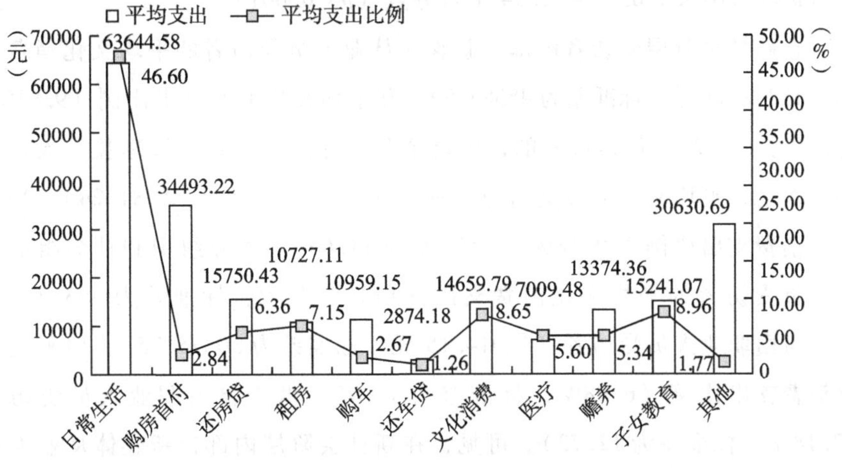

图 4 - 7　2018 年特大城市新社会阶层受访者各项家庭消费的平均支出及平均支出比例

2018 年特大城市新社会阶层受访者的各项家庭消费支出中，平均日常生活消费支出最高（63644.58 元），且支出占比也最高（46.60%）。除日常生活消费支出外，平均文化消费支出（14659.79 元）低于购房首付、还房贷和子女教育三类支出，但是文化消费支出的平均比例（8.65%）仅略低于子女教育支出。由此可知，文化消费在新社会阶层受访者的消费结构中占有重要的位置。

从文化消费支出的方差分析结果来看，无论是消费支出（$F = 40.91$，$p < 0.001$），还是消费支出比例（$F = 30.41$，$p < 0.001$），不同群体受访者间存在显著的组间差异。新社会阶层受访者的平均文化消费支出（均值为 14659.79 元，标准差为 35090.30）比体制内人员受访者高 3528.01 元（$p < 0.001$），比个体工商户受访者高 7169.22 元（$p = 0.001 < 0.05$），比其他人员受访者高 6194.98 元（$p < 0.001$），比私营企业主受访者低 15111.83 元（$p < 0.001$）。新社会阶层受访者的平均文化消费支出比例（8.65%，标准差为 11.77）处于中间水平，比私营企业主受访者和体制内人员受访者分别低 2.05 个百分点（$p = 0.303 > 0.05$）和 0.15 个百分点（$p = 1.000 > 0.05$），但差异并不显著。新社会阶层受访者的平均文化消费支出比例与个体工商户受访者和其他人员受访者都存在显著差异，分别高 3.29 个百分点（$p = 0.001 < 0.05$）和 2.54 个百分点（$p < 0.001$）。

在新社会阶层受访者内部，新媒体从业人员受访者的平均文化消费支出（18837.42 元，标准差为 48584.59）和平均文化消费支出比例（9.88%，标准差为 12.96）都是最高的；民营企业和外商投资企业管理技术人员受访者次之，平均文化消费支出为 14904.46 元（标准差为 25281.24），平均文化消费支出比例为 9.48%（标准差为 11.65）；中介组织和社会组织从业人员受访者的平均文化消费支出（14047.68 元，标准差为 49317.31）高于自由职业人员受访者（12014.15 元，标准差为 30375.75），但平均文化消费支出比例（6.98%，标准差为 10.92）低于自由职业人员受访者（7.18%，标准差为 12.73）。可见，在新社会阶层内部，新媒体从业人员与民营企业和外商投资企业管理技术人员是文化消费的主力军。

由图 4－8 可知，受教育程度越高的新社会阶层受访者，其平均文化消费支出水平也随之上升，研究生学历的新社会阶层受访者在2018年的平均文化消费支出达到了25410.59元（标准差为30903.76）。方差分析结果显示，不同受教育程度的新社会阶层受访者的平均文化消费支出存在显著的组间差异（$F=26.23$，$p<0.001$）。进一步使用Bonferroni法分析不同群组间的差异发现，除了研究生学历的新社会阶层受访者与大学本科学历的新社会阶层之间不存在显著的差异（$p=1.000>0.05$）外，将其他受教育程度的新社会阶层受访者两两比较都发现了显著的差异。在平均文化消费支出比例方面，方差分析结果显示，不同受教育程度的新社会阶层受访者的平均文化消费支出比例存在显著的组间差异（$F=26.13$，$p<0.001$），受教育程度对新社会阶层受访者的平均文化消费支出比例有显著的正向影响，但是研究生学历的新社会阶层受访者的平均文化消费支出比例（10.75%，标准差为11.23）略低于大学本科学历的新社会阶层受访者（11.29%，标准差为13.54），进一步Bonferroni分析发现，大学本科学历的新社会阶层受访者与研究生学历的新社会阶层受访者（$p=1.000>0.05$）之间并未呈现显著的差异。由此可知，受教育程度对新社会阶层受访者的平均文化消费支出及支出比例都有显著的正向影响。

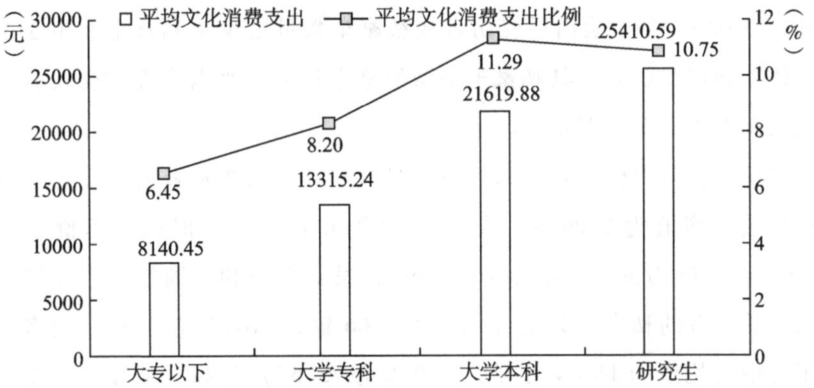

图4-8 2018年不同受教育程度特大城市新社会阶层受访者的平均文化消费支出及支出比例

（二）私家车消费水平较高

就私家车的数量而言，新社会阶层受访者平均占有0.67辆私家车（标准差为0.69），少于私营企业主受访者（均值为1.16辆，标准差为0.95）和个体工商户受访者（均值为0.71辆，标准差为0.68），但多于体制内人员受访者（均值为0.53辆，标准差为0.72）和其他人员受访者（均值为0.53辆，标准差为0.87）。方差分析结果显示，特大城市不同群体受访者之间存在显著的组间差异（$F=19.68$，$p<0.001$）。进一步使用Bonferroni法分析不同群组间的差异发现，新社会阶层受访者与体制内人员受访者、私营企业主受访者和其他人员受访者之间都存在显著的差异（$ps<0.001$）。在私家车价格方面，结果显示，新社会阶层受访者家中私家车的平均价格为15.20万元（标准差为60.51），仅低于私营企业主受访者（均值为29.39万元，标准差为39.55），高于个体工商户受访者（均值为12.50万元，标准差为16.89）和其他人员受访者（均值为11.27万元，标准差为54.24），体制内人员受访者（均值为9.87元，标准差为16.52）最低。方差分析结果显示，特大城市不同群体受访者间存在显著的组间差异（$F=5.67$，$p<0.001$）。进一步使用Bonferroni法分析不同群组间的差异发现，新社会阶层受访者仅与体制内人员受访者之间存在显著的差异（$p=0.010<0.05$）。新社会阶层受访者在私家车数量上少于私营企业主受访者和个体工商户受访者，其私家车平均价格上仅低于私营企业主受访者，体现出较高的私家车消费水平。

在新社会阶层受访者内部，中介组织和社会组织从业人员受访者的私家车数量（均值为0.69辆，标准差为0.69）最多，但私家车价格较低（均值为12.83万元，标准差为19.59）；民营企业和外商投资企业管理技术人员受访者的私家车数量（均值为0.66辆，标准差为0.67）较多，私家车价格（均值为16.04万元，标准差为75.65）最高；新媒体从业人员受访者的私家车数量（均值为0.63辆，标准差为0.69）较少，私家车价格（均值为15.04万元，标准差为23.48）较高；自由职业人员受访者的私家车数量（均值为0.52辆，标准差为0.69）最少，私家车价格（均值为 11.43 万元，标准差为 21.48）最低。可见，在新社会阶层职业群体中，民营企业和外商投资企业管理技术人员的私家车数量和私家车平均价格都处于较高水平。

除了私家车价格，私家车的品牌档次也是消费水平的重要测量指标。本次调查共列出了 97 个汽车品牌，将布加迪、帕加尼、劳斯莱斯、迈巴赫、世爵、法拉利、兰博基尼、宾利、阿斯顿·马丁、保时捷、玛莎拉蒂归为奢侈品牌汽车，将奔驰、宝马、奥迪、雷克萨斯、讴歌、英菲尼迪、凯迪拉克、林肯、路虎、捷豹、沃尔沃归为高级品牌汽车，将调查中列举出的其余品牌汽车归入普通品牌汽车，将调查中未涉及的其余品牌汽车归入其他品牌汽车。新社会阶层受访者的私家车以普通品牌为主（75.15%），19.28% 的新社会阶层受访者拥有高级品牌私家车，私营企业主受访者拥有奢侈品牌汽车的比例在特大城市不同群体受访者中最高（5.26%），仅有 1.05% 的新社会阶层受访者拥有奢侈品牌私家车。在高级品牌私家车中，新社会阶层受访者的拥有比例（19.28%）仅低于私营企业主受访者（26.32%），并且高于平均水平（16.74%），说明少数新社会阶层受访者的私家车品牌存在向高级品牌发展的趋势，大部分新社会阶层受访者体现了注重品质但并不追求奢侈炫耀的特征。卡方检验结果显示，特大城市不同群体受访者在私家车品牌上存在显著的差异［Pearson chi2（12）= 28.34，$p = 0.005 < 0.05$］。在新社会阶层受访者内部，新媒体从业人员受访者是拥有奢侈品牌私家车（2.94%）和高级品牌私家车（25.88%）比例最高的群体，其后分别是民营企业和外商投资企业管理技术人员受访者与中介组织和社会组织从业人员受访者，自由职业人员受访者的普通品牌私家车拥有比例（79.59%）最高（见图 4 - 9）。

受教育程度对于新社会阶层受访者的私家车数量、价格及品牌档次都有显著影响。从私家车数量来看，受教育程度越高的新社会阶层受访者的私家车数量均值越大；从私家车价格来看，研究生学历的新社会阶层受访者的私家车平均价格（19.23 万元）略低于大学本科学历的新社会阶层受访者（22.50 万元），Bonferroni 法分析结果显示，二者之间并不存在显著的差异，只有大学本科学历的新社会阶层受访者与大专以下学历的新社会

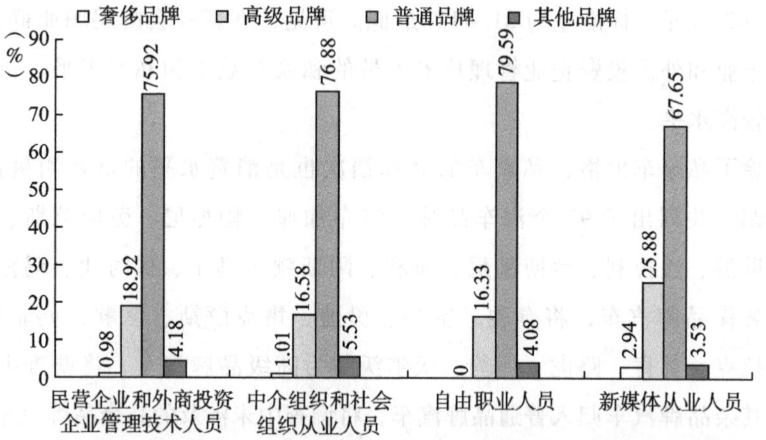

图 4-9　特大城市新社会阶层受访者的私家车品牌档次

阶层受访者之间存在显著的差异（$p=0.011<0.05$）；在私家车品牌档次方面，受教育程度越高的新社会阶层受访者越倾向于拥有高级品牌汽车，研究生学历的新社会阶层受访者并不拥有奢侈品牌私家车，但拥有高级品牌私家车的比例是最高的（见表 4-8）。

表 4-8　不同受教育程度特大城市新社会阶层受访者的私家车数量、价格及品牌档次

私家车数量（辆）	大专以下	大学专科	大学本科	研究生	平均
均值	0.57	0.69	0.75	0.76	0.67
标准差	0.67	0.67	0.73	0.68	0.69
最小值	0	0	0	0	0
最大值	3	3	4	3	4
N	496	281	408	66	1251
方差分析	$F=5.58$　Prob > $F=0.0008$				
私家车价格（万元）	大专以下	大学专科	大学本科	研究生	平均
均值	9.80	13.26	22.50	19.23	15.19
标准差	16.28	18.04	102.84	22.72	60.55
最小值	0	0	0	0	0
最大值	118	170	2018	110	2018
N	493	272	400	66	1231
方差分析	$F=3.46$　Prob > $F=0.0160$				

续表

私家车品牌档次（%）	大专以下	大学专科	大学本科	研究生	平均
奢侈品牌	0.88	0.64	1.67	0	1.06
高级品牌	10.18	18.47	25.11	36.58	19.16
普通品牌	82.30	76.43	70.71	58.54	75.26
其他品牌	6.64	4.46	2.51	4.88	4.52
N	226	157	239	41	663
卡方检验	Pearson chi2（9）=30.1705　$p=0.000$				

（三）奢侈品消费比例高于总体平均水平，但呈现理性特征

凡勃伦（2007）认为，中产阶层期望模仿和追随上层的奢华与享受、品位与炫耀的消费方式。本次调查基于奢侈品价格和奢侈品购买数量对受访者的奢侈品消费情况进行了测量。询问奢侈品价格的问题为："以衣服为例，对于您来说，一件的价位在多少元以上可以称得上是'奢侈品'?"询问奢侈品购买数量的问题为："根据以上定义，过去一年您家购买超过（含)该价位奢侈品的数量是多少件?"通过奢侈品消费比例 = $\frac{\text{奢侈品价格} \times \text{奢侈品购买数量}}{\text{家庭总支出}}$公式计算得出新社会阶层受访者过去一年的奢侈品消费比例。

关于奢侈品价格，本研究反映出新社会阶层受访者对奢侈品的认定标准（奢侈品的平均价格）也是其消费能力的一种体现。方差分析结果显示，特大城市不同群体受访者对于奢侈品的认定标准存在显著的组间差异（$F=13.50$，$p<0.001$）。新社会阶层受访者认为奢侈品的平均价格为2768.90元（标准差为5986.66），显著高于体制内人员受访者（均值为2015.95元，标准差为5161.19，$p=0.001<0.05$）和其他人员受访者（均值为1480.64元，标准差为3992.67，$p<0.001$），低于私营企业主受访者（均值为3740.83元，标准差为11517.43）和个体工商户受访者（均值为3332.66元，标准差为10632.26），但是新社会阶层受访者与私营企业主受访者和个体工商户受访者之间并未呈现显著差异。新社会阶层受访者对于

奢侈品的认定标准高于总体平均水平（均值为 2088.82 元，标准差为 5420.31）。在新社会阶层受访者内部，新媒体从业人员受访者对于奢侈品的认定标准最高（均值为 2872.68 元，标准差为 4424.91），自由职业人员受访者次之（均值为 2819.00 元，标准差为 9540.77），民营企业和外商投资企业管理技术人员受访者再次之（均值为 2797.08 元，标准差为 5513.59），中介组织和社会组织从业人员受访者的认定标准最低（均值为 2496.28 元，标准差为 5319.93）。

在奢侈品购买数量方面，根据方差分析结果，不同群体受访者之间存在显著的组间差异（$F = 3.52$，$p = 0.0071 < 0.05$）。新社会阶层受访者过去一年平均购买的奢侈品数量为 2.37 件（标准差为 14.60），除了显著少于私营企业主受访者（均值为 5.82 件，标准差为 23.22，$p = 0.017 < 0.05$）外，与其他群体间并未呈现显著的差异，但均值大于体制内人员受访者（均值为 1.98 件，标准差为 5.63）、其他人员受访者（均值为 1.94 件，标准差为 5.88）和个体工商户受访者（均值为 1.92 件，标准差为 3.21）。新社会阶层受访者过去一年平均购买的奢侈品数量多于总体平均水平（均值为 2.12 件，标准差为 9.20）。在新社会阶层受访者内部，中介组织和社会组织从业人员受访者过去一年平均购买的奢侈品数量最多（均值为 3.26 件，标准差为 26.27），民营企业和外商投资企业管理技术人员受访者次之（均值为 2.03 件，标准差为 4.01），新媒体从业人员受访者再次之（均值为 2.00 件，标准差为 2.55），自由职业人员受访者的购买数量最少（均值为 1.65 件，标准差为 2.20）。由于奢侈品的认定标准不同，因此仅看奢侈品的购买数量是远远不够的，需要进一步计算奢侈品的消费比例。

奢侈品消费比例的方差分析结果显示，不同群体受访者之间存在显著的组间差异（$F = 3.60$，$p = 0.0061 < 0.05$）。新社会阶层受访者的平均奢侈品消费比例为 2.34%（标准差为 5.12），显著低于私营企业主受访者（均值为 4.49%，标准差为 12.26，$p = 0.021 < 0.05$），但与体制内人员受访者（均值为 2.41%，标准差为 6.32）、个体工商户受访者（均值为 2.93%，标准差为 7.79）和其他人员受访者（均值为 2.09%，标准差为

5.03）均未呈现显著的差异性。新社会阶层受访者的平均奢侈品消费比例与总体平均水平（均值为2.33%，标准差为5.85）基本持平。在新社会阶层受访者内部，新媒体从业人员受访者的平均奢侈品消费比例最高（均值为2.58%，标准差为5.96），中介组织和社会组织从业人员受访者次之（均值为2.49%，标准差为5.53），自由职业人员受访者再次之（均值为2.45%，标准差为6.50），民营企业和外商投资企业管理技术人员受访者最低（均值为2.22%，标准差为4.38）。可见，新社会阶层的奢侈品消费水平较高，对于奢侈品的认定标准较高，购买奢侈品的数量也较多，奢侈品消费比例也仅低于私营企业主。与前文的平均文化消费支出比例相比，新社会阶层的平均奢侈品消费比例远远低于平均文化消费支出比例，体现出较为理性的消费理念。在新社会阶层职业群体中，新媒体从业人员的奢侈品认定标准和奢侈品消费比例都是最高的。

受教育程度和所在城市群是影响新社会阶层对于奢侈品认定标准的重要因素，但这两个因素对于新社会阶层购买的奢侈品数量和奢侈品消费比例并没有显著影响。从表4-9可以看出，受教育程度越高的新社会阶层受访者对于奢侈品的认定标准越高。进一步使用Bonferroni法分析不同群组间的差异发现，大专以下学历的新社会阶层受访者与大学本科的新社会阶层受访者（$p = 0.001 < 0.05$）和研究生学历的新社会阶层受访者（$p = 0.024 < 0.05$）之间都存在显著的差异，但是其他两两比较的结果并未呈现显著差异。换言之，大学本科及以上学历的新社会阶层受访者对于奢侈品的认定标准较为一致，并不存在显著的差异。在各城市群的比较中，以新社会阶层受访者总体的平均水平为依据，珠三角城市群和成渝城市群的新社会阶层受访者对于奢侈品的认定标准更高，而长三角城市群、长江中游城市群和京津冀城市群的新社会阶层受访者的认定标准更低。进一步使用Bonferroni法分析不同群组间的差异发现，珠三角城市群的新社会阶层受访者对于奢侈品的认定标准显著高于京津冀城市群的新社会阶层受访者（$p = 0.015 < 0.05$）和长江中游城市群的新社会阶层受访者（$p = 0.008 < 0.05$），其他城市群的新社会阶层受访者之间的两两比较都不存在显著差异。

表 4－9　不同受教育程度和不同城市群的特大城市新社会阶层受访者对于奢侈品的认定标准

单位：元

受教育程度	均值	标准差	最小值	最大值	*N*
大专以下	1903.96	4016.81	20	50000	495
大学专科	3065.61	5601.43	1	60000	282
大学本科	3404.69	7721.08	100	100000	405
研究生	4169.23	7029.11	200	50000	65
平均	2772.14	5990.91	1	100000	1247
方差分析	$F=6.46$			Prob ＞ $F=0.0002$	
城市群	均值	标准差	最小值	最大值	*N*
京津冀	2176.68	2768.61	50	20000	208
长三角	2536.88	3884.68	20	50000	292
珠三角	3935.33	8283.44	1	100000	265
长江中游	2180.20	4164.00	50	50000	257
成渝	2914.85	8322.60	20	100000	227
平均	2768.90	5986.66	1	100000	1249
方差分析	$F=3.82$			Prob ＞ $F=0.0043$	

四　结论与进一步讨论

本章对新社会阶层的生活方式、休闲方式和消费进行了分析，综合前文的分析结果，可以对新社会阶层的特征进行如下总结：在生活方式上，新社会阶层注重饮食和健康，更倾向于低碳、环保的共享出行方式，简言之喜欢健康低碳的生活方式；在休闲方式上，新社会阶层的国内外旅游经历较为丰富，平均有 1～2 项经常参加的运动项目，注重乐趣和体验，但是在每周健身或运动次数上表现欠佳，简言之喜欢“重体验的休闲方式”；在消费上，新社会阶层注重文化消费，对私家车和奢侈品的消费都处于较高水平，虽然呈现一定的品牌追求，但从奢侈品消费比例可以看出明显的“理性特征”，简言之喜欢“重品质的理性消费”。

这些特征与现有文献对中产阶层的消费研究结果较为一致，例如上海研究院社会调查和数据中心课题组（2016）的分析表明，上海的中等收入群体有较强的经济实力和消费欲望以及更丰富多元的生活方式，他们频繁地参与文化、娱乐和休闲消费，更愿意在子女教育、文化品位、休闲旅游和绿色消费方面投资。作为体制外白领阶层，新社会阶层的上述特征与白领的消费特征一致：注重品质，炫耀性消费下降，注重消费带来的乐趣和舒适；追求“知识消费”，对于文化消费、专业和非专业的知识服务消费的热情上升；强调体验，即有个人追求乐趣和刺激的体验式消费，典型的包括旅游和都市闲暇消费（朱迪，2018a）。

新社会阶层包括四类职业群体，虽然由于职业划分的复杂性，不同职业群体间有所交叉，但四类职业群体还是表现出了一定的差异性。熊易寒（2020）指出，中产阶层会把社会建构为“吐司”的形状，社会被经济收入、文化品位、消费行为切割成薄片。中产阶层是一个松散的集合体，内部存在诸多的地位群体，同一地位群体拥有大致相似的职业声望、生活方式和品位格调。新社会阶层的四类职业群体也犹如中产阶层内部的“四片吐司”，在生活方式、休闲方式和消费方面表现出一定的差异性。综合前文的分析结果，从生活方式、休闲方式和消费来看，民营企业和外商投资企业管理技术人员与新媒体从业人员更趋向于有闲的中产阶层，而中介组织和社会组织从业人员更趋向于边缘中产阶层，自由职业人员处于二者之间。另外，受教育程度是影响新社会阶层生活方式、休闲方式和消费的重要因素，受教育程度越高，新社会阶层越倾向于“健康、低碳的生活方式”、“重体验的休闲方式”以及“重品质的理性消费”。

第二编
新社会阶层的组织化

第五章
新社会阶层的组织化与社会治理共同体建设

张海东　丁惠平 等*

党的十九届四中全会强调坚持和完善共建共治共享的社会治理制度，会议指出“社会治理是国家治理的重要方面。必须加强和创新社会治理，完善党委领导、政府负责、民主协商、社会协同、公众参与、法治保障、科技支撑的社会治理体系，建设人人有责、人人尽责、人人享有的社会治理共同体，确保人民安居乐业、社会安定有序，建设更高水平的平安中国”①。面对新时代社会治理的新思路、新要求，如何将新社会阶层组织起来参与社会治理共同体建设是一个需要深入思考的问题。

一　我国社会结构转型与传统社会治理体制存在的结构性问题

改革开放以来，我国所有制形式、社会分工和产业结构发生了深刻变化，出现了一个新社会阶层。随着新社会阶层的规模日益壮大，其在我国经济社会发展中的作用日益凸显。与此同时，传统社会治理体制存在的结

* 在前期的合作研究中，杜平、柴哲彬对本文有很多贡献。

① 《中共中央关于坚持和完善中国特色社会主义制度　推进国家治理体系和治理能力现代化若干重大问题的决定》，https://china.huanqiu.com/article/9CaKrnKnC4J，最后访问日期：2022 年 11 月 5 日。

构性问题也日益凸显。一方面，新社会阶层有较强的参与意愿和参与能力，但缺乏有效的参与社会治理的制度化途径；另一方面，传统社会治理体制在应对新社会阶层如何进行有效社会治理的问题上也面临挑战。

我国传统的社会治理体制与城乡二元结构相适应。自市场化改革以来，体制外部门的快速成长使得我国出现了由体制内部门和体制外部门组成的新二元结构。与体制内群体相比，体制外群体不仅职业稳定性较低，而且由于处于“非组织化的状态”，缺乏利益表达渠道。与此同时，传统的二元结构依然存续，并且与新二元结构交织在一起，导致多维二元社会结构出现。在多维二元社会结构下，传统的社会治理体制存在明显的局限，不能实现对新社会阶层等一些体制外、党外社会群体的有效整合，这已成为全社会的共识。如何解决社会结构转型导致的传统社会治理体制存在的结构性问题、有效吸纳更广泛的社会群体参与社会治理、形成共建共治共享的社会治理新格局是当前社会治理创新应该破解的重要问题。

社会结构与社会治理体制之间是相互适应的关系。在计划经济时期，城乡二元结构是我国社会结构的突出特征，社会治理体制也具有明显的城乡差别，农村实行的是人民公社制度，城市实行的是单位制度，严格的户籍制度限制了城乡之间的人口流动。在单位体制下，单位是联结国家与个人的纽带，以单位为载体的社会治理体制承担着资源分配、利益协调、诉求表达等功能。在市场经济时期，随着社会资源分配机制的改革以及体制外部门的快速成长，我国的社会结构呈现多维二元社会结构的特征。在多维二元社会结构下，社会结构与单位治理体制之间存在明显的张力，社会治理领域出现了一些结构性问题。

（一）城乡二元结构与单位治理体制

在计划经济体制下，我国社会是国家几乎垄断全部重要资源的“总体性社会”（孙立平等，1994）。“总体性社会”的形成，结束了“一盘散沙”的局面，有效化解了近代以来所面临的“总体性危机”问题。从社会结构看，改革开放之前的社会结构是城乡二元结构，城市和农村在很多方面存在差异。托达罗（1988）将二元结构的特征概括为四个方面：不同条件，有的是优势条件，有的是劣势条件，两种条件在既定领域中并存；优势条件和劣势条件的并存是长期的，而不仅仅是一种过渡；优劣条件之间不仅确实没有任何缩小的迹象，而且有一种内在的扩大趋势；优劣条件之间的关系是现存优势条件并没有或很少对改善劣势条件起什么作用。我国的城乡二元结构具有明显的城乡差别，主要体现在户籍制度、粮食供给制度、副食品与燃料供给制度、住宅制度、生产资料供给制度、教育制度、就业制度、医疗制度、养老保险制度、劳动保护制度、人才制度、兵役制度、婚姻制度、生育制度等方面（郭书田、刘纯彬等，1990），户籍类型的不同直接关系到能否获得更好的教育和公共卫生服务，能否有更好的职业发展机会，等等。

与这种城乡二元结构相对应，改革开放前的社会治理体制设计在城乡之间也有着很大的不同。在城市，“所有单位——工矿企业、农村、商店、学校、医院和机关内部都设立党的组织机构，具有明显的党政合一的特征”（曹锦清、陈中亚，1997）。作为国家与个人之间的联结点，单位具有生产功能、吸纳功能、安抚功能、联结功能、供给功能、动员功能、保护功能、落实功能、证明功能、塑造功能等多重功能（刘建军，2000）。无论是个人所需生活资料、发展机会的获取，还是自身利益诉求的表达，都必须通过单位进行。单位成员与单位之间是人身依附的关系，每个人都必须隶属某个单位，如果一旦离开了自己所属的单位，个人就失去了依托，不仅很难获得相应的生活资料以及发展机会，而且失去了表达利益诉求的渠道，很难生存下去。在单位体制下，每个单位都承担着多种不同的功能，从而呈现明显的“单位办社会”特征。也正是出于这一原因，不同单位之间的横向联系并不多，无论是单位成员还是单位的资产都很难在不同的单位之间进行流动；单位内部实行的是平均主义的分配原则，单位成员之间的收入差距不大；当遇到利益冲突或者发生矛盾的时候，单位往往会倡导“个人服从单位、单位服从国家”的集体主义精神，按照集体主义的原则来缓解利益冲突。总之，改革开放前的社会是一个同质性和组织化程度高，但是社会流动性低的社会。正是以一个个具体的单位为载体，国家通过单位体制将所有社会成员都吸纳到核心权力结构中，从而实现了对社会的有效整合。

（二）多维二元社会结构与社会治理的结构性问题

改革开放以来，随着市场化改革的推进，我国的社会结构发生了新的变化。首先，城乡二元结构发生了一些新的变化。在农村，随着家庭联产承包责任制的实施，人民公社已经不复存在。严格的户籍制度逐渐松动，在城市化以及工业化等相关因素的影响下，城乡以及地域之间的社会流动越来越频繁，但是城乡二元结构并没有被完全打破，因而依附于户籍制度的一些社会福利并没有被完全剥离开来，城乡之间在公共服务等方面还存在明显的差别。从农村到城市的大量人口由于无法落户而成为“居户分离”的流动人口，统计数据显示，2016 年我国流动人口的规模为 2.45 亿人（国家卫生和计划生育委员会流动人口司，2017），约占该年全国人口总数的 20%。在城市，随着国有企业改革以及事业单位分类改革的持续推进，现代企业制度和事业单位治理结构逐渐得以确立，无论是国有企业还是事业单位都有了相应的运营自主权和市场主体地位。计划经济体制下单位所承担的大量社会功能也陆续向外剥离，“单位办社会”的现象不复存在，单位成员与单位之间的关系从依附关系向契约关系转变，按劳分配的原则也取代了平均主义分配原则。与计划经济时期相比，“旧式的单位化体制赖以生存和运作的基础日益弱化，单位的社会控制、政治动员和社会福利职能日益衰减，整个社会的非组织化问题愈益突出”（徐永祥，2008）。

其次，在城乡二元结构发生上述变化的同时，随着新经济社会组织等体制外部门的成长，一种新的二元结构也在形成之中。近年来，得益于经济体制改革释放出的巨大空间，新经济社会组织等体制外部门有了快速的发展，成为吸纳社会就业的主要力量。与之形成对比的是，体制内部门吸纳社会就业的数量却在持续减少。改革开放以来不仅有一些体制内人员响应号召选择了“下海”创业，也有相当数量的体制内人员在国有企业“抓大放小”“减员增效”的改革中流向了体制外部门。统计数据显示，2020 年，全国城镇就业人员的数量为 46271 万人，其中，国有单位城镇就业人员的数量为 5563 万人，城镇集体单位城镇就业人员的数量为

271 万人；[①] 国有单位城镇就业人员和城镇集体单位城镇就业人员的数量占全国城镇就业人员数量的比例为 12.61%。随着市场化改革的深入，我国的资源配置机制与计划经济时期相比有了明显变化：一方面是再分配的作用空间逐渐被压缩；另一方面则是市场的作用空间不断在拓展。体制内部门和体制外部门不仅遵循的分配逻辑不同，而且在社会保障、工作稳定性等方面也存在明显不同。体制内部门和体制外部门之间的这些差异最终使我国形成了一种新的二元社会结构。“市场化改革以来，建立在计划经济基础上的单位制社会与市场经济社会之间的关系（亦可理解为体制内社会和体制外社会），已不是后者渐进地取代前者，而是前者以局部地区和行业为依托形成与后者的相持、渗透和互动。两种社会机制的并存和互动，以及两种社会机制在不同地区的非平衡状况对中国社会的影响，是 20 多年来最有普遍意义的社会事实，这种普遍性当中已包含了当下中国社会结构的最主要特征。”（刘平，2007）

上述依然存续的城乡二元结构与新的二元社会结构交织在一起使我国的社会结构变得更加复杂，从而呈现多维二元社会结构的特征。多维二元社会结构与传统社会治理体制之间产生了明显的张力，使社会治理中出现了一些结构性的问题，即对于新出现的一些社会群体已经很难基于原有体制进行整合。在计划经济时期的城乡二元结构下，虽然城乡之间有差别，但是由于城乡之间的社会流动很少，人民公社体制和单位体制还是能够按照各自的运行逻辑来实现对社会的整合。改革开放以来，城乡之间大规模的人口流动使得城乡二元结构问题暴露出来。对于大量的流动人口来说，由于其户籍并不在现居住地，因而没有机会参与所居住社区的公共事务、表达利益诉求，也不能享受与居住地居民同样水平的公共服务。对于新社会阶层来说，由于在体制外部门工作，并且大多是党外人士，因此不能像体制内人员那样通过单位来表达利益诉求；同时，在新二元社会结构下，新社会阶层的职业流动也面临事实上的体制性壁垒，在有着跨部门职业流动经历的新社会阶层中，从体制内部门向体制外部门的职业流动占了绝大

① 参见国家统计局网站（https://data.stats.gov.cn/easyquery.htm? cn = C01）“国家数据”中的年度数据。

多数，因此，新社会阶层更多地是在体制外部门之间流动。新社会阶层等一些新兴的社会群体可被看作非组织化存在的“原子化”的个人，这与计划经济体制下单位成员高度组织化的状态形成了鲜明的对比，这也有可能会成为一个潜在的社会风险来源。而改革开放之前高度组织化的体制内部门在经过一系列的改革之后，动员、组织单位成员的能力也出现了明显的下降。“计划经济时代的我国社会是一个高度组织化的社会，而现阶段的社会则呈现了明显的非组织化特征。从单位化到非组织化，是现阶段我国社会转型与社会分化的一个重要特征。”（徐永祥，2008）与改革开放之前相比，由于缺乏中间组织的联结，我国社会的组织化程度有了明显的下降，上述非组织化的问题可被看作“转型期的中国社会在单位制度变迁、城乡二元结构消解和快速城市化的背景下出现的社会原子化现象”（田毅鹏，2012）。因此，如何有效应对这种社会原子化现象对社会治理提出的严峻挑战，是当前我国社会治理创新需要回答的问题。

那么，如何解决上述社会治理的结构性问题？换言之，如何在市场经济条件下改革传统社会治理方式，有效应对新社会阶层的崛起，从而实现对社会的有效整合，维护社会秩序，保持社会活力？在这方面，党和国家经过长期的探索，逐渐形成了明晰的思路。

回顾过去40多年社会治理思路的演进可以发现，社会治理领域的转型大致经历了以下几个阶段。党的十六届四中全会前，社会治理领域基本上沿用传统的社会管理思路，虽然期间有过地方性的探索，但是没有形成全国性的、整体的社会治理新思路；2004年，党的十六届四中全会首次明确提出建立健全党委领导、政府负责、社会协同、公众参与的社会管理格局。这个阶段的整体思路可以概括为建立不同主体参与的社会管理格局，但仍然是一种社会管理的逻辑。党的十八大报告提出“加强和创新社会管理”；党的十八届三中全会通过的《中共中央关于全面深化改革若干重大问题的决定》提出“创新社会治理体制”。从“社会管理”到“社会治理”，这在社会治理领域是一个划时代的新思路，以社会治理取代社会管理，突出了多元共治的新思路。2019年，党的十九届四中全会强调坚持和完善共建共治共享的社会治理制度，建设人人有责、人人尽责、人人享有的社会治理共同体，为多元共治的社会治理勾画了更加清晰的蓝图。

总体来看，改革开放以来，我国的社会治理遵循渐进式的逻辑逐步实现了转型。从早期的社会管理逻辑到社会管理体制下的多主体参与，再到以社会治理取代社会管理，最后形成新时代党建引领下多元共治的社会治理共同体建设新思路。

那么，在新时代社会治理转型的背景下，新社会阶层如何“组织起来”参与社会治理共同体建设？

二 新社会阶层“组织起来”的必要性

社会治理是国家治理的重要方面。将分化的各社会群体（尤其是不同的利益群体）按照制度化的方式有效整合起来是国家治理的重要内容。改革开放以来，我国经济体制深刻变革，社会结构深刻变动，利益格局深刻调整，思想观念深刻变化，社会分化日趋明显。“社会结构的高度分化与定型化带来的民众诉求的差异性和艰难性日益增强，社会群体在不断重组的同时其价值取向也呈现多变状态；社会的快速流动、利益格局及资源配置方式的深刻调整导致社会多主体之间关系的高度复杂化，并带来更加多样化的社会矛盾与冲突。”（李友梅，2018）从社会学的视角来看，分化是社会发展的一种动力，没有适度分化，社会发展将失去动力，社会必将丧失活力，但缺乏整合的过度分化又将导致社会秩序紊乱，社会良性运行遭到破坏。因此，国家治理的一个重要的方面就是对分化的社会及时进行整合，将分化的各社会群体按照制度规范，以一定的方式“组织起来”，以实现安定有序且保持活力的国家治理目标。“因而将不断分化的阶级阶层，或者将所谓‘新社会阶层’整合到社会的核心结构之中，其实质是如何将不断分化的新社会阶层整合到社会的权力结构中。”（李路路、王薇，2017）毫无疑问，将新社会阶层“组织起来”是实现上述目标的重要方面。

从新社会阶层组织化的进程来看，2001 年中央正式使用“新的社会阶层”的提法。2015 年，习近平总书记在中央统战工作会议上对“新的社会阶层人士”统战工作进行了深刻阐述，提出了明确要求。同年，《中国共产党统一战线工作条例（试行）》把“新的社会阶层人士”纳入统战工作对象。2016 年 7 月，经党中央批准，中央统战部专门成立负责新的社会阶层人士工作的职能部门。2017 年 2 月，党中央专门召开全国新的社会阶层人士统战工作会议，对做好新时代新的社会阶层人士统战工作做出全面部署，会议具有里程碑意义。其后，各级统战部门围绕将新社会阶层“组织起来”开展工作，纷纷成立“新的社会阶层人士联谊会”（以下简称“新联会”）。新联会，作为一种创新统战工作的机制和方法，在推进新的社会阶层人士的统战工作、积极引导新的社会阶层人士的社会政治参与、充分发挥新的社会阶层人士在社会公益事业中的作用等方面发挥了重要作用。将新社会阶层“组织起来”是新社会阶层组织化的一个重要方面，那么，组织到何种程度算是组织起来了？换言之，需要何种程度的组织化？

要分析这个问题，就要将其和整个社会的组织化状况相联系。改革开放前，我国社会是一个高度组织化的社会，在计划经济体制下，通过城市的单位制、农村的人民公社制等一系列社会管理制度，实现了全体社会成员的高度组织化和社会的安定有序，但也阻碍了社会流动，使整个社会丧失了活力。改革开放后，随着社会主义市场经济体制的逐步确立和日趋完善，传统的以单位制、人民公社制为代表的社会管理体制逐渐解体，体制外部门不断成长壮大，而且人员大都处于无所属状态，这实际上是一种去组织化或者非组织化的状态。必须看到，这种状态一方面是社会活力之所在，另一方面也是社会整合的重心所在。当前，对新社会阶层的组织化，从历史的逻辑来看，也可以说是社会的再组织化，但是这一再组织化必须基于社会治理的新思路，即建设共建共治共享的新格局。基于这一思路，新社会阶层的组织化要保持程度适中，方能有利于国家治理体系和治理能力现代化，实现有效的社会整合，使社会安定有序；而不应过度组织化，不能回归过去高度组织化的状态，致使社会丧失活力。

三　新社会阶层的组织化：自组织与他组织

新社会阶层在组织化方面呈现出来的特征受其结构性特征影响。相对于体制内群体而言，新社会阶层属于体制外群体，长期以来游离于体制之外，大多处于“无所属状态”。研究发现“目前我国城乡居民在社会组织化方面，程度最高的为国有单位职工，而其他成员在社会领域则普遍处于低组织化和非组织化状态”（徐永祥，2008）。与改革开放前我国单位制社会的高度组织化相比，在相当长的一段时期内新社会阶层整体上的组织化程度较低。但是，新社会阶层毕竟大多属于社会中间阶层，自身有较多的人力资本、文化资本、社会资本以及很强的社会动员能力，因而其自组织化程度较高。自2015年中共中央印发《中国共产党统一战线工作条例（试行）》以来，特别是在中央统战部设立“新的社会阶层人士工作局”以来，新社会阶层的组织化呈现出新的特点。

（一）新社会阶层的组织化何以可能

我们可以从新社会阶层的自组织和他组织两个方面来分析新社会阶层的组织化何以可能的问题。

从自组织角度而言，新社会阶层分布在体制外十分广泛的社会领域。对于新的社会阶层人士来说，除了日常的工作之外，与所在的工作组织及其他成员没有像在传统单位制下那样的紧密联系和互动。例如，自由职业人员“U盘式”的生存方式被形象地描绘为“自带信息、不装系统、随时插拔、自由协作”。人是社会性动物，也被称为组织动物，如果不能从各种正式组织中找到归属感、获得认同感，便会基于本能而自发地建立能够获得认同感的组织形式。如此一来，基于特定的目的、兴趣、需要和利益，加上新社会阶层自身所具有的资源优势，新社会阶层自组织的建立就是一件水到渠成的事情。

从他组织角度而言，新社会阶层的组织化，最根本之处在于社会整合的需要。改革开放前的社会是一个同质性强、组织化程度高、社会流动性低的社会。在城市里，正是以一个个具体的单位为载体，国家通过单位治理体制将所有社会成员都吸纳到治理结构中，从而实现了国家对社会的有效整合。而在市场化改革的进程中，单位社会逐渐式微，新经济社会组织的快速成长使得传统的单位治理体制很难在社会整合中发挥重要作用。因此，以统战形式对新社会阶层进行整合就显得极为必要。有研究指出，“改革开放以来，政党向国家放权，国家向社会放权，政府向单位放权，单位向个体放权，社会出现了自由的个体，即‘单位人’向‘社会人’转型。自由个体之间的经济交往和社会交往催生了市场经济体制的出现，自由个体与自由资本的结合形成了外在于政党和国家权力之外的巨大的社会权力，这也意味着现代社会的成长和现代经济体系的逐渐形成。社会权力的壮大与社会权力的分散化使得整个社会体系又分散开来”（肖存良、林尚立，2013），而统一战线是中国共产党凝聚人心、汇聚力量的重要法宝。

同时，新社会阶层的再组织化也是国家治理能力现代化的体现。再组织化是相对于原来整个社会高度组织化的非组织化状态而言的一种组织化状态。新社会阶层具有处于体制外、职业流动性强等群体特征，这使其很难被纳入传统的社会治理体制进行整合，因而大多处于“无所属”“非组织化”的状态，这不仅不利于凝聚新社会阶层的力量，也可能影响社会的和谐稳定。其中的原因在于改革开放以来社会结构的变化导致社会治理中出现了结构性问题。这些问题突出表现为体制壁垒使一些新兴社会群体缺乏参与社会治理的渠道。随着新社会阶层的崛起，社会治理中存在的类似的结构性问题凸显，只有通过社会治理创新才能建立起与社会结构相适应的有效的社会治理体制。在社会阶层结构不断多元化的背景下，“党的统一战线战略与政策和人民共和国国家建设对统一战线的内在需要具有高度的统一性。这意味着党在不同历史时期对统一战线战略和策略的调整，看起来是与党的中心任务的变化有关，但从根本上讲，还是与人民共和国建设在不同历史时期所需要整合的人民力量有直接关系”（陈明明、肖存良，2017）。因此，在有关部门尤其是统战部门的推动下，近年来，各种形式、各种层次的新社会阶层组织如雨后春笋般迅速建立起来。

（二）新社会阶层的自组织化特征

根据笔者对新社会阶层的调研，新社会阶层的自组织化具有一些突出特征，主要表现在以下几个方面。

（1）新社会阶层自组织中的非正式组织比较多。虽然新社会阶层也有正式组织，而且其社会影响力比非正式组织要大得多，但整体而言，参与非正式组织的新的社会阶层人士在规模上更大。对此，可能的解释是：其一，非正式组织的活动内容更加多样化，能够满足不同需要的人员参与其中；其二，非正式组织的界限比较模糊，更具有灵活性，虽然缺乏稳定性，但可以通过有吸引力的组织活动来凝聚成员。

（2）新社会阶层的自组织不断拓展原有组织的功能、自发参与公共事务的现象比较普遍。调研发现，同好会之类的组织往往在相关活动之余，有选择地参与公共事务类活动，而且活动的频次也呈现不断增加的趋势。公共事务类活动最初可能以助人等公益类活动为主。例如，某车友会在高考、中考等时间，集中为考生提供免费接送服务。

（3）新社会阶层的自组织网络化组织程度高。新社会阶层普遍利用现代通信工具，通过发朋友圈、发微信公众号等方式实现对人员、资源等的动员，征询活动方案，发布活动信息，等等，具有很高的网络化组织程度。网络化的组织形式是新社会阶层自组织的一个突出特征。

（4）新社会阶层的自组织中出现职业化的组织者，成为不收取任何报酬的专门人员。这是一个非常值得关注的现象。调研中发现，这方面专门的或者职业化的新的社会阶层人士有一定的资源优势，不为生计困扰，全身心地投入组织活动中，完全是基于兴趣、爱好和交往而工作。这种非功利取向的职业化倾向的新的社会阶层人士往往有很高的人气，能够汇聚和调动更多的社会资源，更能成功地举办各种组织化的活动，形成良性循环。

（三）新社会阶层的他组织化特征

近年来，统战部门在开展新的社会阶层人士统战工作的实践过程中，自上而下地推动新社会阶层的他组织化。

（1）推动建立了各种不同形式的新联会。在新社会阶层再组织化工作中，一些试点城市按照行政区划、行业或群体类型成立了相应的新联会。具体来看，大多数新联会是以行政区划或者所属行业为基础成立的。例如，杭州市基于行政区划建立了“1 + 13 + N”新的社会阶层人士组织体系，其中，“1”指的是2018年5月成立的杭州市新联会，这是全市层面的新联会；“13”指的是13个区、县（市）级的新联会；“N”指的是在13个区、县（市）级的新联会下，在新的社会阶层人士聚集的街镇（街）、园区（功能区）、特色小镇、孵化器、楼宇、企业、协会等成立的新联会分会（中共杭州市委统战部，2018）。实践表明，这种“1 + 13 + N”的组织体系较好地增强了新联会成员的归属感，通过再组织化的方式有效解决了新的社会阶层人士“无所属”的问题。有的新联会则是基于所属行业成立的。例如，2016年，全国首个具有官方性质的省级自媒体联盟——上海自媒体联盟正式成立，而且该联盟还自发拟定了《上海自媒体联盟自律公约》，旨在规范和引导自媒体人士的言论。总体上看，通过不同形式的新社会阶层再组织化，可以有效引导新的社会阶层人士服务经济社会发展、表达自身的利益诉求，使其积极参与社会公益事业。

（2）将一些新社会阶层的自组织打造成承担部分统战工作职能的正式组织。基层统战部门充分发挥自组织［例如，上海市黄浦海燕博客公益发展中心（以下简称“海燕博客”）、浙江省公羊会公益救援促进会等］的优势，赋予其部分统战工作职能，这样就把新的社会阶层人士从统战的对象变为统战的主体，进而促进了新的社会阶层人士之间的联系，增强了凝聚力。例如，“海燕博客”旨在积极探索创建一个联系和凝聚新的社会阶层人士的工作平台，进而促进新社会阶层的再组织化。在相关工作中，推动新社会阶层的再组织化是“海燕博客”的工作重心，具体工作包括社会组织的组织化以及新社会阶层的自组织，注重凝聚新的社会阶层人士，从以兴趣娱乐凝聚到以公益事业凝聚，再到以参政议政凝聚，这三个“凝聚”逐层递进、相得益彰，使新的社会阶层人士在参加活动的过程中，既得到了娱乐放松，又促进了公益事业发展，成为促进社会善治的新生力量。上海市静安区白领驿家两新组织促进中心是2009年12月10日注册成立的民办非企业单位，是上海市静安区委、区政府打造的公益性、服务型社会组织，同时也是创新社会领域党建工作的平台和抓手。该组织自成立以来按照“跳出党建抓党建”的工作理念，遵循“关注需求，完善服务，组织凝聚，政治引航”的工作思路，打破区域、行业的界限，切实有效地服务“两新”组织中的白领，致力于打造一个服务、凝聚静安区白领的综合平台。

（3）运用信息化手段，建立大数据平台，促进新社会阶层的再组织化。例如，杭州市上城区基于大数据技术，积极探索新社会阶层大数据管理平台建设，服务于新的社会阶层人士统战工作，在客观上促进了新社会阶层的再组织化。“上城区新阶层大数据管理平台通过设立分账号形成数据库体系，利用云存储技术，提高用户接受度和可操作性。以实时动态呈现全区新的社会阶层人士的数量、会员数量、代表人士数量及具体分布、结构、参与培训、活动等情况，实现数据管理网络化。截至 2018 年 6 月初，该平台已入驻楼宇园区 120 处新的社会阶层人士 13649 人，其中各层级新的社会阶层人士联谊会会员 505 人，代表人士 338 人。”（中共杭州市委统战部，2018）数据库建设意义重大，从根本上讲，为更好地做好新的社会阶层人士的统战工作提供了客观详尽的基础性数据。

（4）新社会阶层的他组织化具有很强的资源优势，有利于开展各种组织活动，凝聚新的社会阶层人士。一方面，有关部门可以为新的社会阶层人士提供资源，包括提供活动场所等硬件方面的资源，也包括组织培训、参观学习等软件方面的资源；另一方面，来自不同领域的新的社会阶层人士本身也拥有不同资源。这些组织资源成为新社会阶层他组织化的重要基础。

四　如何更好地发挥新联会的作用，使其参与社会治理共同体建设

作为已将新社会阶层“组织起来”、具有统战性和联谊性的非营利性社会组织，新联会在拓展工作领域方面还存在一些亟待解决的问题。为了更好地发挥新联会的凝聚作用，使其参与社会治理共同体建设，需要处理好以下三种关系。

一是处理好“精英”与“草根”的关系。已有的新联会主要成员（理事、常务理事、会长、副会长、秘书长等）大多是新的社会阶层代表

人士。根据新联会的定位，新联会是新的社会阶层人士的广泛联合，新联会不能仅仅成为已有成员的封闭组织，同时还应该“开门办会”，处理好“精英”与“草根”的关系，以开放的格局打造“向心聚力”的平台。一方面，每个新联会成员都有义务联系更多的新的社会阶层人士，宣介党对新的社会阶层人士的统战政策，使更多的人了解新联会；另一方面，新联会通过教育引导、联络联谊、创业服务、聚贤汇智、咨政建言等将更多新的社会阶层人士凝聚在新联会周围，实实在在地成为大统战格局中的重要节点。

二是处理好“治理对象”和“治理主体”的关系。从很多地方的成功经验来看，新联会完全具备促进新的社会阶层人士由统战工作对象转变为统战力量的条件和能力。因而，在统战部门的指导下，可将新联会打造成将统战工作对象转变为统战力量的平台。一方面，可以缓解基层统战工作人手不足的问题；另一方面，可由新的社会阶层人士来对新的社会阶层人士做统战工作，达到事半功倍的效果。这里最关键的是要转变思路。新联会在建设过程中要注重引领新的社会阶层人士，使其从社会治理对象转变为社会治理主体，成为社会治理共同体中的一员。

当然，促进新社会阶层有效参与社会治理就要进行相关制度设计，这涉及体制机制层面的改革和创新。“社会治理转型并非单一领域的制度变迁，而是社会整体层面的系统性制度变革。”（李友梅等，2018）具体到新联会层面，新联会需要充分考虑对象的特殊性，在组织方式、运行机制等方面不断创新。

三是处理好自组织和他组织的关系。新联会是自上而下推动建立起来的，具有明显的他组织特征。但是新联会建立之后，如何成为参与社会治理的力量，还有赖于其自主发挥作用。从各地富有朝气和活力的新联会来看，“特色”是新联会发挥向心聚力作用的重要因素。新联会基于各自所在区位、行业等所具有的资源优势，创造性地打造自身的特色，并坚持开展活动，这样，新联会才不至于成为流于形式的新社会阶层组织。

问题的实质在于新联会如何处理好自组织和他组织的关系，在统战部门的指导下，自主开展活动，有所作为。新联会归根结底是一种社会组织，非体制化是其重要属性。

总体而言，新时代我国社会治理已经有了明确的思路和要求，将新社会阶层组织起来参与社会治理是极为必要的，但其组织化程度要和整个社会的组织化情况相联系。新联会要在新社会阶层的组织化过程中发挥重要作用，要积极参与社会治理共同体建设，助力推进国家治理体系和治理能力现代化。

第六章
平台从业者的就业样态及其组织化困境

王　星　王春璇

近年来，随着信息技术的飞速发展，以数字技术为支撑、以数字平台为依托的新经济组织形式——平台经济在世界范围内兴起并蓬勃发展。2021 年，国际劳工组织发布的报告显示，近十年数字劳动力平台的数量增加了 5 倍，网约车和配送平台的数量增长了近 10 倍（International Labor Organization，2021）。在我国，平台经济被纳入共享经济的概念范畴。《中国共享经济发展报告 2021》的数据显示，2020 年我国共享经济服务提供者达到 8400 万人，同比增长约 7.7%；平台企业员工数为 631 万人，同比增长约 1.3%（国家信息中心分享经济研究中心，2021）。基于平台经济就业的劳动者已经成长壮大为一支数量庞大的劳动力队伍，平台从业者的劳动关系的模糊性、职业人群的流动性、工作时间的弹性化、工作形态的原子化、就业身份的多元化等成为社会广泛关注和讨论的议题。

平台从业者既有与企业签订劳动合同的劳动者，也有新经济下的新业态从业者，他们与互联网平台之间是不确定的劳动合同关系。本章关注和讨论第二类平台从业者。基于生产工具和劳动方式，可将该类平台从业者分为两类：一类是在线网络平台从业者，例如网络主播、网络作家以及短视频创意劳动者和 B 站 UP 主等；另一类是位置网络平台从业者，即基于位置的平台（移动终端的应用程序）产生的线上线下相结合的平台从业者，典型的有外卖平台的骑手、网约车平台的司机等。本研究将基于抖音、快手、美团、饿了么、曹操出行等平台发布的统计数据描述两类平台从业者的就业样态，分析平台从业者的原子化现状、组织化困境以及当前平台从业者组织化的已有实践，并探究未来平台从业者组织化的路径。

一　平台从业者及其就业样态

（一）平台从业者群体素描

1. 在线网络平台从业者：活跃在新一线、二线、三线城市，年轻化的斜杠青年

作为新就业样态的劳动者，在线网络平台从业者更多地分布在新一线、二线、三线城市。杭州、西安、青岛、成都等新一线城市的在线网络平台从业者的比例最高，共占21%。其次为二线和三线城市，占比均为20%，四线城市占比为17%。一线城市和五线及以下城市在线网络平台从业者占比较小，分别为13%和9%。①

平台从业者呈现年轻化态势。数据显示，近七成的就业人员的年龄在24～40岁。其中24～30岁的群体占比最大，共计35%；31～40岁的群体占比为32%。18～23岁的群体占比为18%。抖音平台就业人群中占比最小的是40岁以上的中老年群体。其中年龄在41～50岁的就业人员占比为12%，而50岁以上的就业人员占比仅为3%。②

在线网络平台从业者多将该职业作为副业或兼职工作。快手平台的数据显示，有近64%的快手平台用户是"斜杠职场人"。直播平台成为灵活就业行业中招聘人数增长最快的平台，也是众多用户想要开展第二职业的平台（见图6－1）。

短视频平台的从业者以相对可以自由安排时间的人员为主。抖音平台全职从事短视频创作的创意劳动者占比仅为13.4%（见图6－2），更多的创意劳动者将短视频平台的工作作为兼职工作。其中，除了"其他"情况，学生、销售人员、管理人员占比较大，这类职业人群的时间相对较为

① 《灵工时代：抖音平台促进就业研究报告》，http://nads.ruc.edu.cn/zkcg/ztyjbg/c90764ffcbd641b79e3b9e352abeee61.htm，最后访问日期：2022年12月1日。

② 《灵工时代：抖音平台促进就业研究报告》，http://nads.ruc.edu.cn/zkcg/ztyjbg/c90764ffcbd641b79e3b9e352abeee61.htm，最后访问日期：2022年12月1日。

自由，能够有精力从事短视频平台内容的创作。

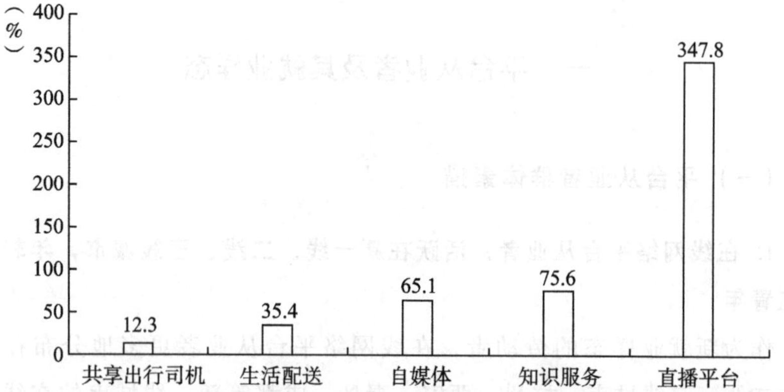

图 6－1　2020 年灵活就业细分领域招聘人数同比增速

资料来源：《报告：企业招聘灵活就业人数同比增超七成》，https://www.chinanews.com.cn/cj/2020/10－12/9311102.shtml，最后访问日期：2022 年 12 月 6 日。

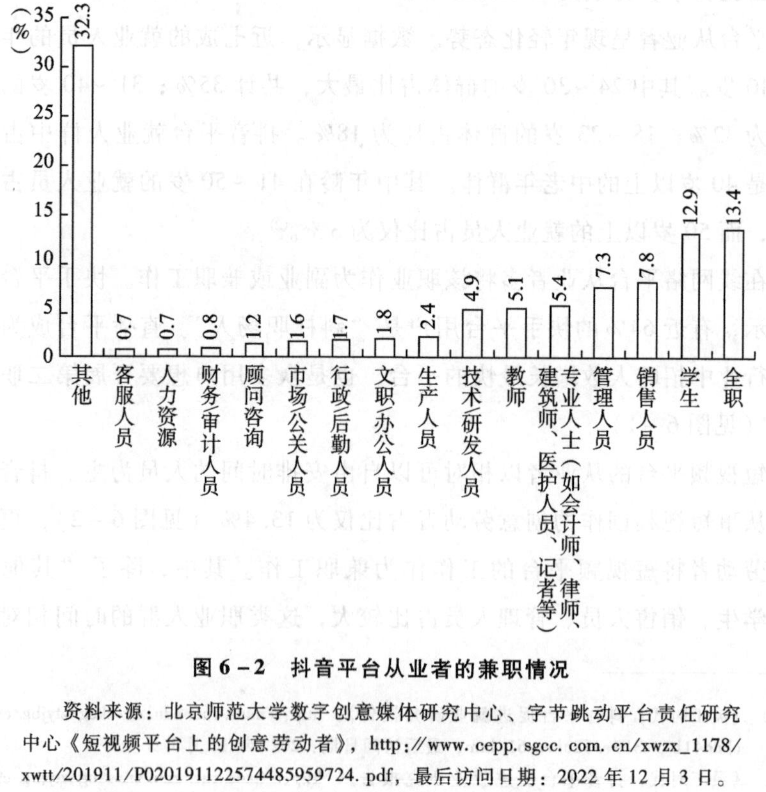

图 6－2　抖音平台从业者的兼职情况

资料来源：北京师范大学数字创意媒体研究中心、字节跳动平台责任研究中心《短视频平台上的创意劳动者》，http://www.cepp.sgcc.com.cn/xwzx_1178/xwtt/201911/P020191122574485959724.pdf，最后访问日期：2022 年 12 月 3 日。

2. **位置网络平台从业者：营生和养家的男性中青年**

位置网络平台从业者的职业具有鲜明的时空特点，日常奔波于城市的各个角落，男性就业人员占绝大多数。2019 年，美团骑手中男性骑手占比为 93.30%，[①] 曹操出行中男司机占比为 96.70%。2020 年曹操出行中女司机人数同比增速为 13.15%，是男司机增速的 9.13 倍，但是女司机仍占极小部分，占比为 3.67%。[②]

位置网络平台从业者多为中青年。2019 年美团骑手中 21～40 岁的骑手占比为 83.7%。其中 21～30 岁为主要年龄段，占比为 45.1%，其次为 31～40 岁的骑手，占比为 38.6%（见图 6－3）。同年，饿了么平台的注册骑手中超过半数的新骑手的年龄在 24～33 岁（见图 6－4）。在网约车平台，曹操出行大数据研究院的数据显示，近六成的网约车司机的年龄在 31～45 岁，45 岁以上的网约车司机占比为 21.59%，30 岁及以下的网约车司机占比为 19.19%。[③]

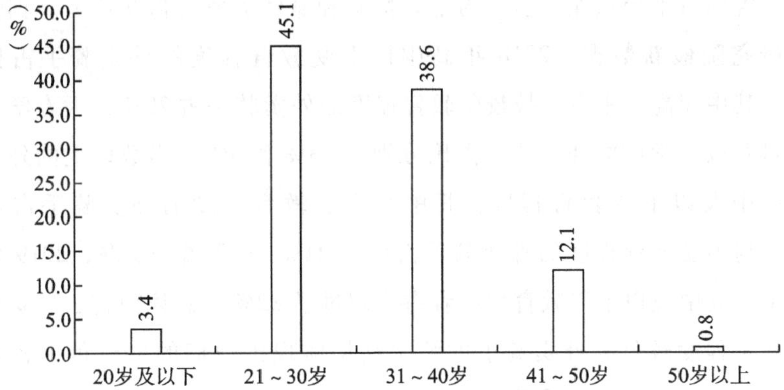

图 6－3　网约配送员年龄结构

资料来源：《新职业——网约配送员就业景气现状分析报告》，http://www.gov.cn/xinwen/2020－08/26/content_5537493.htm，最后访问日期：2022 年 12 月 26 日。

---

① 美团研究院：《2019 年及 2020 年疫情期间美团骑手就业报告》，https://about.meituan.com/research/report? typeCodeOne＝5，最后访问日期：2022 年 12 月 6 日。

② 《曹操出行大数据研究院推出〈2020 年网约车司机群像分析报告〉》，https://zhuanlan.zhihu.com/p/210577081，最后访问日期：2022 年 12 月 6 日。

③ 《曹操出行大数据研究院推出〈2020 年网约车司机群像分析报告〉》，https://zhuanlan.zhihu.com/p/210577081，最后访问日期：2022 年 12 月 6 日。

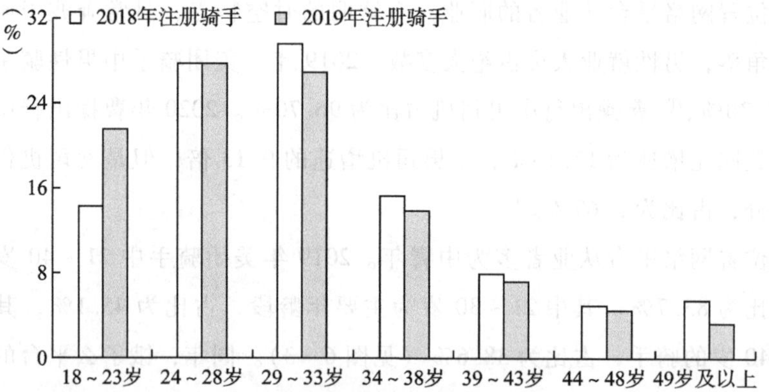

图 6－4 新注册骑手年龄分布

资料来源：《2020 饿了么蓝骑士调研报告》，https://pdf.dfcfw.com/pdf/H3_AP202004241378553199_1.pdf? 1587845818000.pdf，最后访问日期：2022 年 12 月 6 日。

位置网络平台从业者多是为生计忙碌和赚钱养家的低学历者。据美团点评研究院最新数据，2018 年高中以上受教育程度的外卖骑手占比为 45%，其中职高、中专、技校受教育程度的外卖骑手占 29%，大专学历以及本科及以上学历的外卖骑手占比分别为 13% 和 3%。半数以上的外卖骑手为高中及以下受教育程度，其中初中受教育程度的外卖骑手占比为 34%，高中受教育程度的外卖骑手占比为 21%。① 数据显示②，2019 年外卖骑手中高中及以下受教育程度者占比超过了 82%。总体而言，外卖骑手的受教育程度较低。外卖骑手的消费结构体现出他们的生活负担较为沉重。数据显示，外卖骑手日常支出中占比较大的为生活日用、赡养父母以及子女抚养和教育（见图 6－5）。

① 美团点评研究院：《新时代 新青年——2018 年外卖骑手群体研究报告》，https://max.book118.com/html/2018/0517/166833211.shtm，最后访问日期：2022 年 12 月 17 日。

② 美团研究院：《2019 年及 2020 年疫情期间美团骑手就业报告》，https://mri.meituan.com/research/report，最后访问日期：2022 年 12 月 6 日。

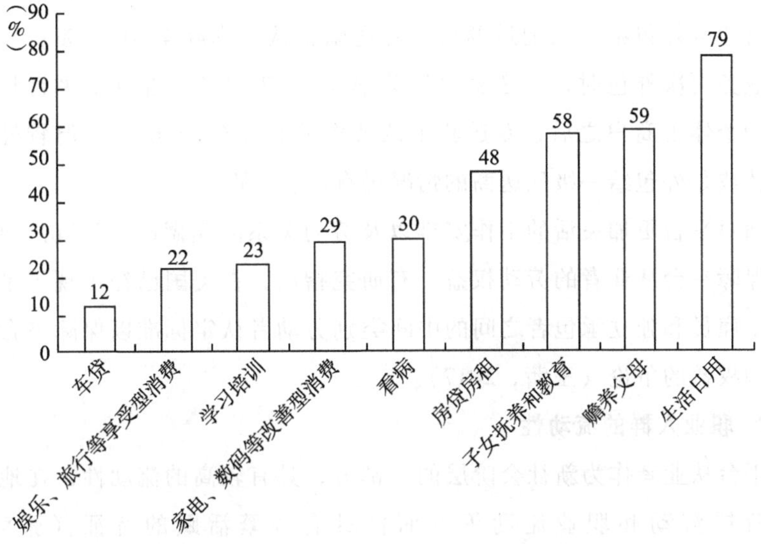

图 6－5　美团外卖骑手的日常支出分布

资料来源：美团点评研究院《新时代　新青年——2018 年外卖骑手群体研究报告》，https://max.book118.com/html/2018/0517/166833211.shtm，最后访问日期：2022 年 12 月 17 日。

（二）平台从业者就业样态

1. 劳动关系的模糊性

新经济下兴起的平台从业者与互联网平台之间是不确定的劳动关系，劳动关系具有模糊性。基于传统《劳动法》，劳动者可被划分为正式雇佣的雇员和独立承包者。平台从业者是处于两者之间的中间类型。他们拥有生产资料，可以自主决定是否接单。而且，从现有的法律体系来看，平台用工模式既不完全符合“雇佣”范畴，又不完全符合“独立合同工”范畴。

以外卖平台的用工为例，当前外卖骑手有两种类型：一是专送；二是众包。在两种类型下，外卖骑手并未与外卖平台或外包公司签订劳动合同，在发生劳动纠纷时，难以认定外卖骑手与外卖平台或外包公司之间存在劳动关系。研究显示，在外卖平台自营的情况下，专送骑手认劳率［认

劳率 = 认劳案件数/（认劳案件数 + 否劳案件数）］可达 100.00%；在外卖平台将业务外包给一级配送商后，专送骑手认劳率降至 81.93%；当配送商将业务再次外包时，专送骑手认劳率跌至 47.46%；在外卖平台将骑手注册为个体工商户之后，专送骑手认劳率虽回升至 58.62%，但较外卖平台自营或是外包给一级配送商的情况仍有显著差距。[①]

面对平台更加灵活的工作安排以及劳动关系的模糊性，已有法律难以全面保障平台从业者的劳动权益。有研究指出，在美国已经出现了是否制定介于雇员和独立承包者之间的中间类别劳动者认定标准以保障平台从业者劳动权益的争论（王茜，2017）。

2. 职业人群的流动性

平台从业者作为新社会阶层的一部分，具有较高的流动性，在地域流动、阶层流动和职业流动等方面都具有频繁活跃的特征（张海东，2021b）。

一方面，这种流动性表现为从经济落后地区向沿海经济发达地区流动、从农村向城市流动、从低层向高层流动（王建平、马林芳，2009）。数据显示，美团外卖骑手中有 75% 的人来自农村（见图 6－6），近七成的外卖骑手选择离开家乡去外地打拼，大多来自河南、安徽、四川、江苏、广东等省份。

另一方面，这种流动性表现为从业者的工作稳定性低，职业流动率明显高于社会总体水平。平台从业者是新社会阶层的组成部分，研究显示，新社会阶层受访者中有 61.1% 的人表示工作以后换过工作单位，远高于社会总体水平（37.8%）；新社会阶层受访者的工作变动较为频繁，在表示换过工作的新社会阶层受访者中，有 26.6% 的人表示换过一次工作，有 11.4% 的人表示换过两次工作，还有 7.4% 的人表示换过三次工作（张海东等，2017）。

---

① 北京致诚农民工法律援助与研究中心：《外卖平台用工模式法律研究报告》，https://zgnmg.org/wp-content/uploads/2021/09/zhicheng-report-on-food-delivery-workers.pdf，最后访问日期：2022 年 12 月 17 日。

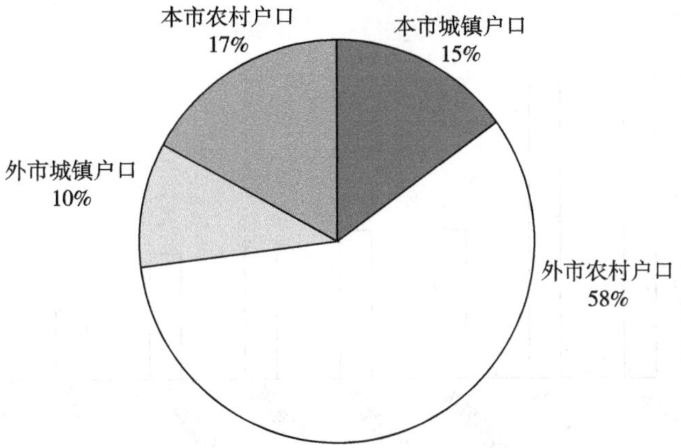

图 6－6　美团外卖骑手来源地分布

资料来源：美团点评研究院《新时代 新青年——2018 年外卖骑手群体研究报告》，https://max.book118.com/html/2018/0517/166833211.shtm，最后访问日期：2022 年 12 月 17 日。

3. 工作时间的弹性化

平台从业者没有固定的工作时间，他们的工作是以一小时甚至更短的时间为单位的自由随意的弹性化交易模式（杨伟国等，2018）。在传统用工模式下，劳动者无权控制自己的工作时间，而在以互联网为基础的平台经济下劳动者可以使用移动应用程序，利用在线平台公司的现有基础设施和客户网络，自由安排什么时间工作和从事哪些工作（Thomas，2018）。

能够“自主安排工作时间”和“为自己工作，做自己的老板”是吸引劳动者参与工作的重要原因（吴清军、李贞，2018）。对于网约车司机而言，自己提供劳动工具（网约车），可以根据自己的时间选择在线时间、在线时长，在工作时间上感受到了更多的自主性，有一种“为自己工作，做自己的老板”的感觉。在外卖平台，饿了么蜂鸟数据显示，在饿了么蓝骑士中，15%的人曾为工厂工人，14%的人曾为公司职员，12%的人曾是个体工商户，后来选择转型做骑手的首要原因是“工作时间自由”（见图 6－7）。

值得注意的是，平台从业者的“自由”仅仅是表层意义上的。以互联网平台企业为核心，劳动者以散点的形式在全社会范围内形成了一个没有实体边界的社会工厂（韩文龙、刘璐，2020a）。尤其对位置网络平台从业者而言，抚育子女或赡养父母等刚性需求很可能直接导致他们自主无限延

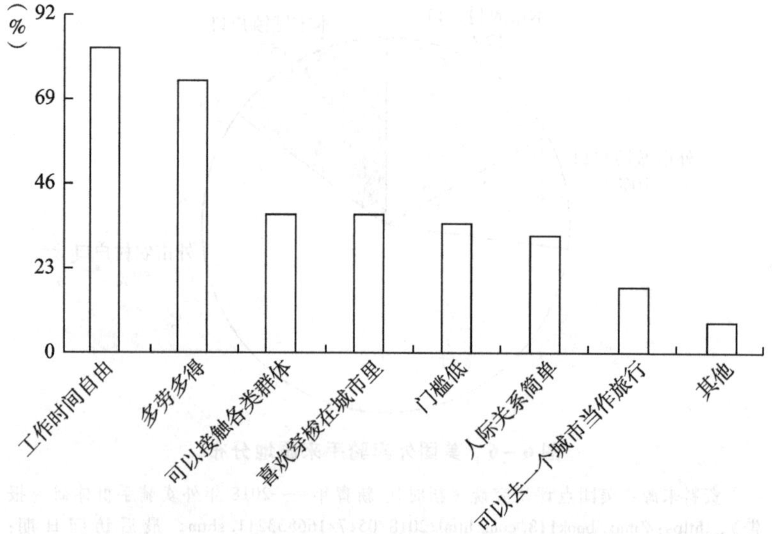

图 6-7 饿了么蓝骑士做骑手的原因

资料来源：《2020 饿了么蓝骑士调研报告》，https://pdf.dfcfw.com/pdf/H3_AP202004241378553199_1.pdf? 1587845818000.pdf，最后访问日期：2022 年 12 月 6 日。

长自己的工作时间，进而产生生产安全问题、身体健康问题等。

4. 工作上的原子化

平台从业者的原子化，是相对于实体经济中的企业内员工相互协作、密切互动的紧密型同事关系而言的，平台从业者在工作任务完成上变成了一个个相互独立的“单体”（汪雁、张丽华，2019）。

作为共享经济的一类经济形态，平台经济的工作回归独立形式，由分散的工作任务组成，工作计量单位逐渐缩小化、精确化，工作任务体现出不确定性和纠缠性，具有碎片化的特点（杨伟国等，2018）。碎片化的工作方式使平台从业者可以独自完成工作而无须与同事协作互动。对于在线网络平台从业者而言，在家即可进行内容拍摄和劳动创作，他们很少与同一平台的其他从业者沟通，也很少有机会接触他人；对于位置网络平台从业者而言，虽然他们穿着同样的工服、使用同样的生产工具、服从同样的劳动管理、遵守同样的工资分配规则等，甚至在同一服务站点天天见面，但也不再是相互依赖、密切协作的亲密同事，而是互不依靠、独自运行的松散原子（汪雁、张丽华，2019）。

这在一定程度上阻碍了平台经济下的劳动者形成集体身份认同，追求共同的利益，劳工团结更是无从谈起（姚建华，2018）。更甚者，碎片化的工作方式和零工化的工作形态使得平台从业者为了获得在线平台的工作机会，相互之间进行逐底竞争（即压低酬金的报价），从而产生工作时间延长、劳动强度增加等劳动问题，进一步侵害了平台从业者的劳动权益（闻效仪，2020；王宁，2020）。

5. 就业身份的多元化

以互联网为基础的平台经济，减少了劳动力商品交易的时空限制，削弱了企业对市场机制的隔离作用，劳动者人力资本的专用性趋于下降（胡磊，2018），平台从业者的就业身份呈现多元化特点。

一方面，平台从业者劳动的时空限制减少，从业者可以借助互联网远程工作，实现不在场的劳动就业；另一方面，劳动者内部的分工协作及其与生产资料的结合不再限于某个企业内，劳动者可以拥有多份工作和多种职业。因此，工作和职业的边界越来越模糊，平台从业者的就业身份也更加多元化。平台从业者中，更多的人拥有第二职业。数据显示，56% 的骑手有第二职业，其中 26% 的骑手的第二职业为小微创业者，21% 的骑手的第二职业为技术工，4% 的骑手的第二职业为自媒体博主，1% 的骑手的第二职业为环卫工（见图 6－8）；在线网络平台从业者中拥有多种职业的斜杠青年是该类平

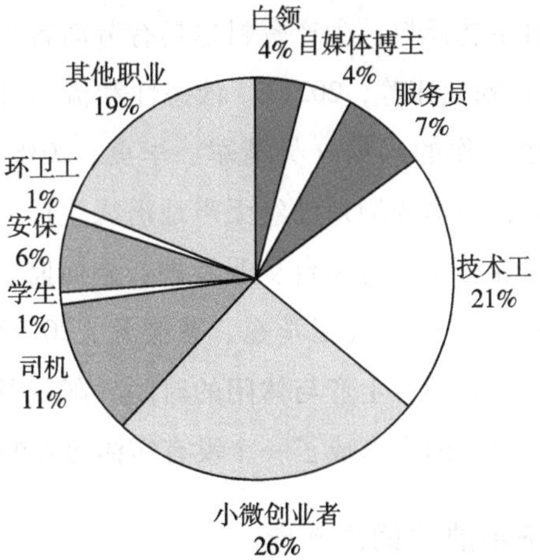

图 6－8　饿了么骑手的第二职业

资料来源：《2020 饿了么蓝骑士调研报告》，https://pdf.dfcfw.com/pdf/H3_AP202004241378553199_1.pdf? 1587845818000.pdf，最后访问日期：2022 年 12 月 6 日。

台从业者的最典型的就业人群。

二 平台从业者的组织化现状

（一）平台组织——液态性和流动性的组织方式

平台组织的兴起，是从大工业时代到信息时代组织形式演化的必然结果（王彬彬、李晓燕，2018）。信息时代的经济发展具有生产协作网络化、产品服务个性化、市场响应及时化等新特点（陈楚庭、王学真，2020）。大工业时代的生产组织方式以及雇佣模式不再适应当前经济发展，尤其是在依托移动互联网以及大数据、云计算等数字技术匹配劳动力供需两端的平台出现以后，生产组织方式以及雇佣模式发生了颠覆性的变化（赵磊、韩玥，2021）。无边界、扁平化、平台化、柔性管理以及高组织效率的液态性和流动性的平台组织方式开始出现（陈楚庭、王学真，2020）。

通过信息技术，平台将生产和服务任务细化成劳动者可以独立完成的工作任务，并将其整合到整个生产和服务中（吴清军、杨伟国，2018）。在这种生产模式下，平台从业者在决定工作时间和空间、工作方式和服务对象方面有了更多的自主选择权，生产资料也具有劳动者个人属性的特点（韩文龙、刘璐，2020b；刘战伟等，2021）。液态性和流动性的平台组织方式使得劳动者产生了自由工作的感觉（吴清军、李贞，2018）。但是，看似灵活松散的工作模式背后，资本的触角已经无声地潜入生产生活的各个方面：一方面，平台资本通过算法技术对平台从业者进行全面监管，造就了大批依附于平台的不稳定就业零工群体（崔学东、曹樱凡，2019）；另一方面，在灵活松散的工作模式下，劳动者生产与休闲的时间界限以及工作与生活的空间界限变得模糊，全社会范围内形成了一个没有实体边界的社会工厂。

（二）平台经济中的“同意制造”

1. “制造梦想”与“希望劳动”

抖音、快手等短视频平台向创意劳动者描绘了成为网红达人、实现财富自由和阶层流动的美好愿景。基于位置网络的平台——美团更是打出“成为美团外卖骑手最高月入13000元”的广告。[1] 在经济收入和成名梦想的驱使下，在线网络平台和位置网络平台吸引了大量劳动者参与到平台劳动中。这也是平台从业者具有流动性的重要原因。一方面，大量在农村或处于社会下层的劳动者积极投入平台劳动，更有大量流动人口选择离开家乡去外地打拼，就是为了获得更高的收入，实现阶层跨越；另一方面，在线网络平台为边缘人群提供了成为创意工作者、自雇的创意数字企业家的机会（Lin and de Kloet，2019）。短视频创意工作让很多普通人获得了向上的社会经济流动性（刘战伟等，2021）。

有研究指出，社会公认的自我实现是参与者在线社会生产的主要动机（Arvidsson，2008）。对于在线网络平台从业者而言，虽然初期不能从平台获得直接的经济收入，但他们仍会持续在平台进行创意劳动。这是因为他们将初期的平台劳动视为“希望劳动”。“希望劳动”是Kuehn和Corrigan（2013）提出的概念，指的是目前进行的无报酬或报酬不多的工作是为了获得经验，希望未来的就业机会能够随之而来。

2.“兴趣玩工”的主动同意

“兴趣”是在线网络平台从业者主动进行创意劳动的首要动机。网络平台的低门槛和开放的机会吸引平台从业者积极进行创意劳动并在平台上发布自己的“劳动产品”。但是“兴趣”只是初始动机，吸引平台从业者持续进行创意劳动的根本原因是它能带来切实的收入。网络平台提供了兴趣变现的机会。通过粉丝打赏、礼物抽成、商家做广告以及直播带货等方式，在线网络平台从业者可以获得经济收入。研究显示，全职从事抖音创作的劳动者的月收入普遍超过原有水平；而兼职从事抖音创作的劳动者的总收入实现了一倍到几倍的增长（何威等，2020）。

在线网络平台的创意劳动能够带给劳动者基于兴趣的满足感和快乐，同时又能够获得经济收入，实现了兴趣与赚钱的合二为一。在“兴趣”能够“赚钱”的情况下，两者合而为一，在线网络平台的创意劳动成了平台

---

① “美团骑手类APP招聘广告”，https://www.jiemian.com/article/3860366.html，最后访问日期：2022年7月10日。

从业者的理想工作，遮蔽了平台对个人劳动成果的无偿占有或商业利用（刘战伟、李媛媛，2021）。《短视频平台上的创意劳动者》报告显示，抖音平台上的创意劳动者对工作环境、自我效能、情感归属、劳动价值等的肯定程度很高，这种全方位的肯定和较高的满意度是大部分传统行业组织机构中的劳动者没有的。[①] 在线网络平台将兴趣与赚钱合二为一，形塑了平台从业者对平台劳动的同意和对平台组织的认同。

3. 多劳多得与“赶工游戏”

公开透明的计酬规则是位置网络平台从业者积极参与平台劳动的重要机制。“计件制”让外卖骑手、网约车司机等位置网络平台从业者自主压缩休息时间从事高强度劳动，为的是获得更多的成交单、更多的奖励和更高的收入。平台进一步将这种薪酬体系“游戏化”：依据平台从业者的送单数量、行驶距离、好评数量等业绩进行排名，授予平台从业者相应的等级称号，据此给予平台从业者不同的订单奖励。例如，美团将外卖骑手从低到高依次授予普通、青铜、白银、黄金、钻石、王者的骑手称号；饿了么以浅蓝、深蓝以及金色的竹蜻蜓作为勋章，区分骑手的不同等级，打造骑手内部的荣誉体系。这种排名与等级划分使平台从业者之间展开竞争，与落后于自己的平台从业者相比，排名和等级靠前的平台从业者能够获得工作成就感和优越感，同时也会刺激落后的平台从业者在接下来的劳动过程中更加卖力地工作。平台正是通过这种“差序格局式”的管理方法激励劳动者进行生产劳动（孙萍，2019）。

（三）算法技术下的劳动过程

1. 劳动中的依赖性和附属性

平台经济中，资强劳弱的局面会因平台对数据信息和算法技术的单方垄断进一步加剧，平台从业者只能依附于平台进行劳动生产，少有自主选择权和劳动自主权。

一方面，超级平台的形成使平台从业者的就业选择受限。当前，部分

① 何威、丁妮、曹书乐、李玥、刘宣伯：《2019 短视频平台上的创意劳动者》，https://zhuanlan.zhihu.com/p/83325856，最后访问期：2022 年 7 月 6 日。

平台在各自的市场中占据绝对主导地位。《网络外卖服务市场发展研究报告（2019Q1）》[①] 显示，美团外卖和饿了么外卖共占据在线外卖服务市场份额的98.5%；《2020短视频年报：十大行业现象》显示，抖音和快手两大超级短视频平台的深度用户数量共占89.1%，遥遥领先于其他短视频平台。[②] 劳动者要想从事平台经济的相关工作，只能在有限的平台中选择。

另一方面，规则设置和去技能化弱化了平台从业者的劳动自主权。借助算法技术，平台制定了一系列的劳动规则。平台从业者一旦进入该市场，就默认了平台的生产关系，也默认了平台已有的劳动规则不可更改的事实（徐景一，2021）。平台不断升级算法技术，简化劳动者的工作流程，降低从业者的就业门槛：对于骑手和网约车司机而言，从下载相应的程序开始，每一步劳动都有程序指令指导他们完成任务，获得报酬；对于短视频创意劳动者而言，平台将复杂的视频拍摄简化为人人都可操作的简单的、程式化的流程，从而让平台从业者无须掌握相关技能便可以在平台上从事相关工作，去技能化使平台从业者对平台的依赖性和附属性大大增强。

2. 劳动过程的监督与监管

在平台经济中，技术的发展使得劳动过程的工具理性越发明显和突出，平台组织的选择具有高度的自适应性和敏捷的自我调整能力（谢康等，2020）。平台通过后台数据的连续收集，不断升级算法进而形塑劳动者的认知及行为，持续强化对劳动者的劳动管理。有学者指出，数据控制以一种劳动引导的形式渗入劳动过程中，资本通过数据控制实现了自身增殖所需的劳动秩序（朱悦蘅、王凯军，2021），强化了平台从业者劳动的数据从属性（胡磊，2018）。

在在线网络平台，从事创意劳动的劳动者以平台算法技术下的流量为导向，进行引流吸粉的内容制作而非内容创作，更有劳动者为了获得流

---

① 《DCCI：2019年Q1网络外卖服务市场发展》，http://www.199it.com/archives/886864.html，最后访问日期：2022年8月9日。

② 《2020短视频年报：十大行业现象》，https://lmtw.com/mzw/content/detail/id/196414，最后访问日期：2022年7月4日。

量、留住粉丝进行“永远在线”的劳动生产。这实际上意味着劳动者售卖的不只是内容，同时还有他们作为内容生产者几乎“永久待机”的眼睛、耳朵、脑力和所花费的时间（Hayes and Silke，2018）。在位置网络平台，平台资本借助移动终端的应用软件，持续监管平台从业者的劳动过程，同时利用软件源源不断地收集来自劳动者、消费者、商家等的数据，并将这些数据应用到对平台从业者的管理中。内置于应用软件的算法和程序实质上替代了劳动规制的功能，建构了最为有效的劳动过程控制体系（徐景一，2021）。

3. 劳动风险与冲突的转移

首先，平台从业者面临更加不确定的劳动风险。在市场上，外卖平台企业将劳动力外包给各地区的代理商，网约车平台企业也逐渐将打车业务外包给小微企业。外包后，平台将部分地区的业务委托给第三方劳务公司，合作平台企业只负责任务信息发布和系统升级维护。即便平台拥有对平台从业者的劳动监管与考核议价的权力，也仍然在章程上将雇员定义为独立承包商，从而拒绝保障劳动者的最低工资、提供各类保险、对劳动者的劳动资料进行补偿（赵昱名、黄少卿，2020；谢富胜、吴越，2019），而第三方劳务公司与劳动者之间的合同是劳务派遣合同而非劳动合同，从而巧妙地避开了雇佣关系，将更多的经济风险转嫁给平台从业者。2021年12月，人社部等十部门联合印发《关于开展新就业形态就业人员职业伤害保障试点工作的通知》，针对部分在较大平台企业就业的骑手、司机等群体人员开展试点。以美团为代表的平台企业积极参与试点工作，并为骑手支付保费。总体而言，有关平台从业者的职业保障工作已经启动，但仍在初始探索阶段，平台从业者职业伤害保障机制建设任重道远。

其次，平台企业通过消费者评分机制，将评估劳动的权力赋予消费者。在平台经济中，指导平台从业者工作、评估平台从业者表现和对平台从业者实施奖惩不再由单一主体决定。消费者可以通过平台对平台从业者的工作进行打分评价，有学者将这种评价机制称为“单向-失衡评价机制”（陈龙，2020）。这是因为消费者对平台从业者工作的评价是单边的，并且评分和平台从业者的薪酬密切挂钩（谢富胜、吴越，2019）。借助评价机制，平台实现了对平台从业者劳动质量的管理。

4. 算法技术与平台从业者的互动共生

当前，面对算法技术给平台从业者带来的可能的劳动风险，平台企业开始逐步建立二者之间更加良好的互动关系。“人机协同”“算法取中”等探索让算法技术能够更好地适应地方情境和社会行为，在提升经济效率的同时也让技术更加人性化。事实上，算法技术的升级迭代与平台从业者的劳动实践密切相关。比如在外卖平台系统中，骑手不但是运送货品的人，还是赋能系统的人。骑手移动轨迹、时间、道路、环境等信息在数字系统上持续聚合，一起成为平台技术迭代优化的依据。要积极推动技术民主化来扩大技术参与者的利益范围和发言权，赋予劳动者对技术设计的知情权和参与权，优化平台系统与从业者的互动。

三　平台从业者的组织化困境及其实践路径

平台经济之下资本逻辑大行其道。通过具有液态性和流动性特点的平台组织，平台从业者“被迫”或“主动”地组织起来，参与到平台经济的生产实践中。这种新型的劳动力组织方式降低了平台企业的劳动成本和结构成本（Tassinari and Maccarrone，2020），并且有助于平台企业实现规模扩张（赵磊、韩玥，2021）。但是从人本主义出发，平台从业者在劳动过程中受到算法技术的全面监管，劳动风险加大，劳动者的合法权益难以得到保障。加之平台从业者原子化、弹性化的就业特点，游离于体制之外、依附于市场经济的平台从业者更多地呈现为“非组织”和“无组织”状态。将平台从业者有序组织起来，是维护平台从业者合法权益和为平台从业者提供表达利益诉求的渠道的应有之义，也是国家在新经济下“团结凝聚新社会力量，建立良性互动关系，形成共建共治共享的治理共同体”（郭红霞，2020）的必要举措。

平台从业者是新社会阶层的一部分，将平台从业者组织起来，就是通过多种形式的社会组织积极搭建交流的平台，将原子化的个体有机地组织起来，进而满足其社会参与的需要（张海东、杜平，2017）。

（一）当前平台从业者组织化面临的困境

首先，平台从业者的组织化受到自身就业特点的影响。劳动关系的模糊性、职业人群的流动性、工作时间的弹性化、工作上的原子化、就业身份的多元化的就业特点使得平台从业者对各种组织存在“疏离感”——不受体制内各种规定的限制，可以独立追求自身利益，实现自身价值（李钦、刘荣，2019）。

其次，平台从业者的组织化受到群体结构多样性的挑战。平台从业者的群体结构具有多样性，既有活跃在新城市、有活力和创造力的年轻的内容生产者，又有为家庭生计奔波的体力工作者。他们在受教育程度、价值观念、行为方式、具体就业样态等方面存在显著差异，这也对平台从业者的组织化提出了挑战。

最后，传统组织化路径受限，新组织体系尚未形成。在传统计划经济体制下，单位是最基本的组织形式。通过单位“建立起了一种特有的个体与公共的组织关系：人们只要成为单位的成员，就在公共体制中获得了位置，并得到相应的权利——比如使用、分配或占有公共资源的资格”（张静、董彦峰，2019）。在市场经济体制下，单位承担的社会福利等职能逐渐向社会剥离，单位人转变为社会人。尤其对平台从业者而言，他们游离于社会组织、社会支持和社会福利体系之外，存在去组织化的问题（张海东、杜平，2017）。原来以单位为核心的组织体系存有局限，而能够全面覆盖该群体的新的组织体系尚未形成，无论是在数量种类、组织结构、组织功能方面，还是在运行机制等方面，都很不成熟（张璐，2020）。

（二）平台从业者组织化的既有实践

1. 自上而下组织化的探索

（1）平台企业不断探索凝聚平台从业者的组织方式

通过各类庆典节日，平台不断提升从业人员的组织认同感和身份认同感。近年来，各大外卖平台和快递平台纷纷设立外送骑手的专属节日。例如美团外卖在第四届“717 骑士节”来临之际成立了骑手服务部，通过发放智能安全头盔、提供折扣餐、发放休闲娱乐优惠券等方式提升骑手体验，保障骑手权益；顺丰同城急送除了每年的“917 骑士节”外，每个月还会举办不同主题的骑手感谢日，比如为优秀骑手颁奖、表彰做公益和好人好事的骑手等；达达快送“927 骑士节”集中对优秀骑士予以表彰、发放骑士福利……在线网络平台也大力举办平台年会和各类评选颁奖典礼，将线上原子化、分散的创意劳动者在线下聚集起来，借助具有仪式感的节日活动，提升劳动者对平台的归属感，增强组织内部凝聚力。

（2）全国性或地方性枢纽型网络社会组织以及社团组织不断涌现

首先，在社会组织方面，从中央到地方均成立了枢纽型网络社会组织，以链接社会资源，促进组织发展。2018 年中国网络社会组织联合会（CFIS）成立，统筹协调社会各方资源，凝聚网络社会组织力量，促进网络社会组织发展。各个省级单位的网络社会组织联合会也相继成立。

其次，在社团组织方面，一线城市积极探索针对平台从业者的有效的组织方式。浙江温州、宁波、杭州等城市自 2013 年开始纷纷成立网络界人士联谊会（网联会），在加强思想引领的基础上，主动为网络界人士提供联谊交流、教育培训、创业帮扶等服务。上海在 2016 年成立了上海自媒体联盟，签署《上海自媒体联盟自律公约》。这是全国首家跨界合作的自媒体联盟，将促进自媒体的行业自律、行业监督和交流合作。自媒体联盟成为网络界人士与党政部门沟通联系的桥梁纽带。

2. 自下而上组织化的努力

虽然平台借助数据算法全面监管平台从业者的劳动过程，但是劳动者也并不是完全被动的，他们积极进行自我的主体实践，努力维护自身权益。然而，在互联网经济下，平台企业与平台从业者之间存在巨大的信息鸿沟，平台从业者利用规则争取的自主性非常有限，其维权申诉也多是条文上规定的形式权利（冯向楠、詹婧，2019）。作为原子化的个体，平台从业者难以通过维权申诉等正式渠道维护自身权益，他们更多地通过自发建立的“职业社群”获得非正式的同伴互助。在同伴互助和

“虚拟团结”[①] 中增强群体认同，并形成群体团结。平台从业者原子化、碎片化的就业特点也导致其对智能手机、电子信息沟通技术特别依赖，他们的群体团结往往借助互联网实现。

一方面，平台从业者借助网络交流软件进行工作上的互帮互助。例如，外卖骑手都会在各自站点建立自己的微信群，构建外卖信息的“自平台”。在微信群内，一方面，外卖骑手们交流送餐技巧、发送“转单”请求、分享交通路况和电瓶车被盗信息等，并据此形成自己的“工作社群”和“劳动算法”（孙萍，2019；冯向楠、詹婧，2019）；另一方面，平台从业者借助网络交流软件形成公共讨论和集体意识。在线网络平台从业者在各类论坛上讨论各种各样的专业议题和公共议题，在讨论中形成群体认同感。通过网络社群分享工作经验和维护权益的方法，在线网络平台从业者形成了集体意识，开展集体行动，以维护自身权益（张铮、吴福仲，2020）；或者基于相近的兴趣和爱好，在网络沟通和分享中凝聚共同的意识和情感，进而形成对自身职业的身份认同感（何方，2016）。

但是，也有研究指出，自组织借助互联网实现的是基于兴趣和情感认同等的“圈层化”社会交往，这有助于分散的社会利益表达的组织化和社会的再组织化，但在群体内部，圈层区隔可能会更加明显，表现为碎片化的小圈子，不利于平台从业者整体的整合和社会融入（李钦、刘荣，2019；后梦婷，2020）。

（三）未来可行的组织化路径

当前，平台从业者的组织化工作已经开始“破冰”，平台企业以及各类社会组织积极探索实践，平台从业者的自组织不断发展。但从全局来看，已被纳入统战工作视野的平台从业者只是少数，平台从业者的组织化工作仍然处于发展初期，实践中仍然存在不少问题，未来需要积极探索可行的组织化路径。

① “虚拟团结”源自《中国卡车司机调查报告 No.2——他雇·卡嫂·组织化》（传化慈善基金会公益研究院“中国卡车司机调研课题组”，2018）对卡车司机内部联系和内聚力的描述，这是一种基于互联网的群体自组织机制。

1. 加强党团引领，积极发挥基层党团组织的作用

平台从业者的组织化，需要发挥各级党组织的政治引领作用和共青团的组织引导作用（金桥、赵君，2020）。在平台企业中建立基层党组织，强化党建引领，实现有效覆盖，促进新就业形态健康发展，为平台从业者的组织化提供基本的组织依托。当前我国部分省市已有相关的实践。2021年下半年以来，地方纷纷成立有关快递、外卖行业的党委服务中心：6月，中共江苏连云港市海州区快递外卖行业委员会成立；10月，中共常州市外卖送餐行业委员会成立；11月，杭州市余杭区外卖骑手行业综合党委成立……从行业方面看，美团（北京）党委在北京的朝阳、平谷、海淀、通州、丰台五个区先后成立了外卖骑手流动党员党支部；2021年11月，饿了么在西安市碑林区文艺路街道成立西北首家外卖骑手流动党员工作站……

在具体操作层面，积极发挥基层党团组织的作用。平台从业者脱离了传统的单位组织，一定程度上处于原子化状态，即便如此，他们也必然会与所属社区存在一定的关联。通过平台从业者所在的社区党组织、居委会，对其进行法律观念和职业发展方面的宣传培训，有针对性地开展相关的社区服务和社区活动，为平台从业者赋能，提升其组织参与感和社会融入感。

2. 积极推动平台从业者通过多种渠道、多种方式加入工会

工会是职工自愿结合的工人阶级的群众组织，维护职工合法权益、竭诚服务职工群众是工会的基本职责。对于平台从业者而言，通过工会可以反映个人利益诉求，维护自身合法权益；对于平台企业而言，通过工会收集劳动者的意愿并与之沟通协商，能够有效促进劳动再生产和企业的持续发展。但是，当前平台从业者由于不清晰不明确的劳动关系、分散流动的就业方式等难以建会入会，几乎是工会、共青团等群团组织覆盖的空白点（金桥、赵君，2020）。积极探索和建设与数字劳动过程相适应的工会组织、维护数字劳动者的合法权益是十分必要的（韩文龙、刘璐，2020b）。

2021年7月发布的《中华全国总工会关于切实维护新就业形态劳动者劳动保障权益的意见》（以下简称《意见》）指出，新就业形态劳动者包括平台经济的从业人员。《意见》还指出，近年来各级工会组织针对平台从业者就业灵活、组织形式多样、流动分散以及对工会了解不够、黏性不够等特点，有针对性地探索了多种建会入会渠道：企业单独建会、龙头企业牵头建会、行业推动建会、网上入会、建立流动入会窗口等，同时借助工会媒体宣传引导入会，积极探索新的服务方式和保障举措，吸引劳动者自愿入会。

未来要加强组织领导和顶层设计，成立专项小组，出台相应政策，指导和推动平台从业者的建会入会工作；推动平台企业、龙头企业建会，使其积极发挥示范引领作用，加强工会的组建宣传和工会服务输出，推动关联的上下游企业建会；拓宽入会渠道，根据平台从业者工作上的原子化、职业人群的流动性、劳动关系的模糊性等特点，积极推动平台从业者在网上入会、工会窗口入会等。

3. “组织 + 平台 + 活动”三位一体，针对群体特点和需求推进组织化

平台从业者有不同于传统劳动者的群体特点和就业特点，这也对传统的统战工作单一依赖工作平台或联谊活动提出了挑战。平台从业者的组织化要采用“组织 + 平台 + 活动”三位一体的联动工作思路，通过项目化、品牌化的运作方式进行群体认可的组织化建设。其中，“组织”是黏合剂和中介桥，为平台和活动提供重要载体；“平台”是落地触手，是活动和组织的重要支撑；“活动”是重要内核，为组织和平台注入巨大的活力（后梦婷，2020）。

在组织化过程中要充分考虑平台从业者的就业特点，有针对性地开展相关的组织工作。首先，在活动内容上要紧贴平台从业者的客观需求，适时开展有关权益维护、安全教育、技能学习、创业发展等群体关心关切的讲座培训；其次，在工作形式上，要适应平台从业者的思维方式和话语体系；最后，针对平台从业者原子化的工作特点，充分利用互联网和新媒体提供相关的服务和引导，促进平台从业者的群体认同和社会融入。

第七章
社会组织创新的实践路径

庞保庆

一 引言

“社会组织”是中国特殊语境和制度环境下的概念，党的十六届六中全会《中共中央关于构建社会主义和谐社会若干重大问题的决定》对社会组织做出了界定：“依法建立的、相对独立于国家政府系统，以社会成员的自愿参与、自我组织、自主管理为基础，以社会公益活动或者互益活动为主旨的非营利性、非政治性、非宗教性的一类组织。”随着我国社会主义市场经济体制的不断完善、政府管理方式的调整，社会组织的发展迅猛异常，民政部的统计数据显示，截至2022年第一季度全国共有社会组织近90万个。[①] 虽然近几年注重组织发展质量而非数量等导致社会组织发展速度放缓，但是与之前年份相比，社会组织的发展在保证质量的同时数量仍然在增加。

社会组织不仅是社会主义市场经济的重要组成部分，而且是基层治理体系中的重要力量。社会组织促进了经济主体间的合作交流、互信互惠，增强了经济活动中的平等性和规范性，在经济和社会发展的多个方面都发

① 其中社会团体37万个，民办非企业单位52.1万个，基金会8959个（参见《2022年1季度民政统计数据》，https://www.mca.gov.cn/article/sj/tjjb/2022/202201qgsj.html，最后访问日期：2022年10月22日）。

挥着协调和促进的作用（孙晨、修晶，2021）。目前，社会组织已经成为基层社会治理队伍的重要组成部分，成为助力社会治理重心向基层下移的重要力量，成为整合社会资源为社会公众提供公共服务的重要主体。近两年，社会组织在疫情防控和社会治理的实践中发挥了重要作用，充分彰显了社会组织在整合资源、服务民众、提升人民福祉等方面的重要作用（黄晓勇，2021）。

在社会组织的发展历程中，涌现出了许多具有创新意义的制度形式（王名、朱晓红，2009）。如何梳理这些制度形式并予以理论化就成了学界要探讨的议题之一。但是目前有关社会组织创新的文献，仍然聚焦于社会组织面临的制度环境，认为社会组织面临的外部制度环境是影响社会组织创新的主要因素（程玥，2008；黄晓春，2015；李朔严，2018；黄晓勇，2021）。社会组织繁荣与发展的决定性因素主要在于外部管理环境的优化，外部管理的相关观念、制度、行为等成为左右社会组织发展质量的关键（程玥，2008）。模糊发包制不仅可以解释不同地区发展社会组织基本策略的相似性，还能解释各地做法中制度性差异的原因所在（黄晓春，2015）。党可以通过统合手段、从制度层面给予 NGO 领导人政治身份，从而增加其政治资本、扩展其社会网络，为 NGO 的发展提供更为宽松的制度环境（李朔严，2018）。黄晓勇（2021）从坚持党的全面领导、参与社会治理、助力抗击新冠疫情、推动社会组织参与全球治理等方面总结了社会组织在2020 年度的一些创新形式。虽然外部的制度环境是社会组织进行创新的重要影响因素，但是我们无法忽略社会组织自身的因素在不同组织形态选择过程中的重要作用，正所谓内因才是决定事物发展走向的主因。

为此，本章以上海市黄浦海燕博客公益发展中心（以下简称“海燕博客”）为研究对象，详细考察该组织在发展过程中为应对不同环境采取的不同组织创新方式。以海燕博客为研究对象，其主要原因在于：其一，海燕博客是发展比较成功的社会组织，具有非常好的典型性，梳理其经验可以为其他社会组织提供有益的借鉴；其二，海燕博客的成员以新的社会阶层人士为主，服务对象也以新的社会阶层人士为主，而且该群体是目前在体制外具有创新性、灵活性的创新创业主体。新的社会阶层人士大多处于体制之外、市场之内、社会之中，且主体是知识分子，大多是党外人士，具有流动性高、自主性强、自组织性强、创新意识强、思想多元、网络性突出等特征，这些特征决定了不能完全沿用传统的组织方式将其组织起来。2015 年习近平总书记在中央统战工作会议上指出，“缺乏组织是新的社会阶层人士统战工作面临的最突出的问题，做新的社会阶层人士统战工作，一般化的方式不太管用，我们党历来有一个好办法，就是组织起来”①。那么，如何突破传统，解放思想，创新方法，建构新的社会阶层人士统战工作新模式？

目前，海燕博客经过不断探索已经形成了较为完善的工作模式，发展为非常有辨识度的品牌，形成了以海燕博客为中心，孵化培育的子社团和社团骨干为内圈、新的社会阶层人士为外圈的“同心圆”，在发挥正能量、促进社会和谐稳定发展和培养党外人才等方面发挥了积极作用。现有文献将其工作模式称为“新的社会阶层人士统战工作的 2.0 版”（肖存良，2018），但这只是对海燕博客进行了横截面剖析，并未加入“时间”因素。为此，本章借鉴组织创新发展的文献，梳理海燕博客的发展脉络，考察其如何在不同发展目标引领下主动变革自身的组织形态以获得更好的发展，以期为其他社会组织的发展提供有借鉴价值的工作模式。

二　分析框架

组织如何更好地发展是组织存续的永恒命题。熊彼特认为组织需要将生产要素进行重新组合，用自身的变革实现创新以应对外界变化。组织创新是一个创造性毁灭的过程（熊彼特，1990）。而泰勒则认为组织需要将一切标准化、流程化，用统一标准规范组织内的一切流程，用科学管理组织运作（泰勒，2021）。上述理论为组织高效管理奠定了基础。但是组织是有多种形态、多个发展时段的，而且组织是一个开放系统，时刻保持着与外界的互动。为了更好地分析组织在不同发展时段采取的策略，特别是

① 《习近平出席中央统战工作会议并发表重要讲话》，http://china.cnr.cn/news/20150521/t20150521_518602848.shtml，最后访问日期：2022 年 12 月 21 日。

分析组织与外界的互动，卡斯特与罗森茨韦克（2000）在前人理论基础上提出了权变理论。

在对传统组织理论进行批判的基础上，卡斯特与罗森茨韦克认为在组织管理中不存在什么一成不变、普遍适用的管理理论和方法，而是要视组织所处的内、外环境条件随机应变，在“普遍原则”与“视情况而定”之间有一个折中的地带（参见竺乾威，2008）。具体来看，权变理论认为：组织并不是一个封闭系统，而是一个由许多分系统组成的、开放的社会系统，组织内部各系统之间、组织与外部环境系统之间都应该匹配（卡斯特、罗森茨韦克，2000）。

权变理论强调的是组织的多变量属性，并尝试了解组织在变化的条件下和在特殊环境中运营的情况，最终目的在于做出最适应具体情况的组织设计和管理行动。不同的组织有不同的关系模式，依据组织面临的环境差异可以将组织分为：稳定－机械式组织、适应－有机式组织。当出现如下5个条件时应采用稳定－机械式组织形式：①环境相对稳定和确定；②目标明确且持久；③技术相对统一且稳定；④常规活动为主体，生产率较为稳定；⑤决策可以程序化，从而协调和控制过程倾向于采用具有严密结构的等级系统。当上述5个条件都不确定时应采用适应－有机式组织形式：①环境相对不稳定和不确定；②目标多样化并不断变化；③技术复杂、易变；④有许多非常规活动，在这些活动中创造性和革新性很重要；⑤决策过程是探索式的，规模较小、层次较少，具有较大的灵活性（卡斯特、罗森茨韦克，2000）。

当组织采取适应－有机式组织形式时，组织在不同时期的具体运作策略是不同的，会随着条件的不同组合而采用不同的策略，但是在短期内组织面临的条件③、④、⑤基本上是不变的，因此可以进一步将条件简化为环境相对不稳定和不确定、目标多样化并不断变化这两个条件，这两个条件的不同组合会形塑组织的不同行动策略。结合组织发展时间轴，可以进一步将组织发展策略提炼为凝聚策略、引导策略、组织再造策略，具体见图7－1。

第一阶段：凝聚策略。组织成立初期，由于组织的目标是单一维持组织正常运转；而组织面临的环境相对不稳定和不确定，服务的对象群体具有较高的分散性和特殊性，此时组织主要采取凝聚策略，千方百计地吸引服务对象的注意力，让其对组织感兴趣，愿意加入组织，参与组织举办的相关活动。

第二阶段：引导策略。组织开始正常运转后，此时面临的环境并未发生改变，但组织的目标已经变得更加多样化，包括实现组织自身的价值、扩大业务范围等。为了实现多样化的目标，组织的策略会发生变化，转型的过程可能是组织者以铁腕手段进行强制引导，也可能是组织者以协商劝说的柔性方式引导，但最终都是在组织者的带动下进行的，这一过程也是组织策略从凝聚策略走向引导策略的过程。

第三阶段：组织再造策略。此时组织已经进入发展成熟阶段，组织面临的环境相对稳定和确定，抵御外部冲击的能力也比较强，但组织的目标是多样化并且不断变化的，此时组织者就需要对组织内部结构进行优化、再造，以组织再造策略实现流程再造。

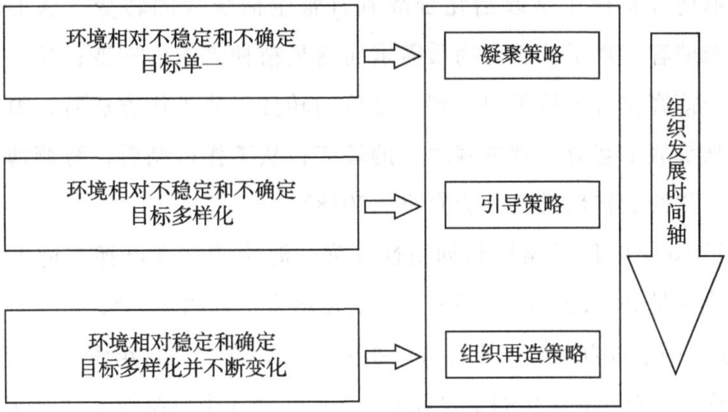

图 7－1　组织发展策略

完成上述三个阶段后，组织将逐步从适应－有机式组织转变为稳定－机械式组织，此时组织如果无法灵活调整，就可能面临程序繁杂、反应不灵等问题。

三　海燕博客概况

海燕博客创建于2006年，创建的契机是当时上海正在如火如荼地开展“两新”组织党建、团建的试点工作，但是南京东路街道在这方面的工作才刚刚起步，基础比较薄弱。面对这种局面，海燕博客的创建者施海燕勇挑重担，开始着手“两新”组织的党建工作。由于没有基础，只能从最简单、最常用的方式——扫楼——开始，施海燕花了两周的时间“扫”了20幢商务楼宇，最终找到了40多个白领报名参加线下交友活动。2006年4月1日海燕博客举办了首场活动。施海燕在MSN空间发了一段流水账式的日志和照片，引起了大家的热议和“灌水”，这就是海燕博客的雏形。2012年7月，海燕博客以黄浦区委统战部为业务主管单位注册成立。

海燕博客开展新的社会阶层人士统战工作具有六个鲜明的特征：从工作对象看，海燕博客实现了从标志性人物到一般人士的转变；从工作方式看，海燕博客实现了从政治化统战到日常生活统战的转变；从工作内容看，海燕博客实现了从满足物质需求向满足精神需求的转变；从工作方位看，海燕博客实现了从单向度到全方位的转变；从工作方法看，海燕博客实现了从统战主客分离到主客融合的转变；从工作机制看，海燕博客采用基于项目化的运转新模式（肖存良，2018）。

经过16年的积极谋划和创新性发展，海燕博客现已拥有博友3万余人，九成成员是新的社会阶层人士，孵化培育子社团20个，每年举办活动500余场，联系数百家已注册社会组织和较有影响力的自组织，成为开展新的社会阶层人士统战工作的重要载体，并两次获评中央统战部“全国统战工作实践创新成果奖”，成为在上海乃至全国颇有影响力的统战工作品牌。

海燕博客在发展过程中采取的策略基本上与前述的三种策略相同：在第一阶段以凝聚策略为主，通过各种方式凝聚新的社会阶层人士；在第二阶段以引导策略为主，引导新的社会阶层人士从以自娱自乐为主向参与经济社会事务、服务国家发展大局迈进；第三阶段以组织再造策略为主，创建专业联盟，实现共赢共享。

四 第一阶段：凝聚策略

在组织创建的初期，由于环境较不稳定，没有可以调动的各种资源，组织的目标主要是吸引人们参与，为此海燕博客采取凝聚策略吸引新的社会阶层人士参与。运行初期，海燕博客没有什么可借鉴的经验模式，只能摸索着干，为此主要采用多样化的凝聚策略来吸引新的社会阶层人士参与。组织活动不仅关注到新的社会阶层人士的实际需求，而且参与方式多样，全方位打造凝聚新的社会阶层人士的工作体系。

（一）因势而生，关注新的社会阶层人士的需求

2006年，《中共中央关于巩固和壮大新世纪新阶段统一战线的意见》明确提出：要以社团为纽带，以社区为依托，以网络为媒介，以活动为抓手，探索做好新的社会阶层人士统战工作的机制和方法。如何做好新的社会阶层人士的统战工作、如何了解该群体的切实需求并将其组织起来，就成为迫切需要解决的问题。当时上海市黄浦区南京东路街道并未开展新的社会阶层人士的统战工作，对该群体规模有多大、该如何组织他们等问题毫无头绪，要开展该项工作的难度非常大。为此，时任南京东路街道团工委书记的施海燕勇挑重担，想把这批人组织起来、凝聚起来，让其参与到活动中。为此，施海燕花了两周时间走进商务楼宇展开“扫楼”行动。

> 当时中央下发了文件，这个事情要落实，但是具体怎么做都不清楚。作为负责该项工作的具体人员，我当时也没想好具体怎么做，只是想着无论后续怎样，第一步得先把这些人联系到一起，把大家组织起来，见个面认识认识。没有其他资源可以调动，没办法，只能自己印、发传单，自己去商务楼宇一户户地联系，当时还被楼宇保安撵出去过，别提有多狼狈了。（访谈编号20211015）

在招募到一定数量的新的社会阶层人士之后，如何开展活动、如何宣

传活动效果就成为接下来要解决的问题。施海燕采取的办法是趁热打铁，招募到成员后在一周内举办第一场活动，并在个人 MSN 空间撰写日志对活动进行了记录、宣传。

> 召集到40多名商务白领后，我就趁着大家还有新鲜感的时候，马上组织活动，担心活动办得晚了，大家就没热情了，因此很快举办了第一场户外拓展活动。举办活动那天还下雨了，但是因为刚开始，参与者的热情都很高，活动还是如期举行了，而且蛮成功的。活动结束的当天晚上，我就在个人 MSN 空间写了一段流水账式的日志，贴上活动照片，引起了热议和“灌水”，这便是12年前海燕博客成立的雏形。（访谈编号 20211015）

海燕博客从创立之初就以关注新的社会阶层人士的内心需求和追求为出发点，基于“志趣”孵化培育了20个子社团，覆盖文化、艺术、环保、交友、体育、普法、参政议政等多个领域，这种志趣基因使它的统战工作从一开始便是生动活泼、新鲜多样的。海燕博客构建的文化公益生活圈为新的社会阶层人士提供了丰富的业余生活规划。如果你想放松身心阅读或更新丰富个人知识结构，可以参加“书虫部落”活动；如果你有演戏梦想，可以加入“都市原点剧社”；如果你想学习传统文化，可以参加东方雅集“文庙讲堂”；如果你想“出一身汗”、锻炼筋骨，可以去海搏武道社；等等。此外，大家还可以根据兴趣爱好参加多个社团的活动，海燕博客从满足生活需求出发对新的社会阶层人士开展全方位统战工作。

（二）善用社交新媒体

海燕博客发展的16年，正是社交媒体不断推陈出新、变革更替的16年，海燕博客紧跟时代潮流，从最初的 MSN 空间开始，相继在新浪博客、微博、微信等新媒体平台“安家立户”，活动宣传和成员招募完全是在网络上进行，其“吸粉无数”也与传播方式的与时俱进密不可分。

海燕博客骨干经常泡在线上“蹲点”“聊天”“走家串户”，主动发起话题，增强新的社会阶层人士的归属感和融入感。在微博开始流行的时候，施海燕又拿出“扫楼”的劲头，和骨干们开始微博“扫人”，通过“私信求粉”，联系了一批网络名人，零点集团董事长袁岳等一些公益界领袖、创投领域的“大佬”“网络大 V”都是通过这种方式与海燕博客建立了联系。他们不仅通过线上交流互动，还参与海燕博客的线下活动，扩大了海燕博客的影响力，提升了海燕博客的知名度。

> 我们从一开始就注重采用最时兴的社交新媒体来动员大家，因为感觉我们关注的对象都是走在时代前沿、走在应用技术前沿的群体，因此就要采用他们喜欢的方式去跟他们交流。而在具体的交流过程中，也没有强制大家必须蹲在网上，可能是因为大家责任心比较强，也可能是因为社交新媒体已经成为大家生活的一部分。你看现在大家都在用微信，你要是让我一上午不看微信，我自己都受不了，或许正是契合了大家的日常需求，因此搞起来感觉不是特别费劲。（访谈编号 20211015）

（三）将丰富多元的线下活动常态化

网络作为一种技术手段和虚拟载体，虽然具有简单、省时、动员快的优势，但是却有凝聚力不强、成员间关系生疏的不足，因而有必要通过具体的线下活动来增进成员间的感情。海燕博客在保持线上互动的同时，也开展了线下活动，这使统战工作更有抓手、更深入人心。

新的社会阶层人士因为都有自己的工作，闲暇的时间相对较少，现有统战活动无法适应他们工作忙、请假难等现实情况。面对这种情况，近年来，海燕博客各社团逐步将丰富多彩的线下活动常态化，每年 500 多场活动，几乎“霸占”了新的社会阶层人士所有的工作日和双休日，将线上原本松散、动态流失的新的社会阶层人士拧成了一股绳。

海燕博客持续不断地举办线下活动，关注新的社会阶层人士动态化参与的需求，活动内容随着受众群体的需求变化而不断进行调整、优化。如

“海带读书会”最初只是招募书友聚在一起分享书籍，之后加入了“读人”“读路”等元素，这些变化不仅给人全新的感受，也吸引了一批新粉丝。

五　第二阶段：引导策略

在组织进入正常运转的轨道后，就需要组织者适时调整策略。海燕博客在解决了联系新的社会阶层人士过少这一难题后，进入常态化发展阶段，此时海燕博客的目标已经由最初的单一目标转变为多样化的目标：提高新的社会阶层人士参与经济社会事务的积极性，使其为社会发展贡献智慧和力量。

（一）从娱乐吸引到公益引领，传播核心价值观

海燕博客从最初以文娱活动吸引、凝聚新的社会阶层人士，到以志愿公益活动引领新的社会阶层人士，潜移默化地让参与者体会到活动承载的社会价值，树立积极向上的价值观。如“都市原点剧社”是由一批热爱表演的都市白领于2006年成立的，通过海燕博客的扶持和引导，从演绎白领生活剧《粉红女郎》开始，逐渐向弘扬社会责任、倡导公益理念转变，如拍摄的《十月十八阴转晴》《我们的父亲母亲》聚焦关爱女性艾滋病患者、山区支教、敬老养老等公益题材，拍摄的《和平饭店》则以海峡两岸和平统一为题材，为向中华人民共和国成立70周年献礼专门拍摄了生活剧——《石榴花开》。其间，剧社还参演了中央电视台首部阐述社会主义核心价值观的电视专题片《国魂》。

这个不是说我们要引导他们传播核心价值观，是参与表演的演出者自己就提出来要传播核心价值观。当然，他们不是直接用核心价值观这个词来说要传播核心价值观，而是说演出要传递正能量，给予观众心灵的震撼，要让观众体会到祖国繁荣昌盛的重要性、体会到和平稳定发展环境的不易、体会到祖国经济发展取得的巨大成就等，他们说的这些跟我们倡导的核心价值观的内核是一致的，所以说很自然地

就契合起来了。(访谈编号 20211015)

2014 年 9 月，子社团“书虫部落”联合沪上民间读书会发起了“书声”阅读会，“书声”阅读会借鉴了风靡全球的 TED18 分钟演讲模式，鼓励青年白领用 18 分钟讲述所阅读书籍的内容以及自己的思考和感悟，以书为载体，用草根的语言讲述对核心价值观的思考和感悟，引发广大青年白领的共鸣。不同于作家分享会、传统报告会，“书声”阅读会以润物无声的方式有力地促进了核心价值观的传播。如今，在“书声”阅读会的推动下，《中国超越》《中国震撼》《易中天中华史》《人类群星闪耀时》等一大批好书在青年白领中广泛传播，社会主义核心价值观成为青年白领常提及的词，潜移默化地在青年白领的心中生根发芽。“书声”阅读会先后荣获“上海市公共文化建设创新项目”“上海市群众喜爱的培育和践行社会主义核心价值观项目”“上海市统战工作实践创新优秀奖”等奖项。

“可以把公益做成一种生活状态，很快乐!”这是成员们的座右铭，也是海燕博客众多成员的心声。

(二) 从表达诉求到参政议政，探索基层民主协商

“公益”逐渐成为团结凝聚新的社会阶层人士的核心目标，但新的社会阶层人士还需要一个可以充分施展才华、实现自我价值和社会价值的更大的舞台。2009 年底，海燕博客成员中一批有思想、有理想、热心社会活动的优秀代表人士组建了“建言团”。“建言团”定期与黄浦区商务委员会及黄浦区人大代表、黄浦区政协委员等共同举办服务区域经济建言献策的主题论坛，提出了许多颇有见地的“金点子”。上海市黄浦区委统战部领导多次参与海燕博客理事会、社团的活动，并邀请黄浦区相关部门负责人与海燕博客成员互动交流，这为骨干成员参政议政、建言献策拓宽了渠道，推动了基层民主协商进一步发展。

自 2010 年起，上海市黄浦区委统战部利用海燕博客平台，每年都开展课题调研，课题组成员以海燕博客骨干成员为主，在调研的同时注重成果转化。多年来，相继完成《沪上读书会发展与侨务统战工作应对研究》

《"互联网 +"时代社会组织统战工作挑战与创新—— 兼论"微协商"的实现机制》《"一带一路"建设中发挥华侨华人作用研究——黄浦区侨务工作新抓手和新探索》等调研报告，集中民间智慧为政府部门发现、分析、解决问题提供参考。

（三）以点到面会聚统战人才，发挥"蓄水池"作用

长期以来，上海市黄浦区委统战部依托海燕博客平台，注重挖掘"人"的潜能和智慧，不断发现、培育统战人才，将统战工作对象转化为统战人才。海燕博客20个子社团负责人均为新的社会阶层人士，他们通过海燕博客平台投身公益事业，为了一个共同的目标走到一起，在新的社会阶层人士中树立了"威望"。

如子社团"书虫部落"负责人丁布是一位自由培训师，一次无意中看到《全国国民阅读调查报告》中说中国的人均阅读量只有个位数。[①] 为了提升人均阅读量，丁布在2012年成立了"书虫部落"，组织成立的愿景就是把人均阅读量从个位数提升到两位数。工作之余，丁布与团队其他成员专心经营读书会，他的团队成员都是由粉丝转变而来的。大家凭着对阅读的热爱，用业余时间奉献，每年做200场阅读活动。"书虫部落"通过阅读推广和阅读思维训练，在爱好阅读的新的社会阶层人士中拥有广泛的号召力、影响力。

再如，子社团"海韵旗袍会"会长刘秋雁也是一位自由职业人员，从小对旗袍文化情有独钟，大学毕业后从北方来到上海，踏上了旗袍文化传承之路。2009年，她拥有了自己的旗袍文化工作室，致力于旗袍的工艺研究和宣传推广。2016年发起"旗袍遇上24节气"楼宇文化快闪活动，陆续走进20个商务楼宇、园区，利用午间一小时举办白领旗袍走秀"快闪"、女红技艺手工体验等活动，使众多沪上白领能切身感受海派文化的魅力。最初做这个项目时，刘秋雁的爱人看她花时间、花精力，还贴钱，

---

① 《"第九次全国国民阅读调查"显示》，http://news.cntv.cn/20120422/104391.shtml，最后访问日期：2023年2月15日。该报告为年度系列报告，由中国新闻出版研究院组织实施、基于"全国国民阅读调查"撰写的报告。

非常不看好，但执着的刘秋雁将24场节气活动真的做下来了，整个一年她都没有休息时间，最终随着影响力的扩大，她开始收到很多商务楼宇、企业甚至外省市的邀约，打破了长期以来文化项目难以走进商务楼宇的壁垒。同时她和商务楼宇白领不断打造衍生的文创产品，如旗袍香囊、挂坠、胸针等伴手礼，成为市、区民间外交的代表性礼物。

16年的发展，使海燕博客日益成为新的社会阶层人士的聚集之地、培育之地。在上海市黄浦区委统战部的培养和举荐下，海燕博客中多个骨干成员获得“全国百个巾帼好网民”“市优秀志愿者”“市十佳好人好事”“市侨界创业之星”等称号；有20余位骨干成员参与了上海市新的社会阶层人士理论研修班、华侨华人专业人士回国创业研习班等；有十余位骨干成员成为上海市黄浦区政协委员、青联委员；有40余人加入市级/区级侨商会、欧美同学会、知联会等团体。

六　第三阶段：组织再造策略

海燕博客秉持的理念就是实现新的社会阶层人士的“大团结、大联合”，打破传统的条块、部门、地域、行业、时空的限制，实现跨界合作，形成工作合力。为了更好地服务数量庞大的新的社会阶层人士，海燕博客勇于打破陈规，对组织进行重新调整、再造。

（一）创建专业联盟，打造统战品牌

上海有1.4万个社会组织，而以新的社会阶层人士为主体且未注册的自组织数量更为庞大。随着影响力日益扩大，如今海燕博客就像一块“吸铁石”，吸引着越来越多的社会组织、自组织主动来联系、合作，它们甚至希望加入海燕博客大家庭，成为子社团。为此，自2014年起，海燕博客在实践中探索出一条新的社会阶层人士统战工作的新路径：支持本土孵化的子社团做大做强，形成一批品牌项目，使子社团与上海其他同类社团、自组织结成“联盟”，努力成为行业标杆，实现社会组织的“再组织”。项目化、品牌化是海燕博客具有内在生命力、迅速成长的一个重要因素。

我们不担心扶持新的品牌会阻碍海燕博客的发展，主要有如下两个原因。一是我们感觉目前是需求量大，尤其是差异化需求更大，但是品牌太少，品牌少就不利于吸引整个新的社会阶层人士，我们感觉扶持新的品牌发展会扩大整个领域的影响力，让这个领域变得越来越吸引人。在扶持品牌的过程中我们也扩大了自身的影响力，提高了知名度。二是扶持了品牌之后，并不是说品牌就完全跟我们没关系了，而是说先把品牌发展起来，发展起来之后，让他们自己选择：可以继续留在海燕博客与其他品牌一起发展，也可以自立门户，但是基本上大家的选择都是以海燕博客为核心，形成品牌簇，共同发展。（访谈编号 20211015）

如今，“书声”阅读会不仅成为读书会的阅读组织联盟平台，而且成为众多读书人士积极参与说书的擂台、听书的场所，并在杭州、苏州、常州、扬州等长三角地区被复制推广；“文庙讲堂”自创办以来，陆续与上海市华侨书画院、无极书院、台湾龙山吟社等国学类社会组织合作，不断充实师资队伍，刮起了一股浓浓的“国学风”；“都市原点剧社”于2016年举办上海市“梦想戏剧节”，每年5月在沪掀起白领戏剧热潮，为在沪的数十家民间剧社搭建交流切磋的平台；“绿色有我公社”整合了沪上环保类企业、社会组织、专业研究机构、学校、社区等社会各方主体创建了“绿色联盟”，坚持于每月20日，以人民公园为实践基地，打造绿色环保主题展和绿色对接平台，探索绿色进商务楼宇、进学校、进社区的新宣传模式，形成全民总动员的环保氛围，为生态文明建设、文明城区建设贡献智慧和力量。上海市黄浦区委统战部将这些品牌项目作为统战工作的抓手，与越来越多的社会组织对接，在实践中探索出一条统战新路。

（二）聚焦行业特点，团结专业人士

海燕博客并未将自身定义为一个封闭的组织，而是将自身定义为一个链接各方资源、满足各方需求的枢纽型组织。海燕博客充分发挥自身的枢纽功能，针对重点专业人群，分类开展工作，不断延伸工作触角，拓展新领域。

针对律师群体，成立“海律社”，会聚了一批专业经验丰富、富有社会责任感的青年律师，推出公益品牌项目“法致生活 Talk”，以黄浦区打造法治化营商环境为主题，创新开展各类社会化普法宣传活动，并通过网络进行直播，每场活动受众近 10 万人次，真正使法律走进百姓生活。

针对自由职业人员，子社团“东方雅集”举办“中国风格”文创集市，通过自由设计者及手工艺人展示作品，分享匠者初心故事，使工匠精神成为引领社会风尚的风向标；子社团“智慧公益”团结一批自由培训师成立志愿者导师队伍，走进各大高校开展职场探究体验营活动，已累计为 6000 多名高校学生提供职业生涯发展咨询。

针对自媒体“网络大 V”，子社团“蒲公英俱乐部”，吸引了“微上海”“上海头条播报”“上海百事通”“魅力上海”“魔都探索队”等粉丝量共计千万的“网络大 V”及其身后的自媒体小编团队，社团的目标是希望它像蒲公英一样有着顽强的生命力和较强的传播力，通过网络传播正能量。2019 年“蒲公英俱乐部”策划发起了“美好在黄浦”主题网络宣传活动，从衣食住行、城区建设、市民文化等视角，向公众生动展现黄浦区这些年发生的巨大变化。活动一经推出，就受到广大网民的关注，大家一同回顾黄浦城区的变化、畅谈美好生活愿景，累计阅读量达 50 万人次，以润物细无声的方式把党的十九大精神传递到城区各个角落。

（三）开展跨界多元合作，实现共赢共享

从创立伊始，海燕博客就坚持民间性、公益性、统战性的工作原则，始终树立“不求所有，但求所用”的工作理念，开展与体制内外各方的多元合作，实现共赢共享。

近年来，海燕博客先后承接共青团上海市委，上海市黄浦区委组织部、黄浦区司法局、黄浦区文化局等市、区职能部门的项目。2016 年 5 月，为积极响应上海道路交通违法行为大整治行动、引导新的社会阶层人士参与到交通文明创建中来，子社团“海有爱公益社”和共青团上海市黄浦区委员会在全市发起了“拯救斑马线”白领亲子交通文明倡议活动。正是因为抓住了“亲子”这个切入点，至今每场活动都是“秒杀”报名。这

项活动很快从黄浦区向外扩散，在短时间内得到了上海市文明办、上海市公安局、上海市教育局、共青团上海市委以及黄浦区多个职能部门的支持，也得到了区域外多家社会组织的响应，其运作符合“SOP”标准化流程，更是被兰州、天津、宁波等地复制推广，这是继2008年“左行右立”文明乘梯公益活动之后，又一项由海燕博客发起、主推的公众品牌公益活动，引导新的社会阶层人士参与上海道路交通违法行为大整治行动，服务城市文明建设。

> 我们感觉社会组织还是要打破部门限制、行业限制、地域限制，毕竟单一的部门、行业、地域的资源都是有限的，还是要实现跨界融合。跨界不仅对我们有好处，对其他各方也有好处，可以凝聚各方资源尤其是凝聚各方优势，实现各种资源的交流、互补。（访谈编号20211015）

良好的口碑和广泛的宣传，也吸引着越来越多的企业主动对接、寻求合作。近年来，海燕博客先后与IBM、北京外企服务集团有限责任公司、上海喜马拉雅科技有限公司等知名外企、区属企业、新媒体企业开展项目合作。

七　结论与讨论

本章以海燕博客为研究对象，以权变理论为分析框架，分析了海燕博客在发展过程中根据外部环境变化、组织目标变化而采取的不同组织形式。研究发现，在组织成立初期，因为环境相对不稳定和不确定，组织的主要目标是吸引人们参与，此时主要采取凝聚策略吸引新的社会阶层人士参与。组织正常运转后，随着目标从“单一维持组织正常运转”转变为“提高新的社会阶层人士参与经济社会事务的积极性”，海燕博客的组织发展策略适时从凝聚策略转变为引导策略；当组织发展进入成熟阶段后，组织者对组织结构进行再造，以组织再造策略进行流程再造，实现跨越式发展。

社会组织的组织再造与政府部门的流程再造（奥斯本、普拉斯特里克，2014）、再组织化（郁建兴、吴玉霞，2009；胡重明，2013）的关键区别在于：社会组织在发展过程中历史包袱较少，没有复杂的部门架构和正式的工作人员，主要以项目为核心、以兼职人员为主体，在组织再造过程中遇到的阻碍较少。但是社会组织在经历组织再造进入稳态发展时期后，同样要避免组织僵化、反应不灵敏的问题。因此海燕博客要在保持自身灵活性的同时，强化“大统战”、融入“大党建”，优化和增强自身的功能，引领新的社会阶层人士实现“全体人、全方位”的发展。

在社会组织的发展过程中，较普遍的是在第一阶段采取凝聚策略、在第二阶段采取引导策略，较为困难的是在第三阶段像海燕博客一样采取组织再造策略，而且组织再造不是简单地对组织内部流程进行重组，而是从理念上对组织的价值目标进行调整、对组织架构进行重新布局。组织的领导者要及时关注组织的发展阶段，更新理念，将组织成立初期“小而精”的目标和理念结合发展情况，向组织的核心目标和理念转化；及时链接各方资源，不因组织业务而限制发展，而要以组织成员的发展需求为最终目标，实现跨界共赢。

第三编

新社会阶层的实践创新

第八章
新时代新社会阶层的新作为
——传播时代精神的自由职业人员

王晓楠

一 引言

自由职业人员是新的社会阶层人士的重要组成部分。[①] 自由职业人员普遍受过良好的教育且专业技能突出，经济收入和社会地位较高，但长期游离于体制之外，呈现规模增长快、年龄结构年轻化、文化程度高、技能强、收入高、社会生活媒介化程度高、价值观多元化等特点（刘平、王仕勇，2021）。中央统战部依据调研统计数据测算，2016 年全国新的社会阶层人士的总体规模约为 7200 万人，其中，自由职业人员约为 1100 万人。[②]

在实践层面，党的十六大报告提出自由职业人员是指“那些未与用人单位建立劳动关系，又区别于个体工商户、私营企业主，主要依靠自己的专业知识技能为社会提供合法的服务性劳动，从而获取劳动报酬的劳动者”（参见郑治，2002）。已有文献这样描述自由职业人员的特征：“不供职于任何经济组织、事业单位或政府部门，在国家法律、法规、政策允许的范围内，凭借自己的知识、技能与专长，为社会提供某种服

---

① 参见《中国共产党统一战线工作条例》，人民出版社，2021。

② 《自由职业人员：好不容易，终于找到你……》，http://www.zytzb.gov.cn/xdzcjd/84406.jhtml，最后访问日期：2022 年 10 月 20 日。

务并获取报酬的灵活就业人员。”① 目前，自由职业人员包括但不限于自由撰稿人、网络作家等自由写作人员，自由画家、书法家、音乐创作人、摄影师等自由文艺创作人员，自由导演、制片人和独立演员歌手等自由演艺人员，媒体与营销策划师、企业培训师、市场调研咨询师等自由策划咨询人员，自由经纪人、设计师、翻译等知识型市场服务人员，个体工程机械技术人员、电器及电子信息产品维修人员等技能型市场服务人员，等等。

自由职业人员一般是指接受过高等教育和技能培训，具有某种专业特长，不与任何组织建立长期的契约关系，以自己的专业技能或特长独立自主地获得资源、谋取生存的人（崔月琴、刘秀秀，2008）。这里除了强调自由职业人员大多无固定任职单位的就业灵活性之外，还限定了其自雇者的就业身份，以及大多掌握某种专业技能的职业特征。已有研究发现自由职业人员缺乏阶层意识，缺少普遍认同的阶层文化，与其他类型的新的社会阶层人士相比，自由职业人员仍是一个尚不成熟、正处于“青春成长期”的再生阶层（李淑萍，2017）。自由职业人员面临竞争压力大、缺乏安全感、组织化程度低、缺乏社会保障、价值观多元、社会生活边缘化等问题（谭英华，2009）。新的社会阶层人士具有自主性、专业性、边缘性特征，缺乏归属感和认同感，文化认同度低，漂泊在各个群体之间（崔月琴、刘秀秀，2008）。

新兴的自由职业人员尽管具有自主性强、专业素质高的特点和优势，但在现实中却处于边缘化地位，面临许多困境。自由职业人员的成长和壮大是社会转型的潜在动力和强大助推器，同时他们的政治诉求也会在一定程度上推动社会转型，促进社会变革。由于自由职业人员主要处于体制外，流动性很大，思想比较活跃，政治认同度较低，群体标识、群体归属感不强，传统的引领方式往往效用不大（王小波，2022）。因此，如何深入了解自由职业人员，如何探索新渠道，找到新办法，提高其政治站位，增强其政治认同，激发其参与活力，成为当前统战部门的工作重点。

2016 年，中央统战部专门成立了负责新的社会阶层人士工作的职能部

---

① 《自由职业人员：好不容易，终于找到你……》，http://www.zytzb.gov.cn/xdzcjd/84406.jhtml，最后访问日期：2022 年 10 月 20 日。

门，全国各地统战部门纷纷成立“新的社会阶层人士联谊会”（以下简称“新联会”），并将其作为一种创新统战工作的机制和方法，推进新的社会阶层人士的统战工作，积极引导新的社会阶层人士的政治参与。各地新联会通过联络联谊、创业服务等活动，激发新的社会阶层人士的主观能动性，发挥他们的专业优势。但是，仅通过活动来强化思想引领、凝聚新的社会阶层人士的政治共识存在一定的局限性，在联系、团结凝聚新的社会阶层人士方面还存在不少盲区，如新联会联谊制度的运行尚处于磨合过程中，其自转、联转能力较弱，尚需依靠各地统战部门的支持来运转，“自组织”的联动整合力度有待进一步加大。目前开展的活动多基于业缘、趣缘策划组织，如专业论坛、读书会、趣味运动会等，更偏重联情联谊和社会服务等，活动的“思想性”、政治引导功能不够突出（陶宇奋，2021）。

自由职业人员是新的社会阶层的重要组成部分。在社会转型期，上海这一特殊的文化场域孕育了一批自由职业人员，他们不求物质回报，自发组织各类活动，以“海纳百川、追求卓越、开明睿智、大气谦和”的上海城市精神为引领，凝聚自由职业人员，增进其政治认同，激发其政治参与活力。他们的参与活动呈现了实践创新的鲜明特征。为此，本章将基于认同理论，构建认同性活动参与的理论框架，通过典型案例和对自由职业人员的深度访谈，解读在特殊社会情境下自由职业人员开展实践活动的过程，挖掘实践活动中多维度的认同建构过程，为自由职业人员搭建网络平台、创新统战工作机制提供借鉴和参考。

二　认同与参与的互构理论框架

（一）认同理论

社会认同（群体认同）理论是泰费尔（Tajfel，1978）最早提出的。他将社会认同定义为：“个体认识到他（或她）属于特定的社会群体，同时也认识到作为群体成员带给他（或她）的情感和价值意义。”

群体认同是社会认同理论的基础。社会认同强调的是个人首先通过范畴化将自己归属到一个特定的群体中，在群体成员身份的基础上所形成的一种认同（周爱民，2015）。社会认同有三个基本阶段：归类、认同和比较。归类指将自己编入某一社群中；认同就是认为自己拥有该社群人员的普遍特征；比较是评价自己认同的社群相对于其他社群的优劣、地位和声誉（张莹瑞、佐斌，2006）。

角色认同理论认为角色才是认同的基础。人们在社会中扮演着各种角色，并根据社会互动中他人给予的判断和评价做出行动，在此过程中形成了各自的自我认知。它试图解释社会结构如何影响自我，自我又如何影响个体的社会行为。该理论认为社会为个人扮演的角色提供了基础，而个人也会成为社会促进的积极创造者（Stryker，1980）。角色认同被认为是可以联结社会结构（包括地方情境和社会运行机制）和个人行动的关键因素。

个人认同理论作为一种对个体化“自我”进行阐释的理论，关注个人在认同过程中的主体地位，并注重社会因素对认同过程的影响。认同是“一种熟悉自身的感觉，一种知道个人未来目标的感觉，一种从他信赖的人们中获得所期待的认可的内在自信”（Stevens and Erikson，2008）。

卡斯特（2006）认为认同是人们意义与经验的来源。网络社会的崛起唤醒了社会成员的自主、自立、自主选择的自我意识，人们不再被动地注意自己在社会生活中属于哪一个层面、处于何种位置，而是对社会的存在状况、资源配置和发展态势提出自己的评价与要求，这是一种主动的建构性认同。作为一种研究视角，认同理论能很好地沟通微观与宏观，个人、群体与社会的关系，基于群体认同、角色认同、个人认同阐释了“个人—组织—社会”这一链条的互惠互利、和谐共存。个人与组织、社会之间的互动是建构认同的重要机制，而认同的形成又影响着个体和集体行动。群体认同通过自我归类激发个体的社会情感，角色认同更强调通过他人评判来建构自我的社会意义，而个人认同的形成是以个人社会意义的确认、社会情感的生成为基础，是个人自觉并自愿地建构认同感的结果（颜玉凡、叶南客，2019）。

（二）认同性活动参与的理论框架

社会交换理论认为人类的一切行为都受到某种能够带来奖励和报酬的交换活动的支配，人们在社会交换中所结成的社会关系也是一种交换关系（布劳，2008）。人们更多地与自己群体或社会阶层中的成员交往，相同社会位置处境的人有着共同的社会角色、社会经验以及相似的属性和态度。本节根据上述认同理论的三个维度——群体认同、角色认同和个人认同，构建认同性活动参与理论框架（见图 8－1）。笔者认为，自由职业人员的认同分为集体记忆的群体认同、社会互动的角色认同和情感启发性的个人认同。认同性活动参与是自由职业人员基于社会互动，进行自我归类，构建群体认同、角色认同和个人认同，三类认同相互作用，激发群体的活动参与，并强化三类认同。

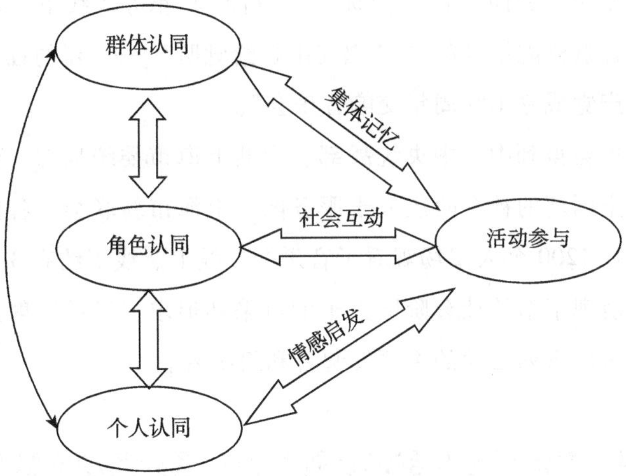

图 8－1　认同性活动参与理论框架

这些认同性活动的发起者、组织者和参与者在活动中强化群体认同、角色认同和个人认同，并在多重认同交织下强化活动参与，增强个体的社会归属感。本章主要以“新的社会阶层人士庆祝中国共产党成立 100 周年系列活动”为案例，基于认同性活动参与理论框架，阐释自由职业人员在组织活动中的社会互动过程、认同与活动参与过程，分析群体认同、角色认同和个人认同的互构过程，并探究自由职业人员自觉、自愿参与活动的行动逻辑及行动的生成路径，进而探索新时代新的社会阶层人士实践创新的新机制。

三 自由职业人员的实践案例

“新的社会阶层人士庆祝中国共产党成立100周年系列活动”（以下简称“系列活动”），是一场由上海自由职业人员发起，全国新的社会阶层人士积极响应、参与接力的自发活动，并以社会化方式在线上、线下开展。线上快闪活动则是全国各地新联会通过网上接力方式，组织、拍摄快闪视频《唱支山歌给党听》。活动由全国新的社会阶层人士服务团与上海市新联会主办，全国新的社会阶层人士服务团16分团、全国新的社会阶层人士服务团自由职业三分团（以下简称“三分团”）承办。线下活动包括艺术展览和在上音歌剧院举办的“‘唱支山歌给党听’——新的社会阶层人士庆祝中国共产党成立100周年交响音乐会”。

线下音乐会得到中共中央统战部、中共上海市委统战部、各区委统战部的支持。全国新的社会阶层人士服务团、上海市新联会、各区新联会的代表人士共计1200余人现场观看了音乐会，线上、线下约有3.7万人次观看，向社会展现了新的社会阶层人士的风采和追求，形成辐射效应。自由职业人员是这次系列活动的主要发起者和组织者。

四 集体记忆与群体认同互构：系列活动的缘起及其动力基础

（一）系列活动缘起：理论研讨班

系列活动的缘起可追溯至2020年10月中央统战部第三期自由职业代表人士理论研讨班。2020年10月，42名自由职业代表人士齐聚中央统战部第三期自由职业代表人士理论研讨班，他们中有自由职业书画家、曲艺家、独立歌手、导演、演员，也有自由职业策划师、咨询师、鉴定师，还有互联网营销师、培训师、涂鸦师等，主要集中在文化和经济领域。研讨班把学习贯彻习近平新时代中国特色社会主义思想、加强统一战线工作等核心内容贯穿于专题授课、研讨交流的全过程。研讨班安排了 7 场专题报告，注重突出学习贯彻党的路线方针政策、夯实政治思想基础这条主线。

除了集中授课外，研讨班以“新时代如何更好地发挥自由职业代表人士优势作用”为主题组织成员讨论，举办各类沙龙交流活动，课后班委会还组织大家利用晚上的时间共同研讨、为班级活动出谋划策。来自全国 21 个省市的自由职业代表人士从新时代中国特色社会主义事业参与者、见证者和受益者的角度，分享个人的从业经历和心得，并从不同视角讲述对新时代坚定文化自信的理解，交流对创新、创造活力的感悟，既有理性的主旨演讲，也有感性的互动交流，不断深化认识、形成共识。

（二）系列活动的动力基础：集体记忆的唤醒

集体记忆是一种带有群体性特征和情感符号的意义系统，它所提供的事实、情感为群体认同奠定了基础，为群体中的每个成员提供生产价值取向的体系，同时形塑了群体的价值观（颜玉凡、叶南客，2019）。系列活动组织者通过“爱党、爱国”的集体记忆，传播自由职业人员群体的价值观，在此基础上形成了自由职业人员的群体认同，同时，自由职业人员也在交流互动中不断唤醒集体记忆。

研讨班中的一部分自由职业代表人士曾经为寻求自我价值而放弃“铁饭碗”，选择自由职业。他们大多年龄在 35 岁以上，离职后利用在原单位积累的知识、技能、经验及人脉，从事自由职业；也有一些人是在原单位上班时从事兼职工作，辞职后把兼职工作变成全职工作。研讨班中的自由职业代表人士大部分工作稳定，大多数人把自由职业作为理想职业。

研讨班成员往往有着相似的经历，在授课和研讨交流过程中，集体记忆被不断唤醒，活动热情不断被激发。受新冠疫情影响，2020 年，研讨班注重结合成员特点，有针对性地做好内容“供给”，增加了互动交流环节。研讨班班长、上海市政协委员、上海市新联会副会长、自由职业收藏家陈海波在研讨班中发挥了示范表率作用。他组建了班级群，团结班级内的自由职业代表人士，吸纳更多的自由职业人员加入新的社会阶层人士的大家庭。

这些理论和实践相结合的学习，不仅有助于我们个人成长、事业发展，更让我们有机会站在更大的平台上，更具宏观的视野，扩大参政议政的空间。希望自己能更扎实地工作，严于律己，与时俱进，在政治上、思想上、行动上与组织保持一致，自觉、自省、自律地高标准要求自己，高质量地参政议政，为行业、为社会做出更大的贡献。（访谈编号 20201205）

在研讨班交流中，自由职业代表人士通过回忆成长经历、奋斗历程，达成共识——饮水思源、爱党报国。上海市长宁区政协常委、上海市长宁区新联会副会长、上海新海艺廊负责人、虎咖啡负责人、自由经纪人朱小虎通过研讨班学习，深刻体会到自由职业人员团结起来的重要性。自由职业人员团结起来可以增强群体凝聚力，改变“脱嵌于社会”的状态，增强群体归属感，促进自由职业人员实现社会的组织化。

作为一名从事文化项目策划和推广的自由职业人员，我认为人的一生应该做有益于社会、有益于他人的事，要有社会责任感。我要发挥个人特长，策划更多的活动，真正把学习成果转化为实践成果。同时，期待能够组织各地自由职业人员参加的活动，加强联系、交流，团结起来发挥更大的作用。（访谈编号 20201206）

单位制解体后，社区承担起基层社会组织与管理工作，但多数自由职业人员并不认同社区。自由职业人员每天打交道的对象是客户，相对于体制内工作的人，他们缺乏广泛的同事关系及团队凝聚力。由于人际关系不稳定以及与他人间的疏离感，自由职业人员渴望深入、持久的关系，希望获得社会和他人的认可与接纳。上海市宝山区新联会会员、上海市宝山区自由职业者联盟盟员、上海琅斯建筑景观设计工程有限公司总经理、国家高级文物艺术品鉴定师邵志翔通过研讨班学习，深刻体会到增强自由职业人员归属感和安全感的重要性，深化了责任意识，期待未来能够为加强自由职业人员群体的政治整合和价值引领提供更多的平台。

> 通过学习，增强了自身归属感、使命感和责任感，强化了大局意识、合作意识、共赢意识；懂得了不仅要“独善其身”，更要“兼济天下”，要勇担社会责任，积极服务社会，团结广大自由职业人员共同为画出新时代最大的同心圆做出应有的贡献。（访谈编号 20201207）

受市场经济影响，自由职业人员在思想认识和价值取向上呈现多样化的趋势。习近平总书记指出，“统一战线是一致性和多样性的统一体，只有一致性、没有多样性，或者只有多样性、没有一致性，都不能建立和发展统一战线”（习近平，2016）。通过学习重要文件精神、参加重要活动、考察重要项目、交流学习的心得体会等方式，研讨班成员感受到党和政府对他们的重视，认识到自己的价值。研讨班以社会主义核心价值观为讨论主题，并围绕“如何将传统文化元素融入艺术创作”这一话题展开充分交流。著名音乐人罗威通过研讨班学习，把研讨班学习的感悟、心得融入自己的歌曲创作中。

> 短短的四天，跟着老师学习，与优秀的同学们日益增进了解，还有封闭式学习环境带来的难得的静心，都让我收获满满、思考良多。……不仅感受到国家与人民密不可分的关系，更了解了现在我们所面临的机遇与挑战。在这样的大环境下，我们的创作更有了使命感和责任感，传承、推广中华传统文化也是我们增强向心力的责任与使命。……这一次“充电”，会滋养我很长的创作时光。（访谈编号 20201208）

研讨班结束后，研讨班成员自发组建了三分团，并成立了三分团团务委员会（以下简称“团务委员会”），共同商量组织、发起活动。2021 年初，研讨班班长同时也是三分团团长的受访者陈海波提议：

> 既然聚在一起成立了服务团，总要一起来做点实事。中国共产党百年华诞在即，又逢“十四五”开局之年、全面建成小康社会的收官之年，我们这些体制外的文艺工作者，要抓住这个重要的历史契机，用文艺的方式抒发家国情怀，展现自由职业新的社会阶层人士的风采。（访谈编号 20210529）

陈海波的提议得到了团务委员会及研讨班成员的积极响应。2021 年 4 月初成立活动筹备小组，在线召开第一次筹备工作会，确立了快闪、艺术展、音乐会等活动形式。小组成员分头落实活动方案与执行细则，并以三分团名义向全国新的社会阶层人士发出参与“唱支山歌给党听”活动倡议。

自由职业代表人士在研讨班学习、交流过程中，通过集体记忆的唤醒，对个体进行价值“赋予”和“渗透”，重构自由职业人员的情感认同，并进一步影响该群体成员的行为。自由职业人员的群体认同就在集体记忆的推动下产生，而研讨班也成为进一步增强、延续群体认同的重要载体。于是，基于群体认同，自由职业人员更愿意参与有政治意义的活动，持续完成集体记忆的生产与重构。

五　社会互动与角色认同互构

（一）交响音乐会与角色认同

在社会转型、互联网快速发展的背景下，自由职业人员的群体规模不断扩大，其个体的“自主性”“专业性”“边缘性”等特征逐渐凸显。从“单位人”到“自由人”的转变反映了社会变迁中单位社会走向解体后，自由职业人员陷入一种联结匮乏的原子化状态。因此，如何在特殊的社会情境下，形塑自由职业人员的角色认同，进而增强其政治认同、社会认同显得尤为重要。

2020 年 5 月 13 日，由中央统战部新的社会阶层人士统战工作局、中共上海市委统战部指导，全国新的社会阶层人士服务团、上海市新的社会阶层人士联谊会等联合主办的"'唱支山歌给党听'——新的社会阶层人士庆祝中国共产党成立 100 周年交响音乐会"（以下简称"音乐会"）及相关活动在上海举行（张醒非，2021）。由于疫情原因，现场控制人数（1200 余人），线上则有 3.7 万人次观看了现场直播。音乐会上，来自全国各地的自由职业人员用动情的歌声、精湛的演奏，表达了对党和祖国的无限热爱与美好祝福。经典曲目《唱支山歌给党听》《追寻》《我的祖国》《不忘初心》等轮番上演；大型声乐套曲《长征组歌》聚焦遵义会议、四渡赤水、飞越大渡河、过雪山草地、祝捷与大会师等关键场景和事件，讴歌伟大长征精神。在恢宏的乐声中，全场观众摇动手中的红旗，激昂唱响《没有共产党就没有新中国》。

角色认同增进政治认同。音乐会不仅是一次音乐艺术盛宴，也是一次深刻而动情的党史、革命史教育。这场活动的总策划陈海波这样评价音乐会的效果：

> 音乐会集"艺术性、观赏性、思想性"于一体，演出曲目具有鲜明的时代特征，并且利用多媒体视频融合歌曲的内涵。除了音乐会，活动还包括主题艺术展、快闪、党史学习教育座谈会等，旨在体现统一战线的凝聚力，展现新的社会阶层人士坚定不移跟党走的决心，用实际行动为党的百年献礼。（访谈编号 20210529）

全国各地的自由职业艺术家在交响音乐会上表达了爱党爱国情怀，为建党百年送上自己的祝福，在《我是中国人》朗诵表演过程中，演员和观众热泪盈眶，中广联合会电视剧导演委员会副秘书长孔令晨作为参演人员表达了其高度的政治认同。

> 我们这个班有各行各业都非常有成就的人，有导演，有艺术家，有我们很好的策划人，等等，在演出的筹备过程中就群策群力。在建党 100 周年的时候能够表达我们的一份心意，我们都很感慨。（访谈编号 20210529）

（二）角色认同与无偿奉献

“理性人”假设认为，追求利益是人们行动的终极目标，行动者会依据其花费的精力、拥有的技能和投入的资本来预期回报。然而，由新的社会阶层人士骨干及三分团积极分子发起的活动，没有获取任何物质报酬，反而要投入大量的时间和精力。无偿奉献是在没有商业利益驱动的情况下，由情怀觉悟、格局奉献、团结凝聚驱动的。

在音乐会活动中，自由职业人员从策划、排练、彩排到演出等环节，克服了各种困难和阻力。其中，筹集资金是筹备阶段的重要环节。在没有统战部等政府部门和企业的经费支持情况下，活动的总策划陈海波和团队的 4 位积极分子，不仅自掏腰包，倒贴活动经费来组织活动，而且发动周围的自由职业人员捐款，筹集了 100 多万元活动经费。

此次活动的组织者和参与者遍布全国各地，无论是线上、线下的协调会议，还是现场踩点、拍摄、彩排，都耗时、耗力。来自全国的自由职业人员通力配合、群策群力，从策划、协调到细节落地，最终为观众呈现了这场完美的音乐会。在音乐会前期筹备中，活动的总导演之一、一级演员刘春梅多次从吉林飞往北京、上海，制作大屏幕、背景视频，参与节目策划、演员选择等，反复构思推敲音乐会上的每一个细节，常常与陈海波等积极分子反复沟通，甚至直到天明。

> 交响乐音乐会意味着所有的音乐节目都是原唱，现场原声除了必须真唱，还要配上交响乐伴奏，这跟卡拉 OK 用伴奏带完全不是一回事，这使整场演出有很大难度，比如灯光、音响设备、音效等经历了上百次的排练、沟通、协调。（访谈编号 20210529）

在此次音乐会上，参与表演的除上海音乐学院的师生外，其他都来自全国各地新联会推荐的自由职业艺术家，包括著名的演艺人员。为了这次参演，他们不要出场费，推掉了其他档期安排，只为代表自由职业艺术家，展现自由职业人员坚定不移永远跟党走的信念，展现爱党爱国情怀，用实际行动为建党100周年献礼。此次活动中，发起者、组织者、参与者强化了群体政治认同、社会价值等。自由职业人员的积极分子将无偿奉献视作社会期望，并将其与自己的社会角色相统一。

2021年7月10日，全国新的社会阶层人士自由职业艺术家作品捐赠仪式在中共一大会址初心讲堂举行，此次捐赠活动系系列活动中的一项。展览的作品包括中国画《开国大典》、玉石雕刻《染血的军帽》、油画《红色心语》、寿山芙蓉石石雕《和谐之美》、剪纸《红船精神 代代相传》、金漆雕填插屏《韶山》、釉瓷版画《十送红军》等。

捐赠的36件红色题材艺术作品来自上海、北京、浙江、福建、陕西、宁夏、江苏、河南、湖北、江西、黑龙江等地，汇聚了多个艺术类别，全国各地自由职业艺术家通过捐赠与其他艺术家互动交流，增进角色认同，这构成了其持久性活动参与的行动逻辑。

六 情感启发与认同辐射

（一）情感启发：千人合唱一支歌

来自全国的自由职业人员会聚上海音乐厅，一方面，以精湛的文艺表演充分展现自由职业人员坚定不移永远跟党走的信念，展示新的社会阶层人士的爱党爱国情怀；另一方面，在音乐厅这一特定场域中，产生了强烈的互动效果。音乐会最后达到了高潮，满天星汇成一束光，千余人摇动手中的小红旗，在恢宏的交响乐的伴奏下，新的社会阶层人士齐唱《没有共产党就没有新中国》，一幅宽16米、长20米的红旗在高空徐徐展开，红旗上写着“庆祝中国共产党成立100周年”。看到这一幕的瞬间，音乐厅沸腾了。全国各地新的社会阶层人士代表在音乐厅中交流，从陌生到熟悉，演出结束后，他们聚在大厅中迟迟不愿离开。

在音乐会的现场活动中，线上、线下新的社会阶层人士千人同唱一首歌，凝聚共识，爱党爱国热情在“共情”中再次被点燃，增进了政治认同。音乐会搭建了线上、线下互动平台，使新的社会阶层人士聚集起来，使他们增强了归属感、安全感，形成自我认同。在集体合唱过程中，不仅台上演员之间产生情感共鸣，而且台下观众也通过合唱形式表达、抒发个人对党的热爱，千人合唱一支歌，通过情感启发使集体意识得以形成。

（二）认同辐射——“唱支山歌给党听”快闪活动

系列活动除了音乐会，还包括主题艺术展、快闪活动、党史学习教育座谈会等，体现了自由职业人员的凝聚力。系列活动产生了辐射效果，激发新的社会阶层人士形成爱党的政治认同，并传递给周围人，形成一种认同辐射。团务委员会是活动的发起者，来自上海、浙江、重庆、江西、湖南、贵州、云南、甘肃、陕西、新疆、吉林、北京等地的快闪视频《唱支山歌给党听》在网上火热接力。2021 年 5 月 6 日，来自全国各地的 300 多位新的社会阶层人士齐聚中共一大会址，展现新的社会阶层人士的风采和力量，讴歌党的百年光辉历程。

2021 年 4 月 28 日开始启动全国快闪活动。在短短半个月的时间里，筹备、组织、拍摄和剪辑视频，体现了全国新的社会阶层人士的协调、动员和联动能力。活动信息发布和各地开展组织工作时恰逢劳动节，但全国各地的新联会成员加班加点，毫无怨言，20 多个省市的新联会积极响应，购买服装、彩排、拍摄和剪辑，用快闪活动“唱支山歌给党听”凝聚共识，全国新联会代表共举一面旗帜、同唱一首歌，汇成一股力量，表达爱党、爱国的共同心声。

（三）同心抗疫、共克时艰——募集抗疫物资，驰援吉林

2022 年 3 月，吉林疫情形势严峻。3 月 25 日，吉林新联会黄会长在全国新联会的微信群求援。上海市新联会副会长、三分团团长陈海波看

到求援信息后，准备以三分团的名义向吉林捐赠物资，并将这一想法与团务委员会委员们进行线上商议，所有委员一致同意。随后他们以三分团的名义向全国各地的三分团成员发出募捐号召，全国各地的三分团成员积极响应，两天之内便完成筹款，并购买 N95 口罩、医用级防护服等，装箱打包。上海自由职业代表人士克服重重困难，多方协调，历经 11 天终将捐赠物资送至吉林省长春市，由吉林省新的社会阶层人士联谊会接收。

2022 年上海疫情期间，陈海波多次召集自由职业艺术家，策划“以蔬寄疏——上海自由职业艺术家的蔬菜心愿”线上展，同时多次就“畅通供保通道、方舱隔离点安排、提升疫苗接种率”等建言献策、撰写相关提案。与此同时，发动全国各地的自由职业人员通过各种形式参与到抗疫中，并以“全国新联是一家”“聚是一团火，散是满天星”的信念，用行动诠释担当，将温情汇聚并传递，体现了全国新的社会阶层人士同舟共济、守望相助、共克时艰的信念和决心。

七　结论与讨论

本章基于认同理论，构建了认同性活动参与理论框架。通过对系列活动的案例研究和个案访谈，概括分析了特殊社会情境下自由职业人员的群体认同、角色认同和个人认同在活动参与中的互构过程，发现了集体记忆、社会互动、情感启发在三种认同的生产与再生产中的重要作用，阐释了自由职业人员在特殊社会情境下认同性活动参与的行动逻辑。自由职业人员是本章的主要研究对象，作为系列活动的发起者、组织者和参与者，其群体认同、角色认同和个人认同紧密交织。

在举办音乐会这一特殊社会情境下，自由职业人员的集体记忆被唤醒，通过社会互动和情感启发，激发政治认同，形成持续性参与的行动逻辑。自由职业人员的认同性活动参与是在特定的、具体的社会情境中通过人际、群际的相互作用得以建构与再建构的过程与结果。

自由职业人员具有鲜明的时代特征，是中国特色社会主义事业的积极建设者、社会建设的参与者、社会价值的维护者。在本案例中自由职业人员作为实践创新活动的发起者、组织者及参与者，在互动中不断增强群体认同、角色认同和个人认同，在建构三类认同的过程中促进认同性活动参与。

第九章

以实践创新凝聚新社会阶层

——以浙江杭州“同心荟”为例

瞿小敏

新时代，我党在推进中国特色社会主义事业进程中亟待研究的一个重大课题是如何凝聚新的社会阶层人士，使其成为中国特色社会主义事业建设者，成为我党可靠的阶级基础和群众基础。2015年7月6日，习近平总书记在中央党的群团工作会议上的讲话中指出：“要巩固已有的组织基础，加快新领域新阶层组织建设，形成完善的组织体系，实现有效覆盖。”① 新的社会阶层人士已然成为新形势下统战工作新的着力点。

如何将新的社会阶层人士凝聚起来、发挥作用，成为我国统战工作实践中迫切需要解决的问题。面对“新”的统战工作对象，统战工作在实践中需要解放思想、勇于担当，运用新的方式、方法，不断探索能够把新的社会阶层人士组织起来并能够为其提供有效服务的系统性制度安排。

2017年，党中央召开了具有里程碑意义的“全国新的社会阶层人士统战工作会议”，对做好新时代新的社会阶层人士统战工作做出了全面部署。会议召开后，中央统战部按照党中央部署，把推动新的社会阶层人士统战工作实践创新基地建设作为打开工作局面的重要突破口，按照“抓点示范、以点带面”的思路，先后在首批15个新的社会阶层人士统战工作实践创新试点城市分两批建设51个重点项目。为推动更大范围、更广领域新

---

① 《加强和改进新形势下党的群团工作》，http://theory.people.com.cn/n1/2017/1123/c40531-29664023.html，最后访问日期：2022年8月20日。

的社会阶层人士统战工作不断创新发展，2018 年，中央统战部在 15 个创新试点城市的基础上又确定了 34 个创新推广城市，这 34 个创新推广城市承担着探索、推广新的社会阶层人士统战工作创新经验的任务。根据党中央决策部署，在各级党委的领导和推动下，各级统战部门和有关方面大胆创新、积极探索，新的社会阶层人士统战工作取得了重要进展。

杭州在新的社会阶层人士统战工作实践创新基地建设过程中，不断探索把新的社会阶层人士组织起来、凝聚起来的新途径，引导新的社会阶层人士发挥专业特长和自身优势，助力经济社会发展，生成了推动共同富裕的“浙江密码”。作为首批新的社会阶层人士统战工作实践创新试点城市，拥有 200 多万新的社会阶层人士的杭州着力培育打造“同心荟”平台，形成了特色品牌。

当前，各地、各部门对于新的社会阶层人士的认知程度不同，对于新的社会阶层人士统战工作的探索程度也有所不同。回顾杭州“同心荟”的成长历程和实践，对于总结新的社会阶层人士统战工作实践创新基地建设的规律具有重要的意义。

一 “同心荟”：搭建实践创新平台，凝聚新的社会阶层人士

新的社会阶层人士统战工作需要充分关注这一群体的特殊性。新社会阶层以“原子化”方式存在着，游离于社会组织、社会支持之外，存在“去组织化”问题（徐永祥，2008）。对于新社会阶层来说，除了日常工作外，他们与所在的工作组织几乎没有任何联系和沟通。面对这些体制外的“社会人”，传统治理方式并不能很好地发挥整合新社会阶层的桥梁和纽带作用（李路路、王薇，2017）。为此，如何通过统战工作实践创新来实现新社会阶层的“再组织化”就显得极为重要。搭建统战工作实践创新平台，目的是通过系统性制度安排将新的社会阶层人士组织起来、凝聚起来。

中共浙江省委统一战线工作部充分意识到，要做好新的社会阶层人士

团结联谊工作，首先就要将这一群体组织起来、凝聚起来。据中共浙江省委统一战线工作部副部长王利月介绍，浙江省在全国范围内较早地探索新的社会阶层人士联谊组织建设，先后于2010年8月、2018年6月成立浙江省新的社会阶层人士联谊会（以下简称“新联会”）、浙江省网络界人士联谊会（以下简称“网联会”）。目前，新联会、网联会已经实现了省、市、县三级组织全覆盖，各级新联会成员近10000人、网联会成员超过5000人。同时，浙江省已建成新的社会阶层人士统战工作实践创新重点项目12个、省级实践创新基地65个、市级实践创新基地89个、县级实践创新基地277个，初步建立了省、市、县三级联动的工作格局。① 与此同时，浙江省积极打造特色品牌，把各地的资源优势真正转化为工作优势，指导各地打造能够充分体现新的社会阶层人士特色、具有辨识度的工作品牌，陆续形成了杭州“同心荟”、宁波“新力甬动”、温州“瓯地新力量”、嘉兴“同新禾力”等工作品牌。

作为新的社会阶层人士统战工作实践创新试点城市，杭州在开展新的社会阶层人士统战工作过程中，充分认识到构建平台的重要性，把打造“同心荟”平台作为基础性工作，坚持“社会化、平台化、资源化、项目化”工作理念，采用“组织 + 平台 + 活动”三位一体模式，在新的社会阶层人士比较集中的特色小镇、科技城、创业园区、街道、行业协会、律师事务所、新媒体领军企业等建立“同心荟”，扩大“同心荟”平台覆盖面。时至今日，“同心荟”已然形成了一定的品牌，成为最具杭州辨识度的创新举措。

2017年成立于杭州市上城区的首个“同心荟”组织“杭州市上城区智和同心荟服务中心”（以下简称“智·和同心荟”），作为新的社会阶层人士统战工作实践创新基地建设在杭州的首批项目，实现了较快的发展，产生了较大的社会影响力。“智·和同心荟”采取社会化运营模式，由新的社会阶层代表人士屠玥（原名屠苗颖）担任负责人。成立五年来，“智·和同心荟”凝聚了一批具有共同意愿、行业影响力和社会公益心的

① 姜洁：《勇担社会责任　画好最大同心圆》，https://res1.zcmu.edu.cn/vpn/2/http/zj.people.com.cn/n2/2021/0922/c186327-34923858.html，最后访问日期：2022年8月20日。

新的社会阶层人士，一定程度上实现了“自组织、自服务”。

（一）“智·和同心荟”的成长历程：从“无”到“有”

作为全国经济排名领先的城市，杭州是新的社会阶层人士较为密集、发展较快的地区之一。在杭州，新的社会阶层人士约有200万人，主体为知识分子，主要集中在有新技术、新产业、新业态、新模式等的行业和领域。2017年6月，杭州抓住其作为首批15个新的社会阶层人士统战工作实践创新试点城市的机遇，与党政群团组织、园区、社区、企业合作，打造新的社会阶层人士统战工作平台，并将其统一命名为“同心荟”。

“智·和同心荟”是首个“同心荟”组织，为杭州市上城区南星街道、玉皇山南基金小镇的新的社会阶层人士提供精准服务，始终致力于将“家”的温度传递给每一位新的社会阶层人士。通过组建阅读、艺术、体育、手作、亲子等43个社团，将辖区范围内以金融、文创人才为主的新的社会阶层人士最大限度地凝聚起来。据“智·和同心荟”统计，辖区范围内共有新的社会阶层人士6000余位，其中5000多位新的社会阶层人士曾参与过“智·和同心荟”组织的活动，覆盖率达到83%，其中活跃者（一周至少参加一场活动）有1200多个，占比超过20%。五年来，已累计举办各类活动4000余场，服务人数超8万人。

成立之初，“智·和同心荟”便明确了“党建引领+社会组织运营+线上线下联动”的工作模式。在发展过程中，“智·和同心荟”还得到了中央、省、市统战部门及杭州市上城区委与区委统战部的大力支持和肯定。多年来，“智·和同心荟”的实践充分证明了“党建引领+社会组织运营+线上线下联动”工作模式的有力、有效。截至2021年8月，在杭州市拱墅、上城、西湖、萧山、高新（滨江）等地，已先后建成“公羊会”“艺创小镇”“运河·同心荟”“e港·同心荟”“知产·同心荟”等“同心荟”项目约200个。

（二）热心大管家：“看场子”的“探路人”

作为浙江省首批特色小镇，坐落于钱塘江畔的玉皇山南基金小镇是以职业（基金）经理人为主的新的社会阶层人士聚集区。2017年6月，由中共杭州市上城区委统战部、玉皇山南基金小镇管委会和南星街道联合打造的“智·和同心荟”在这个小镇的中心成立。人们把“智·和同心荟”称作“家”，而在这个“统战之家”里，常常出现一个忙碌的身影——“智·和同心荟”服务中心主任屠玥。

自成立以来，这个综合性平台就积极探索面向金融领域新的社会阶层人士统战工作的新路径，而屠玥可谓其中最重要的“探路人”。2017年，屠玥怀着忐忑的心情接受了中共杭州市上城区委统战部的邀请，与其他3名骨干成员一起成立了非政府组织“智·和同心荟”。作为服务中心主任，开始时她以为“只是单纯管理这里的2000多平方米场地，负责做好会务接待、工作协调和活动组织，是看场子的”，却未曾想，自己逐渐成为上城区最有代表性的“统战力量”。

屠玥表示：“几年前，我们也是‘摸着石头过河’。”彼时，在玉皇山南基金小镇管委会提供的2500平方米场地里，屠玥开始思索一些简单但关键的问题：“南星街道有这么多新的社会阶层人士，他们在想什么、做什么？”“我们需要做什么？能提供给他们什么？我们该如何发挥作用？怎么样才能吸引新的社会阶层人士来参加活动？”2017年7月，屠玥和南星街道的调查员一起走进“智·和同心荟”所在的玉皇山南基金小镇，逐户拜访新的社会阶层人士，通过发放调查问卷了解他们的需求。整个夏天，他们入户225家，发放问卷260份，回收有效问卷248份。通过梳理访谈记录和调查结果，屠玥建立了“1+5+N”常态化工作模式，即1名中心主任、5大事业部以及N名志愿者，确立了“智·和同心荟”五大工作模块，即“智荟新联”、“智和众创”、“资本超市”、“海归驿站”和“同心公益”。通过五年的实践，目前“智·和同心荟”已成为集政治引领、聚才引才、联谊交友、创业服务、议政建言、实践锻炼、社会服务等功能于一体的综合性平台。

随着平台的发展，统战工作理念逐渐在屠玥脑中生根。在运营好“智·和同心荟”的同时，让新的社会阶层人士走进来、见上面、说上话、交上朋友，逐渐成了屠玥的重要工作内容。“没想到，我作为统战工作对象，现在变成统战力量了。”她的这句话得到了时任浙江省委统战部部长冯志礼的认可。从不了解统战工作到对统战工作驾轻就熟，屠玥逐步成为新的社会阶层人士统战工作实践创新基地建设的“探路人”。

为了让新的社会阶层人士感受到“智·和同心荟”家一般的温暖，屠玥将自己的微信变成了工作微信，随时随地为新的社会阶层人士服务。她的工作受到了中共杭州市上城区委统战部的认可与支持。她说：“区委统战部的领导常和我说，不要怕，我们边做边学，边学边做。每一次握手，每一次鼓励，都坚定了我把这件事情做下去的信心和决心。”“‘心底无私天地宽’。当你为一件事情坚持到一定程度的时候，很多人开始为你坚持。希望未来全国还能有更多的‘智·和同心荟’，把这个同心圆画得更大。”

经过五年的坚持和付出，屠玥真正走进新的社会阶层人士的心里，在“智·和同心荟”的茶座里，时常能看到新的社会阶层人士和屠玥说心里话、讲创业故事、唠家常的场景。可以说，玉皇山南基金小镇内新的社会阶层人士最大的感触就是他们与统战工作的距离拉近了，“智·和同心荟”是一个有温度的“统战之家”，“有事找屠玥”已经成为小镇内新的社会阶层人士的口头禅。作为全国首批新的社会阶层人士统战工作实践创新重点项目，“智·和同心荟”“变统战工作对象为统战力量”的经验做法也开始被广为传播。

（三）凝聚新的社会阶层人士：“线上＋线下”的联动机制

努力把广大新的社会阶层人士组织起来、发挥作用，是统战部门义不容辞的责任。通过多年的努力，越来越多的新的社会阶层人士通过“智·和同心荟”平台凝聚在一起。根据这一群体的特点，“智·和同心荟”构建了“线上＋线下”的联动机制，通过打造全时段统战服务平台，全面打通交流沟通渠道，不断增强组织凝聚力。

线上，通过建立和完善网络信息发布以及人员管理机制，“智·和同心荟”依托数字统战平台、微信群等，实现了三个“第一时间”：第一时间发布中央及省、市、区重要统战工作信息，第一时间发布“智·和同心荟”活动信息，第一时间回应新的社会阶层人士在数字统战平台上提交的统战工作意见和建议。通过集聚“新”人、广纳“新”智，“智·和同心荟”在做好正面引导工作的同时，筑牢网络舆论阵地，增强了向心力。

线下，为了提升新的社会阶层人士的活跃度、提高组织凝聚力，“智·和同心荟”打造了集多种功能于一体的一站式统战服务平台。在开展大量需求调研的基础上，组建了阅读、艺术、体育、手作、亲子等社团共43个，每日分早、中、晚三个时段，开设3～5节公益课程，满足辖区范围内新的社会阶层人士的多样化需求。截至2022年4月，平台已累计开展各类线下活动4000多场，始终保持组织平台的活力。

疫情防控常态化后，“智·和同心荟”第一时间启动了网络直播课程，每月有超过30场次的直播。健身社推出了特色课程，单月开展21天一周期（每天两次）的塑形训练，双月开设各类线上健康课程。同时，瑜伽社、尚法社每周两次的线上课程更是雷打不动，不间断地服务新的社会阶层人士。此外，各类讲座也不定期地在线上播放。

大数据时代，“智·和同心荟”以更加快捷、高效、优质的服务，团结凝聚新的社会阶层人士。目前，“智·和同心荟”正在着力打造综合性数字化体系平台“数智同心荟”。该平台整合了杭州市200多个“同心荟”，致力于通过打造“数智同心荟”应用场景，为资源的深度、高效整合提供载体。通过“数智同心荟”推动“同心荟”的整合优化，推动“同心荟”平台资源与平台外社会资源实现开放式整合，力图构建有利于助推“同心荟”由个体自立走向群体共生的统战工作新模式、新生态。“数智同心荟”在将统一战线工作平台转化为数字化场景上用心用力，精准对接成员个体，努力将成员有效地聚起来、联起来，并使其动起来，提高成员的参与度、融入感、获得感。“数智同心荟”致力于将新的社会阶层人士统战工作实践创新基地建设经验推广至全省乃至全国。该平台不仅包括多重功能，还将导入新的社会阶层人士代表人物库，力图打造一个全天候的新的社会阶层人士网上统战家园，使之成为促进新的社会阶层人士成长的重要平台。2022年5月，“数智同心荟”不仅成为杭州市新的社会阶层人士统战工作实践创新的重点项目，也成为杭州市改革办重点项目。“智·和同心荟”正在为打造“新时代全面展示中国特色社会主义制度优越性的重要窗口”贡献更多素材！

（四）社会化经营：从“公转”到“自转”

“按照社会化的原则，积极吸纳社会力量参与统战工作阵地建设”是新的社会阶层人士统战工作实践创新试点城市杭州取得的一条重要经验。“同心荟”取得的成效与杭州市在新的社会阶层人士统战工作实践中的创新密不可分。牢牢抓住作为首批15个新的社会阶层人士统战工作实践创新试点城市的机遇，杭州市上城区积极吸纳社会力量参与，探索新的社会阶层人士统战工作实践创新试点城市的社会化运行方式。在统战阵地建设的过程中，杭州市上城区按照社会化的工作思路，积极引入社会力量，鼓励各街道积极探索不同的社会化运行方式，通过政府购买服务的方式吸纳社会组织参与统战工作，从而有了以“智·和同心荟”为代表的一系列实践创新基地的快速发展。

“统战工作是做人的工作，联系人、团结人，实质上就是‘交朋友’。”中共杭州市委统战部部务会议成员、二级巡视员胡德斌表示：“我们要让新的社会阶层人士切实感受到党的温暖，引导他们自觉担当、主动作为，实现从‘公转’到‘自转’的转变。”如今，越来越多的新的社会阶层人士被凝聚起来。在“智·和同心荟”，新的社会阶层人士通过不同方式帮助更多的人创新创业，利用专业知识为政府部门建言献策，组建公益组织，帮助更多的人。加入“同心荟”联谊组织后，新的社会阶层人士提供了更多的志愿服务，凝聚了更多的相关人士。

二 “同心圆”：依托特色活动服务新的社会阶层人士

截至2021年8月，在杭州市200多个“同心荟”中，已有7个成为全国新的社会阶层人士统战工作实践创新重点项目。品牌效应充分显现的“同心荟”，不仅成为团结凝聚新的社会阶层人士的前沿阵地，也是参与社会治理的重要力量、展示统战工作成效的生动窗口。建设新的社会阶层人士统战工作实践创新基地，提供丰富的个性化的活动，目的是吸纳更多的新的社会阶层人士，将“同心圆”越画越大。

“组织+平台+活动”是杭州推进新的社会阶层人士统战工作实践创新基地建设的鲜明特色。在玉皇山南基金小镇，每天的丰富活动让“智·和同心荟”的办公楼热闹非凡。服务中心主任屠玥表示：“我们以需求为导向，用温度把新的社会阶层人士凝聚起来，帮助他们投身创新创业、公益事业等。”

（一）提供交流平台，建起“沟通桥”

打造多种形式的社会组织，建设功能丰富的实践创新基地，能够将“原子化”存在的新的社会阶层人士有机地组织起来，进而满足其多方面的需要。

“智·和同心荟”成立后，屠玥利用空闲时间，深入学习省、市、区人才政策、招商政策，为新的社会阶层人士中的创业者提供适合的政策菜单、活动菜单、服务菜单。同时，平台致力于不断延伸新的社会阶层人士统战工作“手臂”，依托“普法社”“旗袍社”“读书社”等43个社团，组建了数十个社团微信群，随时与新的社会阶层人士交流、沟通、互动，逐步形成了融合、开放、多元并具有黏性的社交圈。

（二）推广平台活动，搭建“服务桥”

“无论你来或不来，我都在这里。”服务中心主任屠玥的初心就是做好服务，与新的社会阶层人士中的每个人都成为朋友，帮助他们实现价值理想，从而强化政治共识，“和风细雨”地做好统战工作。

为了吸引更多的新的社会阶层人士参加活动，“智·和同心荟”致力于发现服务对象深层次的需求，提供超预期的服务。玉皇山南基金小镇内不少金融领域新的社会阶层人士对于传统国学有着浓厚的兴趣，但由于工作节奏太快，无暇专门学习。于是，书法班、易经班、茶道班等社团开设了十多门课程，在寓教于乐中使新的社会阶层人士逐渐相互熟悉。针对该群体创业成长的需求，“智·和同心荟”秉承需求导向、授人以渔、提供平台、孵化组织的发展理念，组建了海归驿站、乡兴社。2018年，“智·

和同心荟”在此前活动的基础上，加大了对公益项目的参与力度，先后培育了9个公益子品牌。针对玉皇山南基金小镇金融产业特色，“智·和同心荟”建立了“资本超市”，以“项目化运营、菜单式服务”做细“店小二”服务，为小镇企业搭建了投融资路演、项目接洽、宣传推广的平台。目前，海归驿站、乡兴社、资本超市、益星荟、童心荟、特训营、心旅社、山南影视、尚法中心已经成为“智·和同心荟”的特色品牌。基于新的社会阶层人士的需求，“智·和同心荟”更是蓄力打造了新宋韵、新创荟等新的品牌。

在服务中心主任屠玥的带领下，多年来，“智·和同心荟”在中共杭州市上城区委统战部支持下组织了各类活动，累计服务新的社会阶层人士数万人次，使“智·和同心荟”越来越有凝聚力。

（三）撬动社会力量，搭建“爱心桥”

新的社会阶层人士大多有较强的社会公益参与意愿和能力，而适应这一群体需求的公益慈善平台的发展还不完善。目前，整合不同方面的资源、对接各种不同的社会公益需求，为新的社会阶层人士积极参与社会公益事业、履行社会责任、奉献爱心提供有效的平台和载体，已经成为“智·和同心荟”的日常工作重心之一。

2018年是脱贫攻坚三年行动的开局之年，也是中共杭州市上城区委统战部的公益元年。作为服务中心负责人，在“雷山公益行”中，屠玥代表上城区新的社会阶层人士向贵州雷山捐款24万元，资助25名贫困家庭大学新生。2019年初，屠玥由公益慈善事业的实践者转变为组织者，在她的带领下，“智·和同心荟”正式开启了公益元年计划，组建了“公益使者”队伍，联合辖区内的企业，整合资源，通过物资捐赠、基金扶持、人才培育、产业帮扶、资源推广等方式，在四川大凉山、贵州雷山、湖北恩施、浙江淳安等地开展精准扶贫活动。同时，平台撬动更多的社会力量服务区域经济社会发展，联合玉皇山南基金小镇内浙江敦和慈善基金会、浙江国富慈善基金会等公益组织，建立公益联盟，目前已经发展为上城区私有企业公益联盟。目前，浙江省慈善联合总会基金小镇分会已正式落户玉皇山南基金小镇。“同心公益”已成为“智·和同心荟”的固定服务模块。除了扶贫，“智·和同心荟”还定期开展关注脑瘫、孤独症儿童等特殊群体的公益活动，积极发挥新的社会阶层人士的社会影响力，以爱心共绘“同心圆”。

2020年春节期间，新冠疫情牵动着国人的心。在物资最紧张的时刻，“智·和同心荟”充分发挥资源集聚优势，积极发动新的社会阶层人士参与疫情防控工作，最大限度争取社会援助，屠玥牵头募集了700余万元捐款。屠玥亲自采购了呼吸机、全胸振荡排痰仪等紧缺医疗设备，捐赠给赴武汉、荆门的医疗队。此外，屠玥还募集了价值1600多万元的医用N95口罩、医用防护服等医疗物资捐赠给省内抗疫定点医院。之后又募集了1000余万元医疗物资捐赠给意大利、美国、日本等国的华人华侨。2022年4月，响应“同心守‘沪’，齐心抗疫”的号召，“智·和同心荟”为上海市杨浦区的志愿者捐赠了大量的防疫抗疫物资。2022年5月26日晚，在接到杭州市上城区南星街道的求助后，屠玥第一时间在活动群中发起号召，组织动员南星街道辖区内新的社会阶层人士加入核酸采样队伍。没多久，一支60余人的采样助手团队就建起来了，在27日晚投入了社区的防疫服务中。

“智·和同心荟”的经验启发我们，在新的社会阶层人士统战工作实践创新基地建设过程中，需要加强资源与网络整合，强化政策、工作方式方法、人才等相关配套，为新的社会阶层人士谋划或匹配公益慈善项目，搭建更有效的公益慈善平台。在鼓励新的社会阶层人士通过捐赠参与公益慈善的同时，“智·和同心荟”这样的组织还需注重体验式的参与和互动，提高公益慈善效率，创建高效的公益慈善模式，推动新的社会阶层人士把工作中的成功理念注入公益慈善事业，让更多的人受益。

三 “同心缘”：新的社会阶层人士助力经济社会发展

新的社会阶层人士是建设中国特色社会主义事业的重要力量，引导他们服务改革发展、促进和谐稳定，责任重大。因此，将新的社会阶层人士有效组织起来，使其发挥作用，助力经济社会发展，成为新的社会阶层人士统战工作实践中的重中之重。近几年，杭州借助“同心荟”平台，立足特色资源，分类精准施策，不断激励新的社会阶层人士结合自己的专业所长，最大限度发挥团结引领作用，服务社会。“智·和同心荟”作为统战工作平台，不仅仅注重将统战工作对象组织起来、凝聚起来，更致力于发挥统战工作效力，积极实践“化统战工作对象为统战力量”，助力经济社会发展。

（一）助力经济发展

在服务新的社会阶层人士、增强其向心力和认同感的同时，“智·和同心荟”致力于引导有一定行业影响力的新的社会阶层代表人士立足自身岗位，贡献专业力量。

“智·和同心荟”充分发挥玉皇山南基金小镇内各个领域专业人士的作用，由金融领域专业人士谢世煌、徐小庆，文创领域专业人士蒋胜男、夏达、刘志江等新的社会阶层代表人士作为“领头雁”，成立玉皇山南基金小镇金融学院，打造“双一流”高校教学点，综合分析金融、文创领域的新趋势和新问题，助推小镇金融、文创产业发展。同时，“智·和同心荟”打造“智和众创”模块，定期举办“首席经济学家讲坛”“创业对接会”等活动，以帮扶带模式，助推小镇中的有志青年创新创业。五年来，直接受益人数已超2000人。此外，“智·和同心荟”还致力于培育孵化海归驿站、乡兴社等子品牌。2019年海归驿站承办各类活动超过30场，成为辖区内创新创业服务的新典范。此外，乡兴社项目覆盖了文化传承、社区营造、产业规划、人才发展、扶贫电商等乡村发展的重要领域，与政府、企业、社会组织和当地带头人深度合作，为每个乡村找到适合自己的可持续发展道路。

在杭州，以“同心荟”为依托助力经济发展的案例还有许多。例如，2020年11月正式揭牌成立的“云上白牛·同心荟”，是立足杭州市临安区昌化镇白牛电商小镇及“云上白牛”村落景区品牌建设的网络人士统战阵地。杭州市临安区白牛村是全国首批14个淘宝村之一。从2007年开始，当地村民大胆尝试电子商务在农产品销售方面的应用，十几年来已形成较为成熟的电商产业。“云上白牛·同心荟”自成立以来，在致力于凝聚网络人士、加强思想引领的同时，不断提供云上直播服务，培育电商人才，打造网红经济，助力乡村振兴。负责人蒋海滨介绍，“云上白牛·同心荟”自成立以来共辐射周边地区农村网络人士200余名，其中“85后”人才占77.6%。他们还主动与临安结对帮扶的贵州施秉县合作，帮助当地拓展网上市场，开展直播带货培训，销售农产品价值1000余万元。

（二）弘扬传统文化

共同富裕不只是物质富裕，也包括文化充裕。近年来，在中共浙江省委统一战线工作部的牵头带领下，依托新联会、知联会、“同心荟”等社会组织和活动平台，浙江省新的社会阶层人士在弘扬传统文化等方面发挥着积极作用。

“同心共富看浙里”，从直播平台到手工场馆，从喧嚣都市到僻静乡村，这句话不仅仅是浙江创建共同富裕示范区的口号，更是浙江新的社会阶层人士共同的文化追求。新的社会阶层人士既有专业优势，又有影响力优势，在行业中有较大的号召力，使他们发挥自己的优势，不仅有利于助推共同富裕，而且有利于推动文化建设。

浙江省知联会副会长、中华老字号“朱府铜艺”第五代传人朱军岷倾力打造的松阳匠人馆，就是他基于自己的文创产业运营专长、推动共同富裕和优秀传统文化传承的生动案例。浙江松阳有条明清古街，聚集了一批铁匠、篾匠等传统手工匠人。朱军岷在一次文化下乡服务中发现，很多来松阳的游客对传统手工艺很感兴趣，但对做出来的老式物件兴趣寥寥。经过观察，他发现，问题不是出在产品质量上，而是出在老式物件本身。老式物件往往体积和重量大，使用价值低，不便于普通人收藏。作为传统手工匠人的传人，朱军岷不希望松阳古街的价值仅止于被参观。2020年，他牵头设计的松阳匠人馆在中共松阳县委统战部的支持下在古街成立，朱军岷提供产品设计创意、指导工艺流程并保证产品销路，帮助当地传统手工匠人提升文创产品附加值。这一举措既增加了从业者收入，又传承了传统手工艺，更提升了老街的文化品位，进一步提升了当地文旅产业品牌知名度和影响力。

（三）共塑网络秩序

新的社会阶层人士是在互联网时代成长起来的群体，他们的思想状况、思维习惯和工作生活往往与网络联系紧密。网络是新的社会阶层人士获取信息、发表看法的主要渠道，也是他们创新工作方式的重要途径。近年来，中共浙江省委统一战线工作部的工作越做越细，活动越来越丰富，新的社会阶层人士在参与各类学习培训、交流互动、文体活动的过程中，既在思想上有了转变，也逐渐形成了“弘扬主旋律、传播正能量”的共识。

“中国网络作家村”于2017年12月挂牌成立，“村长”是网络文学领军人物唐家三少，入驻的“村民”包括《芈月传》作者蒋胜男、《甄嬛传》作者吴雪岚（笔名流潋紫）、《盗墓笔记》作者徐磊（笔名南派三叔）等在内的200多位知名网络作家。在浙江，这些网络作家还有另一重身份——新的社会阶层人士。在“中国网络作家村”，新的社会阶层人士通过网络文学创作发出“新力量”的“新声音”。

作为伴随互联网兴起的新兴事物，网络文学以其海量的作品、丰富的类型、脑洞大开的故事、线上持续“追更”的优势，聚集着越来越多的用户。网民数量的激增也将一个严肃的话题带到公众面前——网络文学不能仅仅是流量文学，更应是正能量文学。

“能力越大责任越大，粉丝越多责任越重。”在全网拥有6000多万粉丝的浙江省网联会副会长、浙江省网络作协副主席陆琪表示：“在建设文化高地的进程中，网络作家应该成为排头兵和冲锋队，充分发挥自己的作用。”

“在尊重历史的前提下，党史故事合理运用网络小说的创作形式，更容易被年轻人接受，”浙江省网络作协常务副主席夏烈表示，“要发挥好网络文学优势，打造这一领域的中国经典。”目前他们已经积累了不少网络作家写现实题材和红色题材作品的经验。

和网络作家一样，在杭州，依托互联网发展壮大的新媒体从业人员也有较大的“流量”，他们通过短视频、网络直播、微信公众号等载体影响大众生活的方方面面。他们在中共浙江省委统一战线工作部的引导下加入新联会、知联会、网联会等组织，逐渐从单打独斗到被组织起来共同发挥作用。

作为短视频从业者，杭州二更网络科技有限公司副总裁秦晓峰表示，其所在的平台一直致力于“发现身边不被知道的美”，通过普通人的视角讲述党史党课以及脱贫攻坚、回乡创业等感人故事，致力于“在互联网这个亚文化圈层传播正能量”。

“让流量成为正能量”也是杭州市新联会副会长、米络星集团创始人刘琼一直以来的追求。2020 年疫情防控是全民关注点所在，刘琼带领旗下 KK 直播等平台，推出数十期《人民战“疫”》《全“律”以“复”》等线上直播节目，助力疫情防控、复工复产，这些节目被评为“2020 浙江网络正能量传播精品项目”。

类似的例子在杭州这个互联网经济高地还有许多。当前，互联网相关技术高速发展、加速演进的态势仍在持续。作为在这一进程中较早拥有信息生产能力和话语主动权的群体，作为新的社会阶层人士，浙江的新媒体从业人员、网络作家等在享受网络红利的同时，正在联结粉丝群体和相关关注人群，不断传播正能量，画出更大的“同心圆”。

（四）赋能社会发展

新的社会阶层人士是推动经济建设和社会发展的重要力量，更是构建社会治理共同体的重要主体之一。从城市治理到公益慈善，他们通过发挥自身的专业优势，积极承担社会责任，为实现社会领域的“中国之治”贡献智慧和力量。

通过阵地建设、制度创新、载体搭建，像“智·和同心荟”这样的平台，将新的社会阶层人士紧紧凝聚在党的统一领导下，推动他们成为具有一定先进性的代表人士，成为统战中坚力量。“智·和同心荟”自成立以来，先后有屠玥、沈旭欣、胡晓敏等 10 余名优秀的新的社会阶层代表人士成长为人大代表、政协委员，徐永红、张志洲、王阳等 5 人成为杭州市上城区统一战线专家智库成员。通过服务社会，这些新的社会阶层代表人士在推动区域转型发展中贡献着智慧与力量。

自成立以来，“智·和同心荟”始终致力于帮助成员找到温馨如家的港湾和事业起飞的跑道，支持成员发挥自身优势，履行社会责任，积极参与经济建设，充分实现新的社会阶层人士的社会价值，有力诠释了“百年路·同心筑”的统战工作主题。杭州部分知名医院周边街道的堵车现象较为严重。中国工程院院士、浙江省网联会会长、阿里云创始人之一王坚通过数据分析和思考，建议管理部门设置停车场余位提示牌、引导车辆进入相邻停车场、科学分配停车位等，巧妙分流车辆，大大减少了车辆排队时间。王坚和他的团队用专业知识和技术改善了杭州的交通状况，从一个侧面说明这个城市的社会治理能力在迈向现代化。

由新的社会阶层人士、公益领军人物何军等于2003年创立的浙江省公羊会公益救援促进会（以下简称“公羊会”），有6000余名注册会员、20000余名志愿者，其中有80%以上是新的社会阶层人士。“公羊会”致力于在国内外开展专业救援，总是冲在各地突发应急事件的救人一线。地震救援、水上搜救、转移安置，人们总会在新闻报道中看到他们出现在灾害现场。何军表示，多年从事公益救援事业，他感到很光荣。在“公羊会”，同样身为企业家的何军见证了在改革开放进程中，越来越多的新的社会阶层人士怀着服务社会的热忱贡献专业力量。

在杭州，像王坚、何军这样的新的社会阶层人士还有许多。他们在各级统战部门的团结引导下，加入新联会、网联会等统战组织，积极融入时代发展，履行社会责任，发挥专业优势，为助推社会治理现代化做出应有的贡献。

四 “同心筑”：新的社会阶层人士统战工作实践创新基地建设的杭州经验

2015年5月18日，习近平总书记在中央统战工作会议上的讲话中指出：“我们党历来有一个好办法，就是组织起来。”[①] 这对于身处“体制外”的新的社会阶层人士来说，尤为重要。新形势下，如何广泛团结凝聚

① 《习近平谈统战工作：本质要求是大团结大联合》，https://www.rmzxb.com.cn/c/2017-11-24/1880655.shtml，最后访问日期：2023年4月2日。

新的社会阶层人士，对传统的统战工作提出了新要求，也为基层党建工作的实践创新提供了新契机。为了回应社会转型带来的挑战，中央提出了新的社会阶层人士有效覆盖的思路，强调尽可能通过多种形式去覆盖和吸纳更多的新的社会阶层人士。在新的社会阶层人士统战工作实践中建设整合社会资源和社会力量的综合性枢纽型平台，从而“筑巢引凤”，成为一种实践创新。以往统战部门和群团组织对新的社会阶层人士的管理往往有行政化倾向，但要实现对体制外新的社会阶层人士的有效整合，就必须考虑社会化运作方式。

在这样的背景下，把数量庞大的新的社会阶层人士有效地组织起来、凝聚起来，为其实现人生价值与社会价值提供更好的服务与支持成为新时期统战工作不可推卸的责任，为此，建立健全相关制度迫在眉睫。“智·和同心荟”的相关工作机制为新的社会阶层人士统战工作实践创新基地建设贡献了宝贵的杭州经验，也为浙江省乃至全国新的社会阶层人士统战工作的开展提供了可复制、可借鉴的范本。

（一）打造新的社会阶层人士统战工作品牌

首批15个新的社会阶层人士统战工作实践创新试点城市推出了一批有特色、有新意的重点项目，探索出一些可供借鉴、推广的经验做法。2017年9月，中央统战部在北京召开了全国新的社会阶层人士统战工作实践创新基地建设经验交流会，15个创新试点城市及所在省委统战部负责同志会聚一堂，总结交流经验，分析存在的问题，明确思路举措，共同推动工作。几年来，各地开始充分认识到在新的社会阶层人士统战工作实践创新基地建设中发挥“品牌效应”的重要性。

浙江各地打造了能够体现新的社会阶层人士特点、具有辨识度的工作品牌，形成了杭州“同心荟”、宁波“新力甬动”、温州“瓯地新力量”等一系列知名品牌。如今，“同心荟”已成为浙江省杭州市新的社会阶层人士统战工作的“金名片”。

建设新的社会阶层人士统战工作实践创新基地，需要进一步充分发挥品牌优势。建设综合性的实践创新基地，能够为促进新的社会阶层人士内部不同群体的交流提供平台，为增强新的社会阶层人士的认同感和归属感提供支持。由此，打造有影响力的工作品牌成为促进新社会阶层“再组织化”的一项重要内容。

（二）探索新的社会阶层代表人士的培育发展机制

促进新的社会阶层人士“再组织化”，还需要建立健全相关部门与新的社会阶层代表人士的联系和交流机制。在新的社会阶层人士“再组织化”过程中，需要充分发挥代表人士的重要作用，积极吸纳其参与到相关决策过程中。通过新的社会阶层代表人士来“上传下达”，一方面有利于落实政府部门的相关政策，另一方面也有利于深入了解新的社会阶层人士的利益诉求、社会态度和价值观念，为进一步做好相关工作提供参考和依据。

做好新的社会阶层人士统战工作，关键是要发挥新的社会阶层代表人士的作用。杭州市在新的社会阶层人士统战工作实践创新基地建设过程中，充分贯彻“化统战工作对象为统战力量”的思路，在创新管理模式和运行机制的同时，充分调动和发挥像屠玥这样的新的社会阶层代表人士的积极性和主动性。作为新的社会阶层代表人士，屠玥发挥了典型示范引领作用。在服务新的社会阶层人士的过程中，屠玥获得了“中国红十字志愿服务五星奖章”，还被评为“2016～2020年浙江省普法工作先进个人”。在她的带动和影响下，一批具有一定政治参与意愿、一定行业影响力、一定社会公益心的新的社会阶层代表人士会聚在一起。

培育新的社会阶层代表人士，需要勇于尝试，试出人才。首先，要注重发现。在统战工作实践中广泛物色人才，形成党内与党外、组织与个人、定期与日常相结合的推荐机制。其次，要加强培养。要下大力气培养一懂政策、二懂专业、三懂青年的“三懂人才”，并建立联系名单，建立新的社会阶层代表人士人物库，选派优秀的新的社会阶层代表人士到国有企事业单位挂职锻炼，深化他们对中国现实问题和国家发展情况的认知。最后，要注重储备。长远谋划，广泛联系，提前储备，动态管理，形成数量充足、结构合理的新的社会阶层人士人才队伍。

（三）提升新的社会阶层人士统战工作的党建工作实效

思想引领工作是新的社会阶层人士统战工作的重中之重。杭州市上城区“智·和同心荟”作为新的社会阶层人士统战工作实践创新基地在杭州的首批项目，在党建工作中积累了大量的经验。多年来，“智·和同心荟”始终坚持通过党建引领，将新的社会阶层人士“联”起来。

在成立之初，“智·和同心荟”就采取“大党建”“大统战”工作模式，为基层新的社会阶层人士统战工作提供强有力的组织支撑，最大限度地将辖区内新的社会阶层人士凝聚起来。长期以来，坚持通过“党建+”组织模式扩大“朋友圈”，增强凝聚力。“智·和同心荟”在发展过程中整合南星街道党工委和玉皇山南基金小镇管委会资源，建立联合党委，组建“红色联盟”党群工作部，发挥辖区35个党组织496名党员先锋和300多名新的社会阶层代表人士的作用，建立“1+N”工作机制（1名党员+N名新的社会阶层人士），以“党建+”扩大联系范围，把辖区范围内数千名从事金融、文创等工作的新的社会阶层人士最大限度地凝聚起来。

同时，以多元联动机制增强黏合力。为增强统战力量，构建“大统战”工作格局，中共杭州市上城区委统战部牵头，联合南星街道党工委、玉皇山南基金小镇管委会联合党委、群团部门、新的社会阶层代表人士建立新的社会阶层人士统战工作联席会议制度，通过新的社会阶层人士统战工作联席会议，不断强化与重点企业代表、行业领头人、团队带头人的沟通交流，实现信息共享、资源共享、发展共促、服务共融、和谐共创。新的社会阶层人士统战工作联席会议每年至少召开1次，南星街道、玉皇山南基金小镇管委会党工委会议每年专题研究统战工作相关议题不少于2次，南星街道、玉皇山南基金小镇管委会领导与新的社会阶层代表人士日常保持密切联系。通过采用“统战+”机制，杭州着力培育、打造新的社会阶层人士统战工作“同心荟”平台，强化了对新的社会阶层人士的思想引领，大大提升了统战工作的精准性和实效性。

（四）引导新的社会阶层人士成为社会治理“生力军”

社会转型时期，我国社会面临新发展、新机遇，对社会治理模式创新提出了新要求。引导新的社会阶层人士参与社会治理需要运用新的形式、建立新的路径。发挥新的社会阶层人士作为社会治理新生力量的作用，需要充分结合我国社会治理创新的现实需要，探索新的形式和新的途径，并逐步完善相关制度设计。

随着社会不断进步，社会治理主体逐步向多元化发展。如何引导新的社会阶层人士参与社会治理，使其成为建构社会治理共同体的“新生力量”，已成为新的社会阶层人士统战工作实践中需要认真研究的新课题。新的社会阶层人士，尤其是其中的代表人士，既有参与社会治理的意愿，又有参与社会治理的能力。在统战工作实践中要转换思路，通过社会化赋能促进他们成为社会治理的“生力军”，这对于助力我国的经济社会发展具有十分重要的意义。

在统战工作实践中，如何对新的社会阶层人士进行有效的社会治理，如何引导新的社会阶层人士规范、合理、有效地参与社会治理，这两个问题同样重要。总的来说，新的社会阶层人士不仅仅是社会治理的对象，更是社会治理的力量，是我国社会建设过程中不可或缺的群体，是事实上的中坚力量之一。激发新的社会阶层人士的责任感，调动新的社会阶层人士的积极性，将有利于推动这一群体从“社会治理对象”向“社会治理力量”转变，发挥其在参与社会治理、促进社会公正、化解社会矛盾等方面的积极作用。

第十章

新联会助推新社会阶层的组织化

——以沈阳市新的社会阶层人士联谊会建设为例

姚烨琳

新的社会阶层人士由于自身的特点和社会角色，既在推动经济社会发展中发挥着重要作用，又可能成为社会不稳定因素的“放大器”和“催化剂”。因此，对新的社会阶层人士加以组织、凝聚和整合，发挥其积极作用就显得尤为重要。新社会阶层的组织化能够充分调动新的社会阶层人士的积极性和创造性，凝聚新的社会阶层人士的力量，实现社会整合，是社会治理创新的重要组成部分。

新的社会阶层人士联谊组织是新社会阶层他组织化的途径之一。2015年，《中国共产党统一战线工作条例（试行）》把“新的社会阶层人士”纳入统战工作。2016年7月，经党中央批准，中央统战部成立了负责新的社会阶层人士工作的职能部门。其后，各级统战部门围绕将新的社会阶层人士“组织起来”开展工作，纷纷成立新的社会阶层人士联谊组织。作为一种创新统战工作的机制和方法，新的社会阶层人士联谊组织为有效开展统战工作提供了组织保障，在促进新的社会阶层人士组织化、增强新的社会阶层人士的归属感、引导新的社会阶层人士的社会政治参与、反映新的社会阶层人士的利益诉求、充分发挥新的社会阶层人士在社会公益事业中的作用等方面发挥了重要作用。由于新的社会阶层人士统战工作本身是一个新领域，新的社会阶层人士联谊组织在功能定位、管理模式、自身建设、作用发挥等方面还存在许多亟待研究和解决的问题。沈阳市新的社会阶层人士联谊会（以下简称“沈阳市新联会”）通过一系列体制机制创新，有效引导沈阳市新的社会阶层人士服务经济社会发展、表达自身利益诉求、积极参与社会公益事业。对于沈阳市新联会发展特色的深入解读能够为各地新的社会阶层人士联谊组织的高质量发展提供经验参考。

一 沈阳市新联会的属性与功能定位

新的社会阶层人士联谊组织是党和政府联系新的社会阶层人士的桥梁和纽带，是开展新的社会阶层人士统战工作的重要平台。自2017年5月中共中央办公厅《关于加强新的社会阶层人士统战工作的意见》印发以来，全国大部分省、区、市都成立了新的社会阶层人士联谊组织。以“新的社会阶层”为关键词进行检索，在中国社会组织政务服务平台上登记注册的新的社会阶层人士联谊组织有1699家（数据截至2022年5月16日），考虑到还有大量尚未注册的新的社会阶层人士联谊组织，实际数量会远远多于注册数量①。如表10－1所示，在中国社会组织政务服务平台上登记注册的全部新的社会阶层人士联谊组织中，县级（包括区、旗）新的社会阶层人士联谊组织数量最多，达到1168个，占比接近70%；市级（包括地区、自治州、盟）新的社会阶层人士联谊组织数量为451个，占比也超过1/4；乡级（包括镇、街道）及以下和省级（包括自治区、直辖市）新的社会阶层人士联谊组织占比较低，不到5%，分别为3.35%和1.35%。

表10－1 各级新的社会阶层人士联谊组织情况

单位：个，%

级别	数量	比例
省级（包括自治区、直辖市）	23	1.35
市级（包括地区、自治州、盟）	451	26.55

① 当前各地新的社会阶层人士联谊组织的名称使用较为混乱，常用的名称包括“新的社会阶层人士联谊会”、“新的社会阶层人士联合会”和“新的社会阶层专业人士联合会”等，其中“新的社会阶层人士联谊会”使用最为广泛。

续表

级别	数量	比例
县级（包括区、旗）	1168	68.75
乡级（包括镇、街道）及以下	57	3.35
合计	1699	100

资料来源：中国社会组织政务服务平台（https://xxgs.chinanpo.mca.gov.cn/gsxt/newList），最后访问日期：2022年10月16日。

由于受一些因素的影响和制约，各地新的社会阶层人士联谊组织在把新的社会阶层人士“有效组织起来”方面还面临诸多问题。从目标定位来看，部分新的社会阶层人士联谊组织的定位不够明确，使联谊组织把新的社会阶层人士有效组织起来的动能创新跟不上新的社会阶层人士队伍发展壮大的形势和需求。龚晨（2021）指出，不少地方新的社会阶层人士联谊组织虽然建立起来了，但还需要更清晰地认识其与原有的党外知识分子联谊会等组织之间的区别、新的社会阶层人士联谊组织与工商联的关系与区别。对新的社会阶层人士联谊组织的认识不足、目标定位不明确可能导致新的社会阶层人士联谊组织流于形式、徒有虚名，甚至出现行政化、空心化和娱乐化现象。

沈阳市新联会属于市级新的社会阶层人士联谊组织，成立于2018年9月，组织性质为具有统战性、民间性、专业性、公益性的非营利社会团体法人，业务主管单位是中共沈阳市委统战部，登记机关为沈阳市民政局。沈阳市新联会是由来自沈阳市新的社会阶层人士集中的单位和新的社会阶层代表人士自愿组成的，以民营企业和外商投资企业管理技术人员、中介组织和社会组织从业人员、自由职业人员、新媒体从业人员为主。截至2022年1月11日，沈阳市新联会有注册会员236人，已开展200余项活动，在加强新的社会阶层人士思想政治引领工作、发挥新的社会阶层人士独特优势、促进新的社会阶层人士成长等方面起到了重要作用。

沈阳市新联会的宗旨是把沈阳市新联会建设为新的社会阶层人士学习提高的重要园地、培养成长的重要基地、发挥作用的重要阵地，建设为有活力、有影响力的统战社团组织，为加快推进沈阳全方位振兴贡献智慧和力量。该宗旨体现了沈阳市新联会所具有的双重功能：第一重功能是政治功能，第二重功能是社会功能。沈阳市新联会最重要的政治功能就是通过凝聚共识，把新的社会阶层人士紧密团结在党的周围，凝聚起一批有担当、有信仰、有活力、有梦想的优秀人士，为促进经济社会发展贡献力量。而从社会功能来看，沈阳市新联会还担负着为新的社会阶层人士赋能、提升新的社会阶层人士的参政议政能力，以使其有序参与公共事务、开展社会公益服务的重要功能。

二　沈阳市新联会的组织架构

自成立以来，沈阳市新联会始终注重体制机制建设，注重党建与会建的充分结合，党支部在其中发挥战斗堡垒作用，并创新性地通过会员小组和服务团的形式提升组织活力、增强组织黏性、扩大组织覆盖面，将自身打造为大统战格局中的重要节点。

（一）纵横交错的组织架构

新的社会阶层人士具有专业性强、差异性大的特点，这就决定了新的社会阶层人士联谊组织的组织架构既要体现组织的完整性、聚合性，又要体现四个职业群体的专业性特点。沈阳市新联会的组织架构具有纵横交错的“立体式”特点：纵向建立不同层级的组织体系；横向覆盖不同领域、不同行业、不同职业新的社会阶层人士。

沈阳市新联会在纵向上按照层级结构，建立起树状结构的组织网络。一方面，通过在区、县层面成立新联会，进一步织密新联会的组织网络，目前沈阳市大东区、苏家屯区、于洪区和康平县均已成立新的社会阶层人士联谊组织；另一方面，如图 10－1 所示，在组织内部，沈阳市新联会设置了会员大会、理事会、监事会等机构，理事会下设秘书处、理论与实践委员会、联络委员会、公益委员会、提案委员会、法律委员会和新联学院。其中，会员大会为沈阳市新联会最高权力机构，理事会为最高执行机构，秘书处为日常工作执行机构，监事会主要发挥监督制衡作用，下设诚信自律委员会。会长办公会、理事会/监事会会议制度及规范为沈阳市新联会的组织建设夯实了基础。

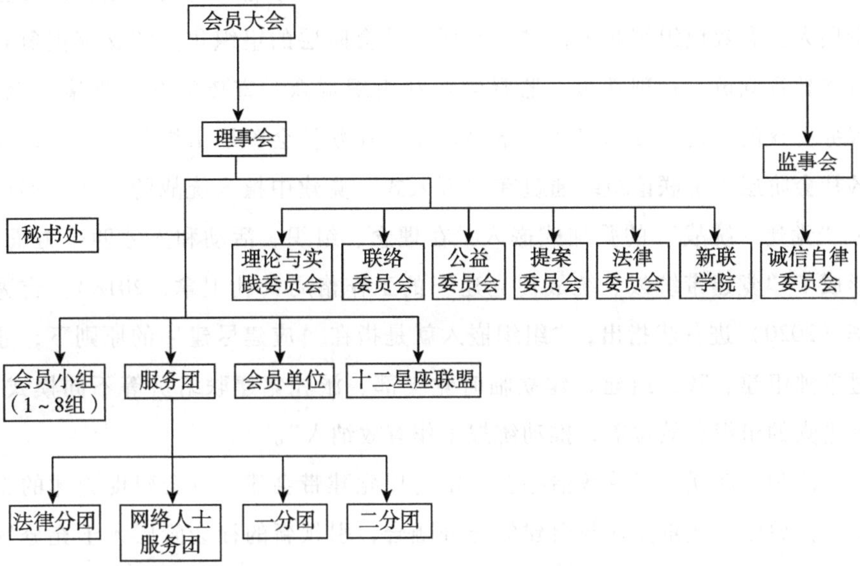

图 10－1　沈阳市新联会的组织架构

横向上，沈阳市新联会充分考虑新的社会阶层人士四个职业群体的特点，突出专业性，设置了6个专业委员会（包括理论与实践委员会、联络委员会、公益委员会、提案委员会、法律委员会和诚信自律委员会），目前有8个会员小组、4个服务团、5家会员单位［北京大成（沈阳）律师事务所、瑞华会计师事务所（特殊普通合伙）辽宁分所、沈阳米库电子商务服务有限公司、沈阳普祺小镇运营有限公司和北京盈科（沈阳）律师事务所］、十二星座联盟以及新联学院。新联学院主要为新的社会阶层人士进一步搭建学习交流、思想互通、资源共享、务实合作的平台。上述组织作为沈阳市新联会的分支机构接受沈阳市新联会的统一领导，服从总体安排。

（二）党支部：政治核心作用

凡是新的社会阶层人士统战工作开展得比较好的地方，大都是党建工作做得比较好的地方。党的领导在新社会阶层组织化过程中发挥了政治核心作用，承担着政治吸纳、思想引领、价值输入的重要功能。只有通过长于政治引导、政策引领的党的各级组织的努力，才能将绝大多数新的社会阶层人士有效地组织起来，进而实现新社会阶层的组织化。党支部担负着直接教育党员、管理党员、监督党员和组织群众、宣传群众、凝聚群众、服务群众的职责，发挥着战斗堡垒作用。在新社会阶层组织化过程中，新的社会阶层人士联谊组织通过在“嵌入式”党建中植入统战的方式，形成了“党建+统战”的叠加式嵌入，在理念、组织、活动和人才四个方面，形成了“党建带统战、统战促党建”的工作格局（孔卫拿，2018）。吉秀华（2020）进一步指出，“组织嵌入就是指在‘应建尽建’的原则下，通过单独组建、联合组建、建立临时党支部、派驻党建联络员等不同模式，推进党的组织有效覆盖，推动统战工作有效纳入”。

沈阳市新联会坚持政治办会，坚持以党建带会建、以会建促党建的党建工作原则，注重党建与会建的充分融合，引领新的社会阶层人士充分发挥优势作用，服务沈阳市新联会的中心工作。2021 年 3 月，中共沈阳市新的社会阶层人士联谊会支部委员会（以下简称“沈阳市新联会党支部”）正式成立，在成立大会上，以无记名投票方式选举三位新的社会阶层人士为第一届支部委员会委员。自成立以来，沈阳市新联会党支部积极发挥引领作用，团结带领广大新的社会阶层人士听党话、跟党走，把党支部活动融入新联会工作全过程，不断提高党支部的影响力和凝聚力，为沈阳的经济社会发展贡献力量。2021 年 12 月，沈阳市新联会党支部被授予“沈阳市党支部标准化规范化建设示范点”称号，这也将成为沈阳市新联会全面推进党支部标准化、制度化、规范化建设，充分发挥基层党组织战斗堡垒作用的一个契机。

2021 年 7 月下旬，沈阳市新联会在上级党组织的支持和指导下，在驰援河南新乡防汛救灾过程中成立了沈阳市新联会救灾前线临时党支部和公益志愿服务团，由副会长担任临时党支部书记。在救灾期间，临时党支部一方面发挥党组织的战斗堡垒作用，给予公益志愿服务团政治保障和组织保障；另一方面通过党支部这个支点，积极发挥党员先锋模范作用，采取有力、有效的措施，高质量完成在新乡市的消杀援助任务。

沈阳市新联会持续加强党建阵地建设。沈阳市新联会所在地、沈阳市新联会红色教育基地分别建立了党支部党建活动室和新联会党建宣传阵地，在阵地建设方面做到“六有”，即有场所、有设施、有标志、有党旗、有书报、有制度，为党员学习和开展党建活动提供了便利条件。此外，为扩大党建工作的影响和覆盖面，沈阳市新联会将会内党员相对均衡地划分到各会员小组，并在会员小组内建立功能型党小组，充分发挥党员的先锋模范作用，引领会员小组健康发展。

（三）会员小组：组织基础与活力源泉

会员小组是沈阳市新联会的重要组织形式，是组织建设与发展的基础，也是组织活力的源泉。沈阳市新联会根据新的社会阶层人士的群体类别、政治面貌等结构性特征，将所有会员相对均衡地划分到 8 个会员小组中。各会员小组均设有组长、党小组组长、监事、副组长、联络委员、公益委员、提案委员、法律委员及诚信自律委员等，通过这些核心骨干联系会员、带动会员，增强会员小组的组织黏性。截至 2022 年 1 月，7 个会员小组已召开首次全体会议，并选举产生小组核心骨干。《沈阳市新联会会员小组管理办法》为会员小组的良好运作和发展奠定了基础。

会员小组的功能定位主要包括两个层面：一是通过会员小组开展的各项活动，让每一位新联会会员增强对新联会的归属感，在组织中成长，例如各会员小组举办了丰富多彩的联情联谊活动、主题观影活动、主题学习会、参观走访活动等；二是通过开展社会服务活动，打造品牌活动，扩大沈阳市新联会的影响力，为沈阳市新联会持续发展、为国家和社会进步贡献智慧和力量。

（四）服务团：解决统战工作的“最后一公里”问题

组织规模、力量小是当前各地新的社会阶层人士联谊组织普遍面临的问题。市级（包括地区、自治州、盟）新的社会阶层人士联谊组织的会员人数一般为 100～200 人，县级（包括区、旗）新的社会阶层人士联谊组织的会员人数一般为50~100人（吉秀华，2020）。已有的新的社会阶层人士联谊组织主要成员（如理事、常务理事、会长、副会长、秘书长等）大多是新的社会阶层代表人士。各级统战部门对新的社会阶层人士中的“草根”群体仍处于“说不上话，牵不上线，做不进工作，交不上朋友”（习近平，2016）的状况。相对于不断壮大的新的社会阶层人士群体来讲，当前新的社会阶层人士联谊组织的覆盖面不够广，可以说统战工作的“最后一公里”问题依然存在。张海东认为新的社会阶层人士联谊组织不能仅成为已有成员的封闭组织，而应“开门办会”，以开放的格局打造“向心聚力”的平台。① 新的社会阶层人士联谊组织通过教育引导、联络联谊、创业服务、聚贤汇智、咨政建言等将更多新的社会阶层人士凝聚在自己周围。

为了解决统战工作的“最后一公里”问题，中共沈阳市委统战部创新性地在地方层面成立新的社会阶层人士服务团。2018年12月，中央统战部召开新的社会阶层人士服务团工作会议，宣布正式成立新的社会阶层人士服务团，新的社会阶层人士服务团由中央统战部直接联系的新的社会阶层人士组成，是中央统战部直接联系新的社会阶层人士的纽带，是团结凝聚新的社会阶层人士的平台，是培养新的社会阶层代表人士并使其发挥优势作用的载体。近年来，中共沈阳市委统战部在市本级和13个区县（市）全部成立了新的社会阶层人士服务团，共发展成员757人。各级服务团自成立以来，积极履行学习教育、建言献策、社会服务、宣传引导等职能，充分发挥新的社会阶层人士的优势作用，坚持在围绕中心、服务大局中主动作为。②

目前，沈阳市新联会内部设有一分团、二分团、法律分团和网络人士服务团4个服务团。沈阳市新联会一分团于2019年7月最先成立，下设团务委员会、秘书处和8个专业团。8个专业团是在中央统战部倡导下，结

① 张海东：《凝聚新的社会阶层人士　推动社会变革创新》，https://www.zytzb.gov.cn/zytzb/2022-10/28/article_2022102821384434486.shtml，最后访问日期：2022年10月20日。

② 《沈阳市新的社会阶层人士服务团围绕中心服务大局施展作为》，https://www.rmzxb.com.cn/c/2021-12-06/2998660.shtml，最后访问日期：2022年10月20日。

合国家“十三五”规划，特别是沈阳市产业发展方向设立的，共凝聚百余名来自多领域、多行业的新的社会阶层人士。沈阳市新联会网络人士服务团是最晚成立的一个服务团（成立于2020年9月），致力于紧密团结网络人士，做好网络人士统战工作，在网络安全、舆论引导和弘扬主旋律方面主动正面发声，充分发挥基层组织在网络助推发展、网络健康服务、网络文化教育、网络公益服务方面的职能作用，积极弘扬正能量。例如沈阳市新联会一分团下设的专业咨询团与会员企业共同研讨服务团如何在推进“一带一路”建设背景下，本着“共建、共治、共享、共赢”的精神，为家乡企业开拓国际市场赋能增力。沈阳市新联会法律分团对会员企业进行调研，在为企业出具法治体检报告的前提下，针对企业急需解决的问题，组织企业与投资并购法律专业委员会、劳动合同与社会保障专业委员会专家到会员企业开展专题法律讲座。

沈阳市新联会以服务团的形式较好地解决了新社会阶层组织化中“精英”和“草根”的关系问题，让每个会员都认识到自己有义务联系更多新的社会阶层人士，宣介党关于新的社会阶层人士统战工作的方针政策，使更多的人了解、认识新的社会阶层人士联谊组织。

三　沈阳市新联会的发展特色

新的社会阶层人士分布面广、专业性强，把他们组织起来，可以在促进市场治理、协助政府治理和参与社会治理方面发挥独特作用，对于提升国家治理效能有着重要意义（杨卫敏，2019a）。如前文所述，新的社会阶层人士联谊组织作为自上而下推动建立起来的组织，具有明显的他组织特征，但若要使其成为参与社会治理的重要力量，关键在于自组织作用的发挥。张海东、柴哲彬（2020）认为新联会应在统战部门的指导下，着力处理好“自组织”与“他组织”的关系，基于资源优势，创造性地打造自身“特色”，并坚持以此开展活动。“特色”是新联会增强向心力、凝聚力的重要因素，也是“自组织”的突出特点以及生命力所在。沈阳市新联会在强化思想政治引领、凝聚组织化内在共识的同时，发挥自身优势作用，彰显社会价值和责任担当，较好地处理了新联会“自组织”与“他组织”之间的关系，在助推新社会阶层组织化方面颇具特色。

（一）强化思想政治引领，凝聚组织化内在共识

凝聚政治共识是新社会阶层组织化的根本任务，也是把新的社会阶层人士有效组织起来的重要手段。做好新的社会阶层人士的统战工作应强化思想引领，凝聚政治共识，超越单纯搞各种联情联谊活动的局限。联情联谊活动是必要的，但绝不是新的社会阶层人士统战工作的目的本身。与体制内人员相比，新的社会阶层人士中的一部分人对党的理论和路线方针政策理解不深，有的人在理解上还存在一定的偏差。将新的社会阶层人士组织起来，开展坚持和发展中国特色社会主义主题教育，深入学习习近平新时代中国特色社会主义思想，不断增强政治意识、大局意识、核心意识、看齐意识，是新的社会阶层人士发挥积极作用、彰显自身价值的前提条件（杨卫敏，2019b）。沈阳市新联会通过主题教育、服务帮助活动、表彰奖励宣传等方式，强化对新的社会阶层人士的思想政治引领，凝聚组织化内在共识。

1. 建构价值体系与组织文化

社会组织被视为“基于价值的组织”。它不仅是公共服务的提供者，而且是多元价值理念的承载者。社会组织的活力恰恰在于内化于成员内心的价值观，这种价值观一旦形成，社会组织成员就会具有强大的自我驱动力。组织文化是组织成员共享的意义系统，是经过复杂的社会和心理过程形成的一种成员共享的观念体系（白关峰，2020）。当前，新的社会阶层人士联谊组织的群体认同较缺乏，新的社会阶层人士希望在组织中找到认同感和归属感。因此，在新社会阶层组织化过程中要注重组织文化在动员和吸纳成员中的作用，强化组织文化认同，最大限度地推进新社会阶层的组织化，凝聚政治共识。

沈阳市新联会十分注重建构组织的价值体系与组织文化，成立之初便自主设计了会徽和会旗，增强组织的辨识度、权威性、认同感，并确定了沈阳市新联会的愿景、会员的使命、行为准则、人才理念等。首先，沈阳

市新联会的愿景是成为全国一流的新联会，会员的使命是做合格的新的社会阶层人士统战工作志愿者。其次，沈阳市新联会秉承爱国敬业、信任尊重、诚信自律的价值观，将政治坚定、遵守规则、团结协作作为行为准则。最后，沈阳市新联会的人才理念是发现人才、团结人才、培养人才、输送人才、成就人才。正是在这种共鸣、共情的价值体系与组织文化中，沈阳市新联会铸牢了支撑组织可持续发展的精神内核。

2. 强化主题教育，坚定理想信念

沈阳市新联会在主题教育中融入“同心共赢”“凝心聚力”的统战元素，强化思想政治引领。以学习贯彻习近平新时代中国特色社会主义思想为重点，组织会员学习《中共中央关于制定国民经济和社会发展第十四个五年规划和二〇三五年远景目标的建议》、党的十九届六中全会精神、习近平总书记在深入推进东北振兴座谈会上的重要讲话精神、沈阳市第十四次党代会精神，开展《中国共产党统一战线工作条例》培训会和“唱红色旋律　颂百年风华”“不忘初心、牢记使命”等主题教育。此外，新联学院还开设了“理想信念”课程，会员小组自发开展参观中共满洲省委旧址纪念馆等红色主题实践教育活动，重温党的百年奋斗历程，回顾在党的领导下取得的辉煌成就，进一步坚定了全体会员听党话、跟党走的信念和决心，进一步巩固了思想政治基础。

2021 年，沈阳市新联会以庆祝中国共产党成立 100 周年为契机，开展了“七个一”学习教育宣传系列活动，先后组织了“党史百年 · 天天读”线上学习、“讲好党的故事”学习教育活动，依托沈阳市新联会公众号、视频号、抖音等进行传播，相关文章、视频的累计阅读和播放量超过 40 万次。2021 年 4 月，沈阳市新联会党支部、新联学院、公益委员会筹备组联合开展了清明祭英烈主题教育。诚信自律委员会开展庆祝建党 100 周年短视频展映活动，共征集 300 个短视频。法律分团开展了以“口述个人成长中的一段红色记忆”为主题的活动，号召新联会全体会员、会员单位和服务团全体成员参与讲述杨靖宇等革命先烈的故事，征集 100 余个作品在抖音等短视频平台展映。联络委员会等专业委员会以“凝心聚力，同心向党”为主题联合承办了新的社会阶层人士庆祝建党 100 周年主题晚会。

3. **做好会员和会员企业的服务工作，增进会员思想认同**

在新社会阶层组织化过程中要强化组织和个人的社会责任，建构互助的组织文化。沈阳市新联会充分发挥交流平台作用，做好会员和会员企业的服务工作，增进会员思想认同。一是通过走访会员企业的方式，加强与会员企业的沟通、交流，做好会员企业服务工作，为企业的未来发展出谋划策。二是以服务团的形式为新联会会员和服务团成员提供服务与帮助。服务团举办的“思想汇”活动，分别以“创新思维，助力升级”“解决融资难题”等为主题，邀请优秀企业家代表分享经验，助力民营企业转型升级。法律分团积极与会员企业联动对接，了解会员企业需求，发挥优势作用，积极献计出力，为在经营中遇到法律问题的企业提供帮助，助力会员企业健康发展，并通过定期开展法律讲座等形式提供法律服务。沈阳市新联会一分团举办抖音运营与传播学习专题会，沈阳市新联会二分团则发挥心理分团的专业优势，通过举办新联“心”动力系列主题讲座，为会员和会员企业提供心理服务。

4. **注重联情联谊，增强凝聚力和向心力**

十二星座联盟是沈阳市新联会着力打造的联情联谊平台，品牌活动为“星语心愿·新联下午茶”。沈阳市新联会以十二星座联盟为活动单位，通过举办生日会、实地参观、观影、座谈交流等方式开展了丰富多彩的联情联谊活动，不断增强会员间的黏性。此外，沈阳市新联会还通过举办迎新春联谊会等活动，为新联会会员、服务团成员的交流互动创造条件、搭建平台，不仅锻炼了团队的协作能力和反应能力，还增进了新的社会阶层人士之间的友谊，进一步增强了新联会的凝聚力和向心力。

5. **注重表彰激励，形成示范效应**

沈阳市新联会对获得“全国五一巾帼标兵”“辽宁最美青年”“沈阳市劳动模范”“沈阳青年五四奖章”“沈阳市五一巾帼标兵”等表彰的会员的事迹进行广泛宣传，[①] 形成宣传一个、影响一群，表彰一批、带动一片的示范效应。2020 年沈阳市新联会会员大会对“抗疫先进个人”“抗疫

---

① 《沈阳市新联会多名会员荣获全国、省、市、区（县）级表彰》，https://mp.weixin.qq.com/s/4Nh305zqX0NolrsX68NzQw，最后访问日期：2022 年 10 月 20 日。

先锋”“最美逆行者”进行表彰，以激励在抗疫工作中表现优秀的集体和个人，弘扬抗疫精神。沈阳市新联会还充分利用网络平台这一舆论阵地开展工作，通过平台对会员中一批爱岗敬业、成绩显著、群众认同的代表性人物的工作事迹进行系列报道。

（二）发挥优势作用，彰显社会价值和责任担当

新的社会阶层人士所涉及行业领域广泛、人才荟萃，既具备知识软实力，又具备经济硬实力，优势明显、潜力巨大。[①] 新的社会阶层人士往往具有较高的参与社会活动和公共事务管理的积极性，因而提升其组织化程度，推动新的社会阶层人士有序参与政治事务是保持经济健康发展、政治稳定的重要基础。沈阳市新联会充分发挥新的社会阶层人士在专业和资源等方面的优势，助力其积极融入时代发展，开展社会公益服务，履行社会责任，服务经济社会发展。

1. 发挥专业优势，服务经济社会发展

按照当前的统战工作标准，新社会阶层的定义有狭义和广义之分。狭义的新社会阶层主要包括民营企业和外商投资企业管理技术人员、中介组织和社会组织从业人员、自由职业人员、新媒体从业人员四类职业群体；广义的新社会阶层除了上述四类职业群体外，还包括非公有制经济人士，例如，随着互联网快速发展而催生的网络岗位工作人员，如以网络直播、网上代购、网约车、平台外卖员等为代表的新业态从业人员。新的社会阶层人士囊括了各种类型的专业技术人才，他们知识水平高，拥有较高的专业水平和技能，主要集中在新产业、新业态中。通过新社会阶层的组织化，能够充分调动新的社会阶层人士的积极性和创造性，引导新的社会阶层人士发挥自身优势，为推动产业、城市、社会发展与转型献计出力。2021 年 6 月沈阳市新联会承办了由中央统战部新的社会阶层人士服务团十五分团主办的“第二届新的社会阶层人士助力东北振兴论坛”，来自全国部分省市的新的社会阶层代表人士和沈阳市新联会的会员共聚一地，围绕

---

① 《中共中央统战部成立新的社会阶层人士服务团》，https://baijiahao. baidu. com/s? id = 1620919701129369100&wfr = spider&for = pc，最后访问日期：2022 年 10 月 20 日。

新的社会阶层人士助力东北振兴共献良策，体现了新的社会阶层人士的使命感与担当意识。

新的社会阶层人士有较强的公共事务管理参与意愿。张海东等（2021）认为应逐步扩大新社会阶层有序参与公共事务管理的领域，同时注意规范，使其能够将自身的专业技能、志向等与人民福祉、社会发展相结合，在新时代贡献更多力量。一方面，沈阳市新联会积极创造参与机会、拓宽参与渠道，为新的社会阶层人士发挥智力优势、建言献策搭建平台。沈阳市新联会积极引导会员中的人大代表和政协委员组织起来、行动起来，立足专业领域或针对社会热点问题积极开展深入调研，建言献策，为沈阳市的发展贡献智慧和力量。在2021年政协沈阳市十五届四次会议上，沈阳市新联会三位市政协委员联名提交了《关于加强维护及促进儿童心理健康发展机制和制度的建议》提案，这是沈阳市新联会会员首次联名提交政协提案，在参政议政方面发挥了新的社会阶层代表人士的合力。另一方面，为发挥新的社会阶层人士的智力优势、提升会员的参政议政能力，沈阳市新联会多次组织提案沙龙和提案培训会，就如何提案、如何立案、如何落实等进行有针对性的指导，为充分发挥新的社会阶层人士的积极作用奠定了较为坚实的基础。

2. 整合资源优势，开展社会公益服务

新的社会阶层人士往往具有利他主义行为倾向，热心于投身公益事业，积极参与公益行动。资源是组织运转的环境要素，既包括财力、人力等硬资源，也包括权威、信息、制度、价值、关系等软资源。而当前各级新联会在获取硬资源和软资源方面都面临一些困难，组织运转缺乏必要的支持和保障（吉秀华，2020）。沈阳市新联会充分整合已有的优势资源，组织新的社会阶层人士开展社会公益服务，彰显新的社会阶层人士的价值，使新的社会阶层人士在参与社会治理的过程中不断增强社会责任感。

在财力资源方面，目前我国社会组织的资金来源主要有政府财政支持和组织自筹两条途径。政府财政支持受地方财政收入水平、政策等的影响较大，而且政府财政支持一般力度较小、资金有限，不稳定、不持续，存在需求供给的偶然性。① 大多数新的社会阶层人士联谊组织的资金来源主要是靠领导班子成员和核心骨干力量自觉捐赠，一般仅够开展相关活动，日常管理方面的开销问题仍得不到解决，无法支持组织的长远发展。沈阳市新联会采取收取会费的方式，并为规范会费收取、使用和管理出台了《沈阳市新的社会阶层人士联谊会会费管理办法》。

在人力资源方面，新的社会阶层人士大多属于中间阶层，自身有较高的人力资本、文化资本、社会资本以及很强的社会动员能力，尤其是新的社会阶层代表人士中的精英对组织行动能力的提升起到了关键作用。一般而言，社会组织能掌握的为会员争取利益的资源十分有限，一定程度上削弱了组织自身的吸引力。而精英的个人能力、威信和经验是其从事社会组织管理的必要条件，精英还将地方政府的政治和行政资源带入社会组织，增强了组织的号召力和行动能力，扩大了组织规模和影响力（王阳亮，2019）。

在参与社会治理方面，沈阳市新联会诚信自律委员会发起“诚信社会，你我守护”大行动，号召全市新联会会员积极响应，为沈阳市建设优质营商环境贡献力量，为辽沈地区“诚信”体系建设贡献力量。通过为诚信单位和诚信个人授牌，充分发挥单位和个人的诚信引领作用，号召更多的新联会会员做诚信社会的守护者，引领行业自律，规范行业发展，推动全社会诚信自律发展。2021 年 9 月，基于绿色环保、低碳简约的生活方式，推动沈阳建设低碳环保城市的公益主张，沈阳市新联会举办了“‘我爱沈城　低碳绿行’——沈阳市新联会成立三周年庆典暨迎新环保行”主题公益活动，使绿色低碳、文明健康的生活方式深入会员心中。此外，沈阳市新联会还多次举办扶贫帮困、健康义诊、爱心助学、公益环保等各类社会公益活动，积极参与社会治理，为打造共建共治共享的社会治理格局贡献智慧和力量。

2021 年 7 月，河南省遭遇极端强降雨天气，突如其来的灾情牵动了全

① 谢海梅、包建正、徐珊珊：《新的社会阶层组织化的困境与出路——秦皇岛市新的社会阶层统战工作调研》，http://www.qhdtz.gov.cn/home/details? code = Nw% CE% B3% CE% B3&pcode = MA% CE% B3% CE% B3&id = 1314，最后访问日期：2022 年 10 月 20 日。

国人民的心。在接到河南省应急救援局、河南省卫生健康委员会请求赶赴河南新乡进行防疫消杀援助的公函后，沈阳市新联会迅速组建了一支以新的社会阶层人士、退伍军人为主要力量的公益志愿服务团赴河南新乡进行灾后防疫消杀。同时，沈阳市新联会还积极协调浙江省公羊会公益救援促进会等社会专业力量，参与新乡救援。2021 年 10 月，河南省精神文明建设指导委员会、中国志愿服务联合会授予沈阳市新联会公益志愿服务团“河南省防汛救灾优秀志愿服务组织”的称号。

在新冠疫情防控工作中，沈阳市新联会积极筹措、捐献医疗用品、救护车等抗疫物资，采取多种形式助力抗击疫情，涌现出一批勇于担当、无私奉献、主动为国家和社会排忧解难的先进集体和个人。沈阳市新联会法律分团组成抗击疫情法律援助团队，免费提供法律咨询服务，开展线上法律讲座；沈阳市新联会二分团开通公益心理援助热线，普及心理健康知识，号召各会员单位充分发动力量，为抗击疫情主动作为。2022 年 3 月 17 日，沈阳市委发出《致全市广大党外知识分子、新的社会阶层人士的倡议书》，号召深入落实市委、市政府关于保护自己、保卫城市的有关工作要求，全力打赢沈阳城市保卫战。作为沈阳市统一战线一支重要力量的新的社会阶层人士，民营企业和外商投资企业管理技术人员、中介组织和社会组织从业人员、自由职业人员、新媒体从业人员等职业群体积极响应号召，踊跃投身疫情防控工作，凝聚起同心抗“疫”的强大合力。

四 小结

新的社会阶层人士既是促进我国阶层关系和谐稳定的关键群体，也是构建社会治理共同体的重要力量。而作为一种创新统战工作的机制和方法，新联会在积极引导新社会阶层进行政治参与等方面发挥了重要作用（张海东、柴哲彬，2020）。但客观来说，当前我国新的社会阶层人士的组织化工作还处于起步阶段。虽然在实践中对新的社会阶层人士的组织化工作进行了有益的探索和尝试，但还存在不少薄弱环节，如组织化的手段和方式较为单一，沟通渠道不畅；新的社会阶层人士的联系和服务体系不完善，开放度不够；专业化和体系化培训、政治引领和政治吸纳等相应的制度尚需进一步健全完善等（朱文伟，2020）。当前，新的社会阶层人士联谊组织在助推新社会阶层组织化过程中发挥着主导性作用。从组织生命周期理论来看，我国新的社会阶层人士联谊组织尚处于创立阶段。在这一阶段，组织的建构和运转在很大程度上依赖于政府部门的推动，呈现出政治主导发展、对政府依赖性强的特点，无论是从工作方式、方法还是从开展活动的内容来看，联谊组织都带有较明显的行政色彩，组织自身的自主性、社会性尚没有真正培育起来（吉秀华，2020）。新的社会阶层人士联谊组织若要成为参与社会治理的重要力量，就必须自主发挥作用。换句话说，如何把握好新的社会阶层人士联谊组织的政治属性和社会属性之间的平衡，在政府主导培育与社会化运作之间找到平衡点，是当前我国新的社会阶层人士联谊组织建设和发展面临的关键问题。

本章认为沈阳市新联会通过一系列体制机制创新，较好地协调了新社会阶层组织化过程中“自组织”与“他组织”之间的关系。沈阳市新联会坚持在统战部门的指导下，自主开展活动，有效助推新社会阶层组织化。此外，沈阳市新联会也根据自身的资源优势，围绕强化思想政治引领、凝聚组织化内在共识及发挥优势作用、彰显社会价值和责任担当，创新性地开展“特色”组织活动，超越了当前众多新的社会阶层人士联谊组织单纯搞各种联情联谊活动的局限，相关做法对促进各地新的社会阶层人士联谊组织的良性、健康、可持续发展具有重要的参考价值。

参考文献

〔美〕埃里克·欧林·赖特，2006，《阶级》，刘磊、吕梁山译，高等教育出版社。

爱燃烧、新浪微博、Keep、果动科技，2019，《2019 中国跑者调查报告》，https://pic4.iranshao.com/2019_%E4%B8%AD%E5%9B%BD%E8%B7%91%E8%80%85%E8%B0%83%E6%9F%A5%E6%8A%A5%E5%91%8A_by_iranshao.pdf。

白关峰，2020，《论新的社会阶层组织化过程中的组织文化建构》，《河北省社会主义学院学报》第 3 期。

〔美〕保罗·福塞尔，1998，《格调：社会等级与生活品味》，梁丽真、乐涛、石涛译，中国社会科学出版社。

〔美〕彼得·M. 布劳，2008，《社会生活中的交换与权力》，李国武译，商务印书馆。

边燕杰、张文宏，2001，《经济体制、社会网络与职业流动》，《中国社会科学》第 2 期。

〔美〕C. 莱特·米尔斯，2006，《白领：美国的中产阶级》，周晓虹译，南京大学出版社。

曹锦清、陈中亚，1997，《走出“理想”城堡——中国“单位”现象研究》，海天出版社。

陈楚庭、王学真，2020，《数字经济视阈下企业组织形态和劳动关系新变化及工会应对策略》，《山东工会论坛》第 2 期。
陈龙，2020，《游戏、权力分配与技术：平台企业管理策略研究——以某外卖平台的骑手管理为例》，《中国人力资源开发》第 4 期。
陈明明、肖存良，2017，《统一战线与协商民主》，复旦大学出版社。
陈喜庆，2021，《关于新的社会阶层人士统战工作的几个问题》，《江苏省社会主义学院学报》第 2 期。
程玥，2008，《论社会组织管理的创新》，《中国行政管理》第 10 期。
传化慈善基金会公益研究院"中国卡车司机调研课题组"，2018，《中国卡车司机调查报告 No. 2——他雇·卡嫂·组织化》，社会科学文献出版社。
崔学东、曹樱凡，2019，《"共享经济"还是"零工经济"？——后工业与金融资本主义下的积累与雇佣劳动关系》，《政治经济学评论》第 1 期。
崔月琴、刘秀秀，2008，《从"单位人"到"自由人"——我国自由职业者生存特征的社会学分析》，《福建论坛》(人文社会科学版) 第 12 期。
代丹丹、周春山、张俨，2016，《广州市中产阶层的特征及影响因素研究——基于马斯洛需求层次理论的实证分析》，《世界地理研究》第 2 期。
〔美〕戴维·奥斯本、彼得·普拉斯特里克，2014，《再造政府：政府变革的五项战略》，谭功荣、刘霞译，中国人民大学出版社。
〔美〕丹尼尔·贝尔，1997，《后工业社会的来临——对社会预测的一项探索》，高铦等译，新华出版社。
董晓林、石晓磊，2018，《信息渠道、金融素养与城乡家庭互联网金融产品的接受意愿》，《南京农业大学学报》(社会科学版) 第 4 期。
〔美〕凡勃伦，2007，《有闲阶级论》，钱厚默译，南海出版公司。
冯向楠、詹婧，2019，《人工智能时代互联网平台劳动过程研究——以平台外卖骑手为例》，《社会发展研究》第 3 期。
〔美〕弗莱蒙特·E. 卡斯特、詹姆斯·E. 罗森茨韦克，2000，《组织与管理——系统方法与权变方法》，傅严、李柱流等译，中国社会科学出版社。

〔美〕弗雷德里克·温斯洛·泰勒，2021，《科学管理原理》，马风才译，机械工业出版社。

符平、卢飞，2021，《制度优势与治理效能：脱贫攻坚的组织动员》，《社会学研究》第3期。

甘犁、尹志超、贾男、徐舒、马双，2013，《中国家庭资产状况及住房需求分析》，《金融研究》第4期。

龚晨，2021，《新的社会阶层人士有效组织起来的价值、困境与机制创新》，《辽宁省社会主义学院学报》第4期。

郭红霞，2020，《治理创新与新的社会阶层组织化建设》，《中央社会主义学院学报》第2期。

郭力源、赵玲，2015，《论普遍有闲社会的时间饥荒——以新中间阶层为视角》，《河南大学学报》（社会科学版）第6期。

郭书田、刘纯彬等，1990，《失衡的中国：城市化的过去、现在与未来》，河北人民出版社。

国家卫生和计划生育委员会流动人口司，2017，《中国流动人口发展报告2017》，中国人口出版社。

国家信息中心分享经济研究中心，2021，《中国共享经济发展报告（2021）》：http://www.sic.gov.cn/News/557/10779.htm。

韩文龙、刘璐，2020a，《数字劳动过程及其四种表现形式》，《财经科学》第1期。

韩文龙、刘璐，2020b，《数字劳动过程中的“去劳动关系化”现象、本质与中国应对》，《当代经济研究》第10期。

何方，2016，《新型社群与共享经济的持续发展》，《浙江学刊》第6期。

何威、曹书乐、丁妮、冯应谦，2020，《工作、福祉与获得感：短视频平台上的创意劳动者研究》，《新闻与传播研究》第6期。

〔美〕赫伯特·马尔库塞，2014，《单向度的人：发达工业社会意识形态研究》，刘继译，上海译文出版社。

后梦婷，2020，《新的社会阶层再组织化的逻辑和实践路径》，《江苏省社会主义学院学报》第5期。

胡磊，2018，《我国网络平台就业的特点、发展瓶颈与制度支持》，《中国劳动》第2期。

胡荣、沈珊，2018，《客观事实与主观分化：中国中产阶层的主观阶层认同分析》，《东南学术》第5期。

胡重明，2013，《再组组化与中国社会管理创新——以浙江舟山“网格化管理、组团式服务”为例》，《公共管理学报》第1期。

黄静、屠梅曾，2009，《房地产财富与消费：来自于家庭微观调查数据的证据》，《管理世界》第7期。

黄晓春，2015，《当代中国社会组织的制度环境与发展》，《中国社会科学》第9期。

黄晓勇，2021，《2020年中国特色社会组织创新发展报告》，载黄晓勇主编《中国社会组织报告（2021）》，社会科学文献出版社。

吉秀华，2020，《新的社会阶层人士联谊组织建设与发展问题研究——基于政治性-社会性的二维分析》，《中央社会主义学院学报》第2期。

江泽民，2001，《在庆祝中国共产党成立八十周年大会上的讲话》，人民出版社。

江泽民，2006，《江泽民文选》第三卷，人民出版社。

金桥、赵君，2020，《三重脱嵌：外卖骑手的结构性困境探究——基于上海671份问卷的调查分析》，《青年学报》第3期。

孔卫拿，2018，《引领与自主：对嵌入式社会组织党建的思考》，《安徽师范大学学报》（人文社会科学版）第3期。

李春玲，2016，《中国中产阶级的不安全感和焦虑心态》，《文化纵横》第4期。

李春玲，2017，《新社会阶层的规模和构成特征——基于体制内外新中产的比较》，《中央社会主义学院学报》第4期。

李路路，2017，《新的社会阶层——意义和挑战并存》，《中央社会主义学院学报》第4期。

李路路、冯泽鲲、唐丽娜，2020，《阶层结构变革与国家治理体系创新》，《社会学评论》第3期。

李路路、李升，2007，《“殊途异类”：当代中国城镇中产阶级的类型化分析》，《社会学研究》第6期。

李路路、王薇，2017，《新社会阶层：当代中国社会治理新界面》，《河北学刊》第1期。

李培林，2018，《我国阶级阶层结构的深刻变化》，《北京日报》1月29日。

李培林，2021，《加强对新的社会阶层的研究》，《中央社会主义学院学报》第5期。

李培林、崔岩，2020，《我国2008～2019年间社会阶层结构的变化及其经济社会影响》，《江苏社会科学》第4期。

李钦、刘荣，2019，《新时代背景下新社会阶层党员发展问题的研究》，《云南行政学院学报》第2期。

李升、倪寒雨，2018，《中国城镇居民的中层意识研究——基于对工作状况、地区差异与生活方式的分析》，《社会学评论》第4期。

李淑萍，2017，《做好自由职业人员统战工作的思考——以宁夏为例》，《黑龙江省社会主义学院学报》第3期。

李朔严，2018，《政党统合的力量：党、政治资本与草根NGO的发展——基于Z省H市的多案例比较研究》，《社会》第1期。

李友梅，2018，《当代中国社会治理转型的经验逻辑》，《中国社会科学》第11期。

李友梅，2019，《当代中国繁荣发展的重要密码：流动的中国充满繁荣发展的活力》，《人民日报》7月26日，第8版。

李友梅等，2018，《中国社会治理转型（1978～2018）》，社会科学文献出版社。

李忠杰，2001，《建设者越多越好——正确认识六种新的社会阶层的地位和作用》，《共产党员》第11期。

廉思、冯丹、芦垚，2016，《当前我国新社会阶层的特征分析、杠杆作用以及工作思考——关于新社会阶层的调研报告》，《中国青年研究》第11期。

梁玉成、杨晓东，2017，《特大城市中产阶层的国家认同研究——基于旅游行为的分析》，《江海学刊》第4期。
刘国强，2018，《我国消费者金融素养现状研究——基于2017年消费者金融素养问卷调查》，《金融研究》第3期。
刘佳玉、杨瑞，2020，《基于消费分级趋势的新兴中产阶层消费能力影响因素分析》，《商业经济研究》第24期。
刘建军，2000，《单位中国：社会调控体系重构中的个人、组织与国家》，天津人民出版社。
刘精明、李路路，2005，《阶层化：居住空间、生活方式、社会交往与阶层认同——我国城镇社会阶层化问题的实证研究》，《社会学研究》第3期。
刘佩、孙立娟，2021，《金融素养与家庭金融健康研究——基于2017年中国家庭金融调查的研究》，《调研世界》第10期。
刘平，2007，《新二元社会与中国社会转型研究》，《中国社会科学》第1期。
刘平、王仕勇，2021，《简论新时代自由职业者统战工作》，《四川省社会主义学院学报》第3期。
刘战伟、李媛媛，2021，《自主与妥协：平台型媒体内容创作者劳动过程中的"同意制造"》，《新闻记者》第8期。
刘战伟、李媛媛、刘蒙之，2021，《平台化、数字灵工与短视频创意劳动者：一项劳动控制研究》，《新闻与传播研究》第7期。
卢春天、成功，2014，《社会分层视野中的城市居民闲暇活动——基于2010中国综合社会调查的实证分析》，《青年研究》第3期。
陆学艺，2002，《当代中国社会阶层研究报告》，社会科学文献出版社。
陆学艺，2004，《当代中国社会流动》，社会科学文献出版社。
罗钢，2003，《前言：探索消费的斯芬克斯之谜》，载罗钢、王中忱主编《消费文化读本》，中国社会科学出版社。
《马克思恩格斯全集》第1卷，2016，人民出版社。
〔德〕马克斯·韦伯，1997，《经济与社会》（下卷），林荣远译，商务印书馆。

〔德〕马克斯·韦伯，2007，《新教伦理与资本主义精神》，康乐、简惠美译，广西师范大学出版社。

〔美〕迈克尔·布若威，2008，《制造同意——垄断资本主义劳动过程的变迁》，李荣荣译，商务印书馆。

〔美〕曼纽尔·卡斯特，2006，《认同的力量》，曹荣湘译，社会科学文献出版社。

〔法〕皮埃尔·布迪厄、华康德，2004，《实践与反思：反思社会学导引》，李猛、李康译，中央编译出版社。

〔德〕齐奥尔格·西美尔，2001，《时尚的哲学》，费勇译，文化艺术出版社。

邱泽奇、张樹沁、刘世定、许英康，2016，《从数字鸿沟到红利差异——互联网资本的视角》，《中国社会科学》第10期。

仇立平，2001，《职业地位：社会分层的指示器——上海社会结构与社会分层研究》，《社会学研究》第3期。

上海研究院社会调查和数据中心课题组，2016，《扩大中等收入群体，促进消费拉动经济——上海中等收入群体研究报告》，《江苏社会科学》第5期。

孙晨、修晶，2021，《2011～2020年社会组织促进长江经济带区域经济增长的分析报告》，载黄晓勇主编《中国社会组织报告（2021）》，社会科学文献出版社。

孙立平、王汉生、王思斌、林彬、杨善华，1994，《改革以来中国社会结构的变迁》，《中国社会科学》第2期。

孙萍，2019，《“算法逻辑”下的数字劳动：一项对平台经济下外卖送餐员的研究》，《思想战线》第6期。

谭英华，2009，《自由职业者面临的问题及社会工作介入路径与目标选择》，《社会工作下半月（理论）》第11期。

唐军、谢子龙，2019，《移动互联时代的规训与区分——对健身实践的社会学考察》，《社会学研究》第1期。

陶宇奋，2021，《基层新的社会阶层人士统战工作：创新实践与深化路径——以上海浦东的实践探索为例》,《河北省社会主义学院学报》第3期。

田毅鹏,2012,《转型期中国城市社会管理之痛——以社会原子化为分析视角》,《探索与争鸣》第12期。

〔美〕托达罗,1988,《第三世界的经济发展》(上),于同申等译,中国人民大学出版社。

〔美〕托克维尔,2013,《论美国的民主》,董果良译,商务印书馆。

汪雁、张丽华,2019,《关于我国共享经济新就业形态的研究》,《中国劳动关系学院学报》第2期。

王彬彬、李晓燕,2018,《互联网平台组织的源起、本质、缺陷与制度重构》,《马克思主义研究》第12期。

王建平,2008,《分化与区隔:中国城市中产阶层消费特征及其社会效应》,《湖南师范大学社会科学学报》第1期。

王建平、马林芳,2009,《新社会阶层的构成、特征及其政治参与》,《学术交流》第5期。

王美艳,2005,《中国城市劳动力市场上的性别工资差异》,《经济研究》第12期。

王名、朱晓红,2009,《社会组织发展与社会创新》,《经济社会体制比较》第4期。

王宁,1999,《旅游、现代性与"好恶交织"——旅游社会学的理论探索》,《社会学研究》第6期。

王宁,2001,《消费与认同——对消费社会学的一个分析框架的探索》,《社会学研究》第1期。

王宁,2020,《零工经济的性质、问题与就业潜力》,《人民论坛》第21期。

王茜,2017,《互联网平台经济从业者的权益保护问题》,《云南社会科学》第4期。

王四炯,2009,《改革开放以来我国新社会阶层的现状及发展趋势》,《沈阳大学学报》第6期。

王小波，2022，《对自由职业人员统战工作的调查与思考》，《天津市社会主义学院学报》第1期。
王孝哲，2006，《论人的社会属性》，《天府新论》第1期。
王阳亮，2019，《自主与嵌入：社会组织参与治理的角色和逻辑》，《学术交流》第2期。
闻效仪，2020，《去技能化陷阱：警惕零工经济对制造业的结构性风险》，《探索与争鸣》第11期。
吴开泽，2016，《生命历程视角的城市居民二套房获得》，《社会》第1期。
吴开泽，2017，《房改进程、生命历程与城市住房产权获得（1980～2010年）》，《社会学研究》第5期。
吴开泽，2019，《住房市场化与住房不平等——基于CHIP和CFPS数据的研究》，《社会学研究》第6期。
吴清军、李贞，2018，《分享经济下的劳动控制与工作自主性——关于网约车司机工作的混合研究》，《社会学研究》第4期。
吴清军、杨伟国，2018，《共享经济与平台人力资本管理体系——对劳动力资源与平台工作的再认识》，《中国人力资源开发》第6期。
吴卫星、吴锟、王琎，2018，《金融素养与家庭负债——基于中国居民家庭微观调查数据的分析》，《经济研究》第1期。
吴卫星、张旭阳、吴锟，2019，《金融素养对家庭负债行为的影响——基于家庭贷款异质性的分析》，《财经问题研究》第5期。
吴愈晓，2011，《劳动力市场分割、职业流动与城市劳动者经济地位获得的二元路径模式》，《中国社会科学》第1期。
吴愈晓、吴晓刚，2009，《城镇的职业性别隔离与收入分层》，《社会学研究》第4期。
奚洁人，2007，《科学发展观百科辞典》，上海辞书出版社。
习近平，2013，《在十二届全国人大一次会议上的讲话》，http://www.gov.cn/ldhd/2013-03/17/content_2356344.htm。
习近平，2016，《深刻认识做好新形势下统战工作的重大意义》，《十八大以来重要文献选编》（中），中央文献出版社。

肖存良，2018，《新的社会阶层人士统战工作的模式转换与发展方向——以上海市黄浦区“海燕博客”为例》，《统一战线学研究》第4期。

肖存良、林尚立，2013，《中国共产党与国家建设——以统一战线为视角》，复旦大学出版社。

谢碧霞、谢素军，2019，《现代志愿服务组织：新的社会阶层的再组织化路径选择》，《四川省社会主义学院学报》第1期。

谢富胜、吴越，2019，《零工经济是一种劳资双赢的新型用工关系吗》，《经济学家》第6期。

谢康、吴瑶、肖静华，2020，《数据驱动的组织结构适应性创新——数字经济的创新逻辑（三）》，《北京交通大学学报》（社会科学版）第3期。

熊易寒，2020，《精细分层社会与中产焦虑症》，《文化纵横》第5期。

徐景一，2021，《算法主导下的平台企业劳动关系与治理路径》，《社会科学辑刊》第5期。

徐睿琳、张欣，2019，《自由职业者政治参与情况调查及引导策略》，《产业与科技论坛》第8期。

徐永祥，2008，《社会的再组织化：现阶段社会管理与社会服务的重要课题》，《教学与研究》第1期。

严飞，2021，《分化与流动：我国社会结构与社会心态变迁（1978～2020）》，《求索》第6期。

颜玉凡、叶南客，2019，《认同与参与——城市居民的社区公共文化生活逻辑研究》，《社会学研究》第2期。

杨城晨、郁姣娇、张海东，2020，《新社会阶层与体制内中产的地位认同差异——基于情境锚定法的一项研究》，《社会学评论》第1期。

杨城晨、张海东，2021，《累积优势、金融化效应与住房资产不平等——以北京、上海、广州为例》，《济南大学学报》（社会科学版）第6期。

杨典、欧阳璇宇，2018，《金融资本主义的崛起及其影响——对资本主义新形态的社会学分析》，《中国社会科学》第12期。

杨伟国、张成刚、辛茜莉，2018，《数字经济范式与工作关系变革》，《中国劳动关系学院学报》第5期。
杨卫敏，2019a，《新的社会阶层人士组织化与国家治理效能提升——以浙江省为例》，《山东省社会主义学院学报》第6期。
杨卫敏，2019b，《新的社会阶层人士组织化：新时代党的建设全新课题》，《广西社会主义学院学报》第6期。
姚建华，2018，《零工经济中数字劳工的困境与对策》，《当代传播》第3期。
尹志超、宋全云、吴雨，2014，《金融知识、投资经验与家庭资产选择》，《经济研究》第4期。
郁建兴、吴玉霞，2009，《社会管理体制创新与服务型政府建设——基于浙江省宁波市海曙区的研究》，载黄卫平、汪永成主编《当代中国政治研究报告》第7辑，社会科学文献出版社。
〔美〕约瑟夫·熊彼特，1990，《经济发展理论：对于利润、资本、信贷和经济周期的考察》，何畏、易家详等译，商务印书馆。
曾志耕、何青、吴雨、尹志超，2015，《金融知识与家庭投资组合多样性》，《经济学家》第6期。
詹鹏、李实，2015，《我国居民房产税与收入不平等》，《经济学动态》第7期。
张传勇、罗峰、黄芝兰，2020，《住房属性嬗变与城市居民阶层认同——基于消费分层的研究视域》，《社会学研究》第4期。
张海东，2019，《新社会阶层的结构化、组织化及发展趋势》，《江海学刊》第5期。
张海东，2021a，《转型中国的新力量：新社会阶层何以推动社会变革创新》，《社会政策研究》第1期。
张海东，2021b，《对新时代新的社会阶层重要作用的几点思考》，《中央社会主义学院学报》第5期。
张海东、柴哲彬，2020，《新社会阶层如何参与社会治理共同体建设》，《人民论坛》第10期。
张海东等，2017，《中国新社会阶层——基于北京、上海和广州的实证分析》，社会科学文献出版社。
张海东、杜平，2017，《新社会阶层的生成机制及其再组织化问题》，《中央社会主义学院学报》第4期。
张海东、杨城晨，2018，《新社会阶层：理论溯源与中国经验》，《福建论坛》（人文社会科学版）第11期。
张海东、杨城晨、赖思琦，2016，《中国特大城市新社会阶层调研报告——基于北京、上海、广州的调查》，载李培林、李炜、张翼主编《2017年中国社会形势分析与预测》，社会科学文献出版社。
张海东、杨城晨、赖思琦，2017，《我国特大城市新社会阶层调查》，《北京日报》1月16日。
张海东、杨城晨、袁博，2021，《新时代中国新社会阶层的社会心态——基于十个特大城市的数据分析》，《中央社会主义学院学报》第1期。
张静、董彦峰，2019，《组织分化、政治整合与新时代的社会治理》，载姜义华、曹锦清、房宁等著《改革开放与大国治理》，辽宁人民出版社。
张莉莉、万曦，2010，《试析我国新的社会阶层的形成与发展》，《辽宁省社会主义学院学报》第1期。
张林江，2017，《新的社会阶层兴起及其对当代中国的影响》，《中央社会主义学院学报》第4期。
张璐，2020，《新的社会阶层人士组织化研究》，《云南社会主义学院学报》第3期。
张师平，2019，《新的社会阶层再组织化问题探究》，《福建省社会主义学院学报》第5期。
张卫、后梦婷，2021，《国家治理现代化视域下新的社会阶层人士统战工作研究》，《中央社会主义学院学报》第3期。
张醒非，2021，《新的社会阶层人士庆祝建党百年系列活动——〈唱支山歌给党听〉台前幕后》，《中国统一战线》第8期。
张翼，2016，《当前中国社会各阶层的消费倾向——从生存性消费到发展性消费》，《社会学研究》第4期。
张莹瑞、佐斌，2006，《社会认同理论及其发展》，《心理科学进展》第3期。

张铮、吴福仲，2020，《创意流水线：网络文学写手的劳动过程与主体策略》，《中国青年研究》第 12 期。

赵磊、韩玥，2021，《跨越企业边界的科层控制——网约车平台的劳动力组织与控制研究》，《社会学研究》第 5 期。

赵昱名、黄少卿，2020，《创造抑或毁灭：数字技术对服务业就业的双向影响》，《探索与争鸣》第 11 期。

郑治，2002，《十六大报告辅导读本》，人民出版社。

中共杭州市委统战部，2018，《新的社会阶层人士统战工作"杭州现象"研究会交流材料》（未出版）。

周爱民，2015，《社会认同理论综述及对征地拆迁社会矛盾化解的启示》，《湖南省社会主义学院学报》第 4 期。

周长城、王妙，2021，《客观阶层地位与主观阶层认同：闲暇生活方式的中介效应考察》，《社会科学研究》第 3 期。

周晓虹，2002，《中产阶级：何以可能与何以可为?》，《江苏社会科学》第 6 期。

朱迪，2013a，《城市化与中产阶层成长——试从社会结构的角度论扩大消费》，《江苏社会科学》第 3 期。

朱迪，2013b，《品味与物质欲望：当代中产阶层的消费模式》，社会科学文献出版社。

朱迪，2018a，《社会发展新阶段的消费品味特征》，《中国社会科学评价》第 1 期。

朱迪，2018b，《白领、中产与消费——当代中产阶层的职业结构与生活状况》，《北京工业大学学报》（社会科学版）第 3 期。

朱文伟，2020，《新时代新的社会阶层组织化模式构建研究》，《广西社会主义学院学报》第 3 期。

朱悦蘅、王凯军，2021，《数字劳工过度劳动的逻辑生成与治理机制》，《社会科学》第 7 期。

竺乾威主编，2008，《公共行政理论》，复旦大学出版社。

Arvidsson, A. 2008. "The Ethical Economy of Customer Coproduction", *Jour-*

nal of Macro Marketing 28 (4): 326 – 338.

Atkinson, Adele and Anne Messy. 2011. "Assessing Financial Literacy in 12 Countries: An OECD/INFE International Pilot Exercise", *Journal of Pension Economics and Finance* 10 (4) : 657 – 665.

Bourdieu, P. 1984. *Distinction a Social Critique of the Judgement of Taste.* Trans by Richard Nice. London: Routledge & Kegan Paul Ltd.

Campbell, John Y. 2006. "Household Finance", *Journal of Finance* 61 (4): 1553 – 1604.

Dahrendorf, Ralf. 1959. *Class and Class Consciousness in Industrial Society.* California: Stanford University Press.

Goldthorpe, John H. 1996. "Class Analysis and the Reorientation of Class Theory: The Case of Persisting Differentials in Educational Attainment", *The British Journal of Sociology* 47: 481 – 505.

Goldthorpe, John H. 2010. "Class Analysis and the Reorientation of Class Theory: The Case of Persisting Differentials in Educational Attainment. 1996", *The British Journal of Sociology* 61 (s1): 311 – 335.

Hayes, K. and Silke, H. 2018. "The Networked Freelancer? Digital Labor and Freelance Journalism in the Age of Social Media", *Digital Journalism* 6 (8): 1018 – 1028.

International Labor Organization. 2021. "World Employment and Social Outlook: The Role of Digital Labor Platforms in Transforming the World of Work", https://www.ilo.org/global/research/global-reports/weso/2021/WCMS_771749/lang-en/index.htm.

Jackman, Mary R. and Robert W. Jackman. 1973. "An Interpretation of the Relation Between Objective and Subjective Social Status", *American Sociological Review* 38 (5): 569 – 582.

Kuehn, K. and Corrigan, T. F. 2013. "Hope Labor: The Role of Employment Prospects in Online Social Production", *The Political Economy of Communication* 1 (1): 9 – 25.

Lin, Jian and Jeroen de Kloet. 2019. "Platformization of the Unlikely Creative Class: Kuaishou and Chinese Digital Cultural Production", *Social Media + Society*5 (4): 1 -12.

Lockwood, David. 1958. *The Blackcoated Worker: A Study in Class Consciousness.* London: Allen and Unwin.

Lusardi, Annamaria and Olivia S. Mitchell. 2007. "Financial Literacy and Retirement Preparedness: Evidence and Implications for Financial Education", *Business Economics* 42 (1): 35 -44.

Moore, Danna. 2003. "Survey of Financial Literacy in Washington State: Knowledge, Behavior, Attitudes, and Experiences", Washington State University Social and Economic Sciences Research Center Technical Report 03 -39.

Small, Helen. 2010. "The Loneliness of the Long-Distance Runner in Browning, Sillitoe, and Murakami", *Essays in Criticism* 60 (2): 129 -147.

Srnicek, N. 2016. *Platform Capitalism.* Oxford: Polity Press.

Stevens, R. and Erik H. Erikson. 2008. *Explorer of Identity and the Life Cycle.* Palgrave Macmillan.

Stryker, S. 1980. *Symbolic Interactionism: A Social Structural Version.* Menlo Park, CA: Benjamin/Cummings Publishing Company.

Tajfel, H. 1978. *Differentiation Between Social Groups: Studies in the Social Psychology of Intergroup Relations.* London: Academic Press.

Tassinari, A. and Maccarrone, V. 2020. "Riders on the Storm: Workplace Solidarity among Gig Economy Couriers in Italy and the UK", *Work, Employment and Society* 34 (1): 35 -54.

Thomas, K. D. 2018. "Taxing the Gig Economy", *University of Pennsylvania Law Review* 166 (6): 1415 -1473.

后 记

新社会阶层是伴随改革开放快速成长起来的社会阶层，在全面建设社会主义现代化国家的新征程中，新社会阶层的发展会更加迅速，其规模也会越来越大。狭义的新社会阶层主要包括民营企业和外商投资企业管理技术人员、中介组织和社会组织从业人员、自由职业人员、新媒体从业人员四类职业群体；广义的新社会阶层除了上述四类群体外，还包括非公有制经济人士，例如，随着互联网的快速发展而出现的互联网行业从业人员（以网络主播、网上代购者、网约车司机、平台外卖员等为代表的新业态从业人员）。

新社会阶层是建设中国特色社会主义的重要力量，该群体在社会政治参与和社会治理过程中正在发挥着越来越重要的作用，在全面建设社会主义现代化国家、实现中华民族伟大复兴进程中还将发挥重要作用。新社会阶层在我国已经不是一个新概念，从提出至今已经有 20 多年的历史，但是对该群体的相关学术研究却刚刚起步，难以跟上快速变化的“社会实践”，也难以满足理论研究和政策设计的需要，亟须从理论、政策、实践三个层面加强研究。

鉴于理论和实践研究是政策设计的基础，本书主要从理论和实践两个方面展开研究。第一编主要分析新社会阶层的结构化，主要从新社会阶层的构成、职业流动、家庭资产及生活、休闲方式与消费等方面对新社会阶层进行分析。第二编主要分析新社会阶层的组织化，主要从新社会阶层组织起来的必要性、平台从业者的组织化困境和社会组织创新的实践路径等方面进行研究。第三编主要是对全国各地新的社会阶层人士统战工作的实践创新情况进行考察，主要对上海、杭州、沈阳的新的社会阶层人士统战工作的实践创新经验进行提炼总结。

作为中国新社会阶层发展研究报告系列成果的第一部，本书力求资料扎实，无论是量化研究的数据，还是质性研究的资料，都是课题组经过长时间的资料收集获得的一手资料，在此基础上进行深入详尽的分析。当然，本书还存在很多不足，恳请读者批评指正，以便今后进一步改进。

在本书的策划阶段和写作过程中得到了多位专家的指导。中国社会学会秘书长、社会科学文献出版社原社长谢寿光，社会科学文献出版社副总编辑童根兴以及本书责任编辑杨桂凤老师都贡献了创意，特别是杨桂凤老师为本书的出版付出了大量的辛勤劳动，在此对社会科学文献出版社的各位专家致以诚挚的谢意。此外，还要特别感谢中国社会科学院学部委员李培林研究员，他欣然同意为本书以文代序，并一直关心我们团队开展的新社会阶层研究。在资料收集过程中，很多新的社会阶层代表人士多次接受课题组的长时间访谈，为本书提供了丰富的访谈资料，在此一并致谢。

本书编写组

作者简介

（按姓氏笔画排序）

丁惠平，江苏省社会科学院江海学刊杂志社研究员。主要研究领域：组织社会学、理论社会学；主要研究成果：《“国家与社会”分析框架的应用与限度——以社会学论域中的研究为分析中心》（论文）、《中国社会组织研究中的国家－社会分析框架及其缺陷》（论文）等。

王春璇，南开大学周恩来政府管理学院博士研究生。主要研究领域：流动人口研究、住房社会学、经济社会学；主要研究成果：《超大城市乡－城与城－城流动人口的居住空间差异——基于北京和上海的研究》（论文，合著）、《中国流动人口住房分层与多层次住房保障体系研究》（论文，合著）。

王星，南开大学周恩来政府管理学院教授。主要研究领域：技能形成理论与实践研究、劳工社会学研究、工匠精神研究、基层社会治理研究；主要研究成果：《技能形成的社会建构》（专著）、《走向技能社会》（专著）、《从技能经济学到技能社会学：技能形成研究的多元面向》（论文）。

王晓楠，上海开放大学公共管理学院教授，社会学博士，中国环境社会学专业委员会理事，中国社会心理学会生态与环境心理学专业委员会委员，中国社会心理学会青年工作委员会委员。主要研究领域：环境行为、风险治理、社会质量等；主要研究成果：《中国公众环境行为逻辑》（专著）、《城市应急管理：流程、机制和方法》（合著）。

刘琳，社会学博士，天津师范大学政治与行政学院副教授。主要研究领域：政治社会学、社会分层与社会流动；主要研究成果：《空间资本、居住隔离与外来人口的社会融合——以上海市为例》（专著）、“Residential Segregation and Perceptions of Social Integration in Shanghai，China”（论文，合著）等。

杨城晨，华东政法大学社会发展学院讲师。主要研究领域：社会分层与社会不平等；主要研究成果：《住房与城市居民的阶层认同——基于北京、上海、广州的研究》（论文，合著）、《新社会阶层与体制内中产的地位认同差异——基于情境锚定法的一项研究》（论文，合著）。

张海东，上海大学社会学院教授，上海社会科学调查中心常务副主任，上海新的社会阶层研究中心执行主任。主要研究领域：社会分层与社会不平等、社会发展与社会质量研究；主要研究成果：《中国新社会阶层》（合著）、《新时代特大城市社会结构研究》（合著）。

庞保庆，上海大学社会学院副教授。主要研究领域：组织社会学、政治社会学；主要研究成果：“Sprinting with Small Steps：China’s Cadre Management and Authoritarian Resilience”（论文，合著）、《中国地方领导任期与政府行为模式：官员任期的政治经济学》（论文，合著）。

姚烨琳，上海工程技术大学管理学院副教授。主要研究领域：城市化与新移民、社会分层与流动；主要研究成果：《市场化与市场能力：中国中产阶层的生成机制——以北京、上海、广州为例》（论文，合著）、《中等收入群体的扩大与橄榄型社会的形成——以北上广特大城市为例》（论文，合著）。

袁博，社会学博士，重庆工商大学法学与社会学学院讲师。主要研究领域：社会分层与流动、劳动力市场分割、新社会阶层等；主要研究成果：《劳动力市场分割对失业风险感知的影响研究：基于职业特征的多重中介效应分析》（论文）、《中产陷落：美国新阶级社会的兴起与启示》（论文，合著）。

瞿小敏，华东政法大学社会发展学院副教授。主要研究领域：老年人口生活质量、健康不平等、人口治理等；主要研究成果：《完善制度设计壮大社会治理新力量》《社会态度、政府信任与不同类型移民群体的心理健康》（论文，合著）。

图书在版编目(CIP)数据

中国新社会阶层发展研究报告. No.1，结构化、组织化与实践创新 / 张海东，王星主编. -- 北京：社会科学文献出版社，2023.5（2025.8 重印）
ISBN 978-7-5228-1475-9

Ⅰ.①中… Ⅱ.①张… ②王… Ⅲ.①社会阶层-研究报告-中国 Ⅳ.①D663

中国国家版本馆 CIP 数据核字(2023)第 036681 号

中国新社会阶层发展研究报告 No. 1
——结构化、组织化与实践创新

主　　编 / 张海东　王　星
副 主 编 / 丁惠平　庞保庆　姚烨琳

出 版 人 / 冀祥德
责任编辑 / 杨桂凤
责任印制 / 岳　阳

出　　版 / 社会科学文献出版社 · 群学分社（010）59367002
　　地址：北京市北三环中路甲 29 号院华龙大厦　邮编：100029
　　网址：www. ssap. com. cn
发　　行 / 社会科学文献出版社（010）59367028
印　　装 / 唐山玺诚印务有限公司

规　　格 / 开 本：787mm × 1092mm　1/16
　　印 张：16.75　字 数：261 千字
版　　次 / 2023 年 5 月第 1 版　2025 年 8 月第 3 次印刷
书　　号 / ISBN 978-7-5228-1475-9
定　　价 / 128.00 元

读者服务电话：4008918866